平等·多元·包容

——2020年"8+"名人故居纪念馆活动纪实

"8+"名人故居纪念馆 编著

中国社会科学出版社

图书在版编目(CIP)数据

平等·多元·包容:2020年"8+"名人故居纪念馆活动纪实/"8+"名人故居纪念馆编著. —北京:中国社会科学出版社,2022.4
ISBN 978-7-5203-9931-9

Ⅰ.①平… Ⅱ.①8… Ⅲ.①名人—故居—纪念馆—工作概况—北京—2020 Ⅳ.①G269.261

中国版本图书馆 CIP 数据核字(2022)第 047044 号

出 版 人	赵剑英
责任编辑	郭晓鸿
特约编辑	杜若佳
责任校对	师敏革
责任印制	戴 宽

出 版	中国社会科学出版社
社 址	北京鼓楼西大街甲 158 号
邮 编	100720
网 址	http://www.csspw.cn
发 行 部	010-84083685
门 市 部	010-84029450
经 销	新华书店及其他书店

印刷装订	北京君升印刷有限公司
版 次	2022 年 4 月第 1 版
印 次	2022 年 4 月第 1 次印刷

开 本	710×1000 1/16
印 张	18.5
插 页	2
字 数	258 千字
定 价	108.00 元

凡购买中国社会科学出版社图书,如有质量问题请与本社营销中心联系调换
电话:010-84083683
版权所有　侵权必究

编　委　会

编委会委员（以姓氏笔画为序）

马若泓　王红英　艾　多
龙长兴　李　游　李群毅
刘　祯　刘　洋　刘曦光
沈　岩　周　妍　赵笑洁
徐燕卿　黄乔生　蒙　菁

主　　　编 赵笑洁　王红英
执 行 主 编 张　勇
图 文 设 计 孙海佩

宋庆龄故居	李大钊故居
北京鲁迅博物馆（北京新文化运动纪念馆）	郭沫若纪念馆
茅盾故居	老舍纪念馆
徐悲鸿纪念馆	梅兰芳纪念馆
李四光纪念馆	詹天佑纪念馆
李叔同故居纪念馆	康有为纪念馆
红线女艺术中心	天津梁启超纪念馆

"8+"名人故居纪念馆展品管理 …………………… 何　昕（84）
关于疫情常态化背景下博物馆"云展览"的几点思考…… 胡　淼（93）
名人类博物馆如何服务社区公共文化建设 …………… 刘　名（101）
试析"8+"研学教育资源的开发与利用 ………………… 郑伯琳（111）
以观众需求为导向，打造服务型博物馆
　　——基于徐悲鸿纪念馆观众反馈文本内容研究…… 李鑫月（123）
推进新时代爱国主义教育落地生根
　　——关于徐悲鸿纪念馆面向青少年开展爱国主义
　　　教育的几点思考 …………………………………… 李　瑶（132）
人物类纪念馆学生课程设计
　　——以詹天佑纪念馆为例 …………………………… 杨　溪（148）
名人故居接待外国留学生的思考
　　——以北京李大钊故居"青春相约　友谊之旅"主题
　　　活动为例 …………………………………………… 侯文文（156）
发挥"校馆合作"协同育人优势，加强高职院校爱国主义
　教育的几点思考
　　——以北交院与北京名人故居纪念馆合作为例 …… 孙　欣（163）

● 影像手札

精彩服贸会"8+"大展台 ………………… 李雪英　杨晓洁（175）
疫情常态化下的坚守与认知 ……………………………… 徐　萌（179）
"8+"文化，在流动中传递
　　——"平等·多元·包容——文化名人的艺术世界"
　　　巡展小感 …………………………………………… 江泽炼（182）

• 志愿之声

十年如一日　奉献在故居 ………………………… 胡玉英（187）
抗疫之际坚守在宋庆龄故居 ……………………… 廖明炜（189）
踏寻郭老足迹，守护游客平安 …………………… 辛姝怡（191）
我在郭沫若纪念馆
　　——与抗"疫"同心　与志愿同行 …………… 杨嘉辰（195）
特殊的志愿之旅 …………………………………… 刘春燕（199）
以志愿之心　扬传承之路 ………………………… 张　敏（202）
志愿阳春，有我相伴 ……………………………… 徐欣菁（205）

• 名人逸事

花与狮
　　——宋庆龄广州脱险纪实 …………………… 袁琳琳（211）
郭沫若：一名坚定的共产主义战士 ……………… 张　勇（215）
茅盾与郑振铎 ……………………………………… 陈　杰（223）
诗画两巨擘　文坛一佳话
　　——从《九州无事乐耕耘》谈徐悲鸿与郭沫若的
　　　至交情谊 ………………………………… 刘　名（227）
任伯年与徐悲鸿在绘画上的渊源 ………………… 佟　刚（238）
真正走向文化自觉的艺术大师 …………………… 刘　祯（250）
努力向学，蔚为国用
　　——我的外公李四光 ………………………… 邹宗平（259）
跨界科学家的"行路难"
　　——李四光的音乐情 ………………………… 赵　曼（266）

- **走进故居**

宋庆龄故居的前世今生 ………………………………… 雒树刚（275）

2020年"8+"文化名人故居纪念馆大事记 ……………………（282）

后记 …………………………………………………………（285）

理论前沿

美成在久
——我国博物馆美育的认知过程与发展方向探讨

杜永梅

2019年9月,国际博物馆协会第25届全体大会在日本东京召开,会议的一项重要内容就是对"新的博物馆定义"进行投票表决。但经过激烈讨论,并经各国代表投票表决后,70.41%的代表同意延迟对"新的博物馆定义"进行投票表决。

这就意味着,2007年经国际博物馆协会修订的博物馆定义还将在一定时期内继续指导我们的工作。2007年的修订,最明显的变化是将博物馆业务内容排列顺序进行了调整,将"教育"从原来的第二位调整到了第一位。博物馆教育,自然也包括美育的内容。

有关博物馆美育功能的探讨,前人已有多篇文章,内容集中在博物馆美育功能客观存在及如何发挥的论述上。

成建正、黄彩玲、李竞艳、索素苏等学者的研究成果较多集中在博物馆先天性就具有的美育功能上,[①] 陶正雷和杨秋莎两位学者更

---

① 成建正:《博物馆的美育职能初探》,《文博》1987年第4期;李竞艳、索素苏:《浅谈美育教育对博物馆陈列设计的要求》,《博物馆研究》2014年第2期;黄彩玲:《浅谈博物馆美育及其对地方经济文化的作用》,《大众文艺(理论)》2009年第14期。

是将博物馆的教育实质定位为美育。① 季曙行先生则更多的从讲解的角度，阐述了博物馆美育如何实现。② 李竞艳、索素苏、罗向军更多的从展陈环境的整体营造上提出了美育方面的要求，"以体现文物、标本等实物展品的'美'为中心，注重陈列设备的设计和组合，注意辅助展品设计和运用，创造一个舒适优雅、富有感染力的展陈环境"。③

国外同行对这一问题的讨论也非常集中，美国大都会艺术博物馆前任馆长菲利普·德·蒙特贝尔说："博物馆诞生的本质是因为艺术，为了满足审美需求。""博物馆诞生的本质，不是为了某种实用性或宗教的目的，而是为了艺术，为了满足审美需求，为了给平凡世界中人们的日常生活带来特殊意义，因人们对过去、对历史的浓厚兴趣而发展，而兴盛。"④

从以上研究成果不难看出，对于博物馆美育功能的探讨，已经从论证客观存在逐渐向博物馆美育功能如何更好实现转变。

美育，作为博物馆教育的重要内容，因其直观性特点，具有先天性优势。

一 现代美育概念的辩证性认识与博物馆美育的先天性存在

美育的思想古已有之，但作为独立学科概念的提出却是近代以来的事情。1795 年，德国伟大剧作家、诗人席勒发表《审美教育书简》，第

---

① 陶正雷：《试论博物馆群教工作的新发展与美育的拓展》，《中国博物馆通讯》1990 年第 10 期；杨秋莎：《博物馆美育的思考》，《四川文物》2002 年第 4 期。
② 季曙行：《博物馆美学教育浅谈》，《东南文化》1986 年第 1 期。
③ 李竞艳、索素苏：《浅谈美育教育对博物馆陈列设计的要求》，《博物馆研究》2014 年第 2 期；罗向军：《论博物馆美育功能的实现》，《文物春秋》2015 年第 5 期。
④ "全景艺文"栏目"语录"，《艺术市场》2019 年第 4 期。

一次向世人提出了"美育"（as-thetiche erzeihung）的概念，① 标志着美育作为一门独立学科的诞生。在席勒看来，随着工业化的发展，人的异化不断进行，成为工业化生产链条上的工具，人性逐渐失去其感性存在的一面。席勒认为弥合分裂的人性的唯一方式就是艺术，即通过美育的方式来实现人性的完满，"人丧失了他的尊严，艺术把它拯救"。② 艺术是深深地根植于人性之中，是人所特有的本质，而其他的动物甚至是神都无法从事艺术活动，他在《艺术家们》一诗中歌咏了人类在艺术方面的天赋："在勤勉方面，蜜蜂可能胜过你；在灵巧方面，蚕儿可以是你的老师；你同偏爱的鬼神共享你的知识；人啊，唯独你才有艺术。"③ 这样，席勒就将艺术与人性联系在一起。

在席勒看来，审美教育的过程就是现实中不断异化的人对美的重新接受过程，其目的就是让人性找回其感性存在的一面，使人性恢复到和谐自由的状态，最终体现出人作为人的尊严。

近代以来，伴随坚船利炮一同进入中国的，是各类近现代西方思想观念，其中就包括关于美育的理论，中国美育文化和美育精神随之发生变化，呈现出理论性日渐明晰的状态。王国维在《孔子的美育主义》一文中（1904）较早地使用"美育"一词④，标志着作为一门独立学科的美育研究在中国开始。而他的《论教育之宗旨》一文，则系统论述了美育在整个教育体系中的地位，初步建构起中国现代美育体系，"教育之宗旨何在？在使人为完全之人物而已"。"教育之事亦分为三部：知育、德育（即意志）、美育（即情感）是也。"而在《论哲学家与美术家之天职》中开宗明义："天下有最神圣、最尊贵而无与于当世之用

---

① ［德］席勒：《审美教育书简》，冯至、范大灿译，上海人民出版社2003年版，第181页。
② ［德］席勒：《审美教育书简》，冯至、范大灿译，上海人民出版社2003年版，第46页。
③ ［德］席勒：《秀美与尊严》，张玉能译，文化艺术出版社1996年版，第365页。
④ 杜卫：《美育学概论》，高等教育出版社1997年版，第3页。

者,哲学与美术是已……夫哲学与美术之所志者,真理也。真理者,天下万世之真理,而非一时之真理也。其有发明此真理(哲学家——原注)或以记号表之(美术——原注)者,天下万世之功绩,而非一时之功绩也。唯其为天下万世之真理,故不能尽与一时一国之利益合,且有时不能相容,此即其神圣之所存也。"① 王国维对于美术非功利性的论述,不难看出其中受到席勒美育思想的影响,尤其是在美育与人性的关系方面。

时至今日,对于美育的概念性界定有多种表达,其中以中国美术馆吴为山馆长的总结最具代表性:美育,即审美教育,是一种传授审美观念与审美经验的教育形式,以丰富的直观性使心灵在感受形式、领悟意义和体察价值的过程中,潜移默化地沟通情感与理性并融入意志抉择和动机取舍,从而实现各种能力全面、协调、和谐发展,最终促进人格的完善。我们都在天空下大地上度过自己的人生,但并非所有人都能感受到水中游鱼的快乐与天边浮云的悠闲,领悟到阶前青草的勃勃生机及窗外南山的蕴藉,体察到先贤的贫贱不移和英雄的威武不屈。因为,敏锐的审美耳目、充沛的审美情感和健康的审美灵魂,需要培养和陶冶。而培养和陶冶的过程,即为美育。②

从这一表述中,不难看出,美育与其他教育形式,如德育、智育、体育等相比,在教育目标上是一致的,都是要实现人的全面发展。但在实施路径上,美育是将直观性对象所蕴含的美的因素进行发掘、内化,最终实现人的发展,这是美育的特性。正是由于美育通过直观性对象来实施这一特性,使得博物馆美育具有了得天独厚的优势:

第一,博物馆的工作目标与美育功能实现,在目标上的一致性。

---

① 王国维:《论哲学家与美术家之天职》,姚淦铭、王燕主编《王国维文集》,中国文史出版社1997年版,第476页。
② 吴为山:《以美育提升人文素养 筑牢文化自信》,《光明日报》(理论版)2019年2月1日。

需要重申的是，作为博物馆工作者，工作的"初心"都是为了人和人的发展服务，这与美育的终极目标是一致的。

第二，博物馆工作与美育工作在方法论上的一致性。

直观性是美育工作在方法论上的独特之处。而博物馆最重要的文化产品，就是各类展览。博物馆展览，从根本上说，是属于视觉传媒的范畴，这与美育工作直观性的特点具有一致性。

第三，以"物"为媒介，探究物之"美"及"物"背后"人"的精神之美。

讨论我国博物馆美育，有必要将其认知过程稍作回顾。因为除了"美育"概念是舶来品外，"博物馆"曾经也是舶来品，而我们的中华文化的美，如何在博物馆中得到传承，以及得到参观者的认同，进而启发其进行思考，完善人生，是美育的任务，也是博物馆的任务。想要服水土，首先要了解水土。我们的文化，是"子不语怪力乱神"，而不是宗教观念长期占主导地位；是"兴于诗，立于礼，成于乐"。将日常行为纳入礼仪系统，并以"乐"的形式表达出来。这样的文化系统，本身即包含美育的成分。对我国文化传统下博物馆美育进行集中论述的，首推蔡元培先生。

二　蔡元培的"大美育观"与博物馆美育思想

（一）蔡元培"大美育观"下的美育体系

蔡元培对于现代美育理论建设的贡献在于他所构建的"大美育观"指导下的美育体系。

首先，这一体系在借鉴西方美育思想的同时，也贯彻了中国传统美育的精神。

虽然"美育"作为教育活动明确提出较晚，对于美的感知和美育的价值探寻，无论东方西方，都曾上下求索。柏拉图就曾在《理想国》

中提出音乐教育可以培养城邦公民节制的美德，"朴质的音乐文艺教育则能产生心灵方面的节制，朴质的体育锻炼产生身体的健康"。但中华文化传统中关乎美育的部分，与西方文化传统中的美育观念，区别是极其明显的。

东西方文化之间的差异，从历史发展脉络来讲，在于西方社会历史发展进程中，宗教观念长期占有主导地位。而中华文化，则是在儒家文化的基础上，"人文化成"的教育占据社会的主导。这样的教育，本身即蕴含美育的成分。中华美学传统天然就有"大美育"的特质。

西周确立的礼乐文化制度，对绵延不绝的中华文明产生了极为深远的影响。《论语》讲"兴于诗，立于礼，成于乐"（《论语·泰伯》）。"志于道，据于德，依于仁，游于艺。"（《论语·雍也》）"诗书礼仪"，"仁义道德"，最终只有通过"乐"表达出来，才能实现其最高价值，这就是要将美作为人生的最高追求，将审美和艺术境界作为人生的最高境界，这就奠定了审美教育在中国文化中不可或缺的地位。对于这一点，蔡元培先生也有集中论述，"吾国古代教育，用礼、乐、射、御、书、数之六艺。乐为纯粹美育；书以记实，亦尚美观，射御在技术之熟练，而亦态度之娴雅；礼之本义在守规则，而其作用又在远鄙俗；盖自数之外，无不含有美育成分者。其后若汉魏之文苑、晋之清谈、南北朝以后之书画与雕刻、唐之诗、五代以后之词，元以后之小说与剧本，以及历代著名之建筑与各种美术工艺品，殆无不在于非正式教育中行其美育之作用"。①

正是对于中华美育传统中"大美育"特质的发现，才使得蔡元培在构建"大美育"的美育理论体系时，吸收西方美育思想，也在贯彻中华美育的传统。

其次，他对于"美育"这一概念提出了自己明确的理论界定，并

---

① 中国蔡元培研究会编：《蔡元培全集》第6卷，浙江教育出版社1997年版，第599页。

将社会美育的作用加以强调。

"美育者,应用美学之理论于教育,以陶养感情为目的者也。"这一定义摆正了艺术教育与美育之间的关系,不再将美育狭义地理解为艺术教育。

正是在这一界定下,蔡元培对于社会美育的重要作用反复论及,认为社会美育应以市乡为立足点,统一规划街道布置,公共建筑和设备、公共雕塑艺术品的陈列,此外建议设习艺所、设美术院、设历史博物院、设民族学博物院、设美术展览会、设音乐院、设出版物检查所、设公立剧院和影戏院、设公墓等。"要之美育之道,不达到市乡悉为美化,则虽学校,家庭尽力推行,而其所受环境之恶影响,终为阻力;故不可不以美化市乡为最重要之工作也。"①

最后就是他提出的"美育即宗教"主张。

以美育代宗教说。蔡元培曾三次发表文章论及此观点。最早是1917年在北京神州学会演讲《以美育代宗教说》,该文章载在《新青年》第3卷第6号上,后于1930年12月在《现代学生》第1卷第3期上发表《以美育代宗教》,1932年出版的《近代名人言论集》中又收录了蔡元培的《美育代宗教》一文。"我向来主张以美育代宗教,而引者或改美育为美术,误也。我所以不用美术而用美育者,一因范围不同,欧洲所设之美术学校,往往只有建筑、雕刻、图画等科,并音乐文学,亦未列入,而所谓美育,则自上列五种外,美术馆的设置,剧场与影戏院的管理,园林的点缀,公墓的经营,市乡的布置,个人的谈话与容止,社会的组织与演进,凡有美化的程度者均在所包;而自然之美,尤供利用。"② 这一论述的重要意义在于,他将美育的范围从狭义的艺术教育的范围,拓展到了社会生活的方方面面,而他特别提到的自然之

---

① 蔡元培:《文化运动不要忘了美育》,《晨报》(副刊)1919年12月1日。
② 蔡元培:《以美育代宗教说》,《新青年》1917年第3卷第6期。

美，则是根源于中华文化传统中对于自然与人和谐共生的关系认知。在蔡元培的观念里，美育可以无所不在。就美育与人性关系的认识来看，王国维和朱光潜明显更多的继承了席勒等西方思想家的观点，而"美育即宗教"主张的提出，则更多汲取了中华传统文化元素，勾勒出了"大美育"的宏大图景。

（二）蔡元培对于博物馆美育的探讨

博物馆具有美育功能，自不待言。在我国博物馆事业发展历程中，将它讲得清楚又透彻的，仍当属在教育理念上力主"兼容并包"的蔡元培先生。

当时的北大讲堂上，有西装革履的洋派先生，也不乏长袍马褂的中式学究。正是这样的教育理念，也让他在引鉴西方美育思想的同时，也贯彻了中国传统美育的精神。

首先，是将博物馆列入重要的社会美育机构。

在蔡元培的教育理念里，美育可在家庭、学校、社会展开，而博物馆是重要的社会美育机构，"美育在学校，可通过音乐、图画、游戏来实现；在社会，则通过博物馆、美术馆、剧院、公园来实现"。"博物馆、美术馆等均是实施美育的场所"，"在西方、在我国，设立博物馆、美术馆、剧院等，都是社会普及美育的一些设施，用以养成高深的艺术人才，以谋美育之实施与普及，这也是各国政府提倡美育的大概情形"。[①]

其次，是列举了各类博物馆美育功能发挥的优势所在。

在《美育实施的方法》一文中，他指出："历史博物馆，所收藏大半是美术品，可以看出美术进化的痕迹。古物学陈列所，所收藏的大半是古代的美术品，可以考见美术的起源。人类学博物馆，所收藏的不全是美术品，或者有很丑恶的，但可以比较各民族的美术，或是性质不

---

① 蔡元培：《以美育代宗教说》，《新青年》1917年第3卷第6期。

同，或是程度不同。无论如何幼稚的民族，总有几种惊人的美术品。又往往不相交通的民族，有同性质的作品。很可以促进美术的进步。"①

他的这些论述，明确了博物馆在"大美育"实施过程中所要扮演的重要角色。

上文对于美育概念及博物馆美育认知长篇累牍的回顾，是要再次申明，作为舶来品的"美育"概念，"博物馆"工作，要想服水土，还是需要先了解水土。中华传统文化中"美育"虽不曾单独强调，但却是自来有之的，以润物无声之姿滋养着国人的精神，滋养着文化的根脉。

三 博物馆类型划分与博物馆美育取向

博物馆美育功能是博物馆诞生之日就与生俱来的，这点毋庸置疑。我们需要考虑的是美育功能如何在不同类型的博物馆中得以实现。

博物馆类型划分具有积极意义，但在不同的划分标准下，往往反映的是不同的博物馆业务工作内容及观众参与模式。北京大学宋向光先生所撰《博物馆类型研究的意义与启迪》一文，提出以"博物馆业务知识框架＋观众认知模式"的复合标准，来做博物馆类型的划分。"博物馆业务知识框架，是博物馆基于自身定位，在开展博物馆基本业务活动时依托的知识框架，例如艺术博物馆侧重运用艺术史知识评价、研究和利用博物馆收藏。观众认知模式是观众受社会环境影响和自身经验，对特定类型博物馆的最适参观行为模式的认识。博物馆知识框架反映在博物馆自我定位、工作目的和业务路线之中，博物馆各项业务活动要服从规定知识框架下的知识构建方法，满足该学科学术研究的专业条件。"②全文基于博物馆目的、博物馆知识框架、博物馆业务特点和观众参观行

---

① 中国蔡元培研究会编：《蔡元培全集》第7卷，浙江教育出版社1997年版，第82页。
② 宋向光：《博物馆类型研究的意义与启迪》，《中国博物馆》2019年第2期。

为等几项条件，详细说明了历史、艺术、自然科技等主要类型博物馆的特点。

我们即以宋向光先生对于博物馆类型的划分为依据，分析各类型博物馆美育工作的不同导向。

（一）历史博物馆美育与民族文化认同

李泽厚先生在《美的历程》一书的结语中写道："一个更大的问题是，如此久远、早成陈迹的古典艺术，为什么仍能感染着、激励着今天和后世呢？即将进入21世纪的人们为什么要一再去回顾和欣赏这些古迹斑斑的印迹呢？如果说，前面是一个困难的艺术社会学的问题，那么这里就是一个有待解决的、更为困难的审美心理学问题。"① 作为美学家，李泽厚先生提出的这一问题，其实是我们历史类博物馆美育工作的导向问题，历类博物馆的美育应该向何处去的问题。

历史博物馆是要通过历史实物阐释历史发展，使观众了解客观真实的历史，"鉴往知来"，认识历史发展规律，从国家民族的发展历程中，了解本民族文化的独特性，建立民族文化认同观念，回答"我是谁""来自哪里""到哪里去"这些关乎民族国家发展历程的问题。这类博物馆的美育，要将着重点放置在"物"背后的文化发展脉络上，发现民族文化屹立于世界文化之林的独特之美，而公众则通过对这种独特之美的直接感受，来确立民族文化自信，增强对本民族文化的认同感。

显而易见，这类展览与以艺术欣赏为导向的展览区别非常明显，它是要通过真实的"物"以及物所内含的信息，认识社会历史发展的规律，沟通历史、当下与未来，正因为此，这类展览对于"物"的阐释提出了极高的要求。乔治·埃里斯·博寇（G. Ellis Burcaw）在《新博物馆学手册》一书中诙谐而明智地说明了此类展览对阐释的要求，"如

---

① 李泽厚：《美的历程》，文物出版社1981年版，第211页。

果一位馆长想展出一个美洲印第安人的篮子，他可能会遇到很多麻烦：如何解释它的特定文化背景下的功用，如何阐明它的制作过程使用了哪些工艺技术，如何说清它的哪些方面可以被当作文化交流的现实案例，它的造型特点与其他文化有什么关系等，或者，这位馆长可以把它放在基座上，用聚光灯照着，一劳永逸地称其为'印第安艺术'。在笔者看来，许多非艺术博物馆里的'艺术'展品都是懒惰和博物馆学误区的产物，当然，没能认识到人类学和历史学藏品中的美学或艺术价值也是同样不可取的"。[①] 乔治·埃里斯·博寇的这段话，提及了历史文物展览阐释的诸多方面："物"的本体、制作工艺、社会文化背景、这一特色文化与其他文化的交流等。而这一切，无一不是通过人的活动实现的，也正是这些活动过程推动着人类社会的发展，构筑了文明发展的历程，"物"不过是这些活动过程和结果的呈现。"物"的展示，回答的是如何成为"印第安艺术"的问题，而不是"印第安艺术"的成就问题。

2019年国家博物馆举办的"亚洲文明"展览，我们在整个参观过程中，最深的感触是什么？是文明的多样性。当我们看到造型古朴凝重的青铜器，轻灵润泽的玉器，自然而然就会想到中华文明，油然而生民族自豪感。因为这些器物背后，是我们的中华文化，是我们的根脉所系。

历史是一个民族、一个国家走过的历程，是一种文化区别于其他文化的重要标志，也是文化认同和社会认同的情境条件。中华民族向来重视历史记载，与其他文化相比，中华文化绵延数千年不曾中断，其中一个重要的原因就是我们的历史记录不曾中断，文化的根脉不曾中断，后人从前人的历史记录中，寻得自己的来处。今天的历史类博物馆，同样

[①] ［美］乔治·埃里斯·博寇：《新博物馆学手册》，张云等译，重庆大学出版社2011年版，第210页。

承担着传承历史记忆的重要责任,需要以精深的业务研究为基础,策划展览展陈、推广教育活动,使得来到博物馆的公众,了解民族的荣光与失落,寻得文化的根脉与渊源,最终实现民族文化的认同与传承。这是历史博物馆美育的着重点,文物之美固然重要,但更为重要的是文物背后的文化之美。

在全球化日益深化的今天,我们更应该警醒,只有民族的,才是世界的。当我们觉得特产不再是特产,变得随处可见的时候,历史博物馆对于民族文化的保存与传承显得更为迫切。历史博物馆就成为其当地区域文化遗产的保护所和族群文化特性的表达载体。某种程度上,历史类博物馆成为保存和展示真实历史绵延历程的重要场所。[①] 历史博物馆不是"古董场"、不是"晒宝地",历史博物馆的美育工作,面向的仍然是未来,所有历史博物馆的工作,都是在历史与未来之间架设沟通的桥梁。

(二) 艺术博物馆美育与审美能力培养

宋向光先生所提出的博物馆类型划分标准是"博物馆业务知识框架+观众认知模式",这一标准下的艺术博物馆,其知识框架是艺术史和艺术人类学,通过艺术探讨人的想象力和创造力的有序实现。探讨审美对人的美德养成的积极影响,探讨艺术对抗理性逻辑对人的思想方法的制约,将一些看似没有因果联系或逻辑关系的想法以有意义的样式呈现。艺术类博物馆是在艺术法则的指引下对既有艺术规则的冲撞和拓展,是在尊重传统的基础上颠覆传统。艺术类博物馆是对人的想象力和创造力的激励和支持,特别要让人们理解创新是在社会和专业范畴内进行的。[②]

[①] 宋向光:《历史博物馆的"艺术转向"的隐忧》,《中国文物报·博物馆周刊》2011年7月27日。

[②] 宋向光:《博物馆类型研究的意义与启迪》,《中国博物馆》2019年第2期。

"探讨艺术对抗理性逻辑对人的思想方法的制约",由此可见,艺术博物馆的美育,明显更为符合现代美育的概念,即弥合人类感性与理性的分裂。

美的存在是具有普适性的,但审美是有巨大差异性的,苏东海先生就曾指出,在不同的意识形态下,审美意识会有所不同。在不同的文化背景下,审美体验也会有所不同。审美主体的这种差异性,不但不会削弱博物馆价值的实现,反倒增强了博物馆对异国异地观众的吸引力,更大地实现了博物馆的审美价值。[①] 中国的水墨画,西方的油画,是不同文化背景的产物,相应的,这样的艺术作品,对于不同文化背景的参观者,所产生的审美体验是完全不同的。需要补充的是,不同的艺术史背景下的作品,给予人的感官体验也是完全不同的,安格尔的《大宫女》并不符合人体比例,而毕加索的《亚维农少女》更是有人视作"丑",但在艺术史上,都因其想象力、创造力以及对于规则的突破而留名。这些差异的存在,正如苏东海先生所言,不但不会削弱艺术博物馆的影响力,相反,只有艺术博物馆工作者对于美以及美的展示有不断精进的认识,才有可能大幅度提升公众的审美能力。

人们参观艺术博物馆的过程不是被动的,而是主动参与的过程。艺术博物馆要能激发人的兴趣,吸引人们参与到博物馆的各种活动中来。这就要求博物馆把多种形态的美更典型、更集中、更强烈地表现出来。因此,博物馆的内容、形式都应着力于"美"的渗透,应以艺术创作的态度去看待陈列、展览的筹备、组织、布置、制作工作,使之符合美学原则,具有美学价值,从而创造出感人的艺术气氛。

最近在尤伦斯举办的《毕加索——一位天才的诞生》展览,一如既往的火爆,也一如既往的"看不懂"。陈丹青《毕加索过来了,我们不懂,为什么不懂》一文试图回答这个问题,"懂不懂的问题其实是一

---

① 苏东海:《中国博物馆的哲学》,《中国博物馆》1994年第4期。

个永远的问题。我出国这么多年,从这么多的眼界当中学会了一件事情,就是如果想懂,前提就是要有一个相对完整的文脉。你一定要认识很多的艺术家,才会好好地爱其中的一位艺术家。懂到什么程度是每个人自己的造化。当然这里面又牵出很多的问题,我非常渴望回到像小孩一样,像乡下人一样非常质朴地面对一件作品的状态。有时候看到不懂的东西,我会非常喜欢,这个不懂本身就是一种状态,一种非常质朴的、原始的状态。所以我觉得如果有人在乎懂或者不懂这件事,第一你不要自卑,第二如果你真的想懂,知道有怎样的途径可走"。他的这段话可供参观艺术博物馆的公众,克服"想爱又害怕伤害"的矛盾心理。

(三) 自然类博物馆与和谐共生之美

自然类博物馆是人类在发展过程中,对自身生存环境不断拓展、不断反思过程的收集与展示。在这类博物馆中,与西方征服自然的传统不同,中华文化传统中"天人合一"的观念需要我们在这类博物馆中特别注意,发现自然之美,发现人与自然和谐共生之美,是这类博物馆美育的导向。

1946年宗白华先生曾在《中国文化的美丽精神往哪里去?》一文中引用了他对中国文化的评价:"世界上还有什么事情比中国文化的美丽精神更值得宝贵呢?中国文化使人民喜欢现实世界,爱护备至,却又不至陷于现实得不近情理!他们已本能地找到了事物的旋律的秘密。不是科学权力的秘密,而是表现方法的秘密。这是极其伟大的一种天赋。"

泰戈尔所说的"中国文化的美丽精神"是什么?"事物的旋律的秘密"又如何揭开?回顾中华文化传统,指的就是天人合一观念下,中国人对时间、空间的节律性认识,同时,将这种认识与自己的生活相协调,按照自然的节奏安排人的生活,体味自然之美,并将自然之美融入生活。这种审美体验与天地万物和谐共生,并将天地万物自然运行之美协调于人类生活,从日升日落,到秋收冬藏,从宫商角徵羽,到衣食住行乐，从笔走龙蛇，到墨色淋漓，无不合辙于天地万物运行的时空节律中。可以说，中华美学精神的根脉，就是对自然生命本质的发现和肯定。

（四）科技类博物馆与人类的智识发展

毫无疑问，科技是人类因智识水平发展而最终称雄于自然界的重要原因，对于这一过程的收集展示，体现人类智识之美是这类博物馆的美育发展方向。但需要注意的是，科技发展的伦理边界也应同步重视。

博物馆美育的存在是先天性的，美育功能的发挥则要根植于文化传统，着眼于博物馆的类型。

（作者系徐悲鸿纪念馆副研究馆员）

浅谈数字化对博物馆社会教育的助推作用

范 玥

博物馆作为具有公益性质的机构，承担着传播科学文化知识、教育社会大众的重要职能，实现该职能最直接的媒介便是博物馆的展览与藏品陈列。传统的展示方式一则受到时间、空间限制，二则逐渐难以迎合社会大众的审美要求，数字化建设以先进多样的技术手段巧妙解决了技术难题，突破了时间空间限制，对博物馆推动社会教育工作起到良好的辅助作用。

一 数字化是博物馆建设发展的必然选择

数字化技术在文化领域的应用可以追溯到20世纪90年代。1990年美国国会图书馆成功开启美国数字图书馆时代，他们将馆内的图文影音等资料数字化，并编辑成主题产品供人们学习鉴赏；1992年联合国教科文组织发起的"世界记忆"工程将数字技术带入全球文化遗产的保护工作之中。随后，国际上的一些博物馆纷纷建立了自己的数字博物馆，其中较为著名的有大英博物馆、日本全球数字博物馆等[①]；1998年

---

① 郑津春：《对博物馆数字化建设的思考》，《天津科技》2006年第4期。

河南博物馆在国内最先创建了自己的网站，随着互联网技术的发展，越来越多的国内博物馆不同程度地加入数字化行列中。文博界的领导专家们敏锐地意识到数字化技术对于文物保护、研究、宣传教育起到的重要作用，很快地成立起"中国博物馆学会数字化专业委员会"和"中国文物学会信息化专业委员会"这两个学术团体，通过调研数字化发展战略、方针政策等，为我国博物馆数字化发展奠定坚实基础①。截至目前，国内的博物馆数字化也已走过 20 多个春秋，数字化技术在博物馆的应用已初见成效。从最初的建立数据库以完善藏品的管理保护工作到现在运用数字化技术优化展览陈列、推动文化传播与社会教育，数字化无疑是博物馆建设发展道路的必然选择。

二 博物馆数字化为文化资源共享搭桥

当今是一个资源共享、合作共赢的时代，我们的生活中不乏共享单车、共享充电宝这样的共享资源，它们为人们的生活提供了极大便利。博物馆作为公共文化服务机构，亦应向文化资源共享方向发展，利用数字化为馆藏品搭建信息共享平台，提高藏品资源利用率和共享程度②。2019 的国际博物馆日"北京市博物馆大数据平台"正式上线，该平台汇集了北京地区 29 家博物馆共计 33137 件藏品。平台整合了政务、业务与公共服务三大模块，打破了区域、馆际与行业限制，使各类博物馆资源有了统一的发布平台。参观者可以在平台获取博物馆基本陈列或临时展览的最新信息，可以根据自身喜好在藏品专题浏览来自不同博物馆的藏品，小至古籍瓷器，大到交通工具，时间跨度从新石器时代覆盖至中华人民共和国成立，足不出户便可看到数万件珍贵藏品，数字化辅助

---

① 刘绍南：《数字博物馆系统架构初探》，《东南文化》2010 年第 4 期。
② 黄鹤：《疫情下博物馆开辟建设新思路分析》，《文物鉴定与鉴赏》2020 年第 12 期。

博物馆将文化资源共享给观众群体。平台上更新发布的科学研究、社会教育活动记录也为博物馆间的相互学习借鉴与联络提供了一个方便的媒介。

博物馆利用互联网数字化实现藏品、文化信息的资源共享，拓展了藏品文化内涵和博物馆从业人员科研教育成果的传播途径，为社会大众打造了一个便捷、开放的学习研究环境。

三 数字化突破时间空间 丰富博物馆展览

在传统的博物馆观展模式下，参观者想要完整直接地参观展览陈列必然会受到时间和空间的限制，而博物馆的数字化建设能够突破时间与空间的局限，利用多媒体信息技术将藏品、展览在虚拟环境中生动呈现，让参观者无论是线下实地参观还是借助网络云观展都能收获极佳的体验，能接受更全面的科学文化教育。

（一）数字化媒体技术提升线下观展体验

从传统的静态陈列到动态呈现，从现实到虚拟，多媒体技术将多维度的表现形式融入一个立体的交互方式中，结合触、视、听等多种方式给观众更强烈的感官冲击。数字化媒体技术带来的观展效果能满足参观者不同层次的需求，是传统博物馆单纯依靠眼观耳闻所不能达到的。多媒体表达方式也更加符合现代人的审美与学习方式，从而使参观者更容易接受展览所传达的内容，加深学习印象。

除了传统的视频影音播放外，随着数字媒体技术的飞速发展，越来越多的展示手段被应用在博物馆，如今被广泛运用在线下观展的有增强现实技术（Augmented Reality，AR）、多媒体触控展示等。

1. AR 技术在博物馆中的应用

如果我们把世界想象成一本书，那么 AR 就是一个数字放大镜，把每个字母、单词、标点符号背后的细节展示出来。AR 技术其实就是将计算机生成的虚拟物体、场景或者系统提示信息叠加到真实场景中，从而实现对现实的"增强"。主要就是帮助人们把无法实现的场景在真实世界中展现出来。

在博物馆中，AR 技术最常见的运用方式即参观者用手机或其他移动设备对准陈列品扫描，有关陈列品的信息或其他影音资料则展现在电子屏幕中。我们可以想象当参观者走进北京李大钊故居，面对两棵枝繁叶茂的小树，参观者用手机对准扫描，AR 会告诉参观者这是海棠树，李大钊当年亲自种了两棵海棠，再配合展示海棠树春季花开、深秋结果的美景图像；当参观者走入堂屋扫描墙壁上的对联，AR 又会讲解对联的由来和其对李大钊的意义，整个过程虽没有人为讲解，参观者却已了解了他感兴趣的展品知识，这是对 AR 技术实际运用最浅显的构想。

AR 技术在博物馆的运用有诸多现实意义：博物馆可以利用 AR 技术将文物发展成全新的数字艺术作品，当纯文本的描述已经不再能吸引参观者时，博物馆可以通过 AR 技术为陈列品添加更多图像音效、视频动态，将科学文化知识以观赏性佳、易接纳的方式提供给参观者，也促使展览陈列设计向更新颖前沿、具备可持续性的方向发展；部分博物馆展室因空间狭小而无法展出过多内容，或整体建筑风格不宜放置现代化多媒体设备，此时利用 AR 技术对展览进行扩充延伸便可解决问题。再以北京李大钊故居为例，故居是民国时期普通百姓家建筑风格，在原状陈列展中，设计人员虽然想要尽可能为观众展出更多反映李大钊先生工作、生活的内容，但为了不与整体风格冲突，除了不能过于现代化，设计人员还对展出内容进行精选。在类似李大钊故居这样建筑风格古朴的博物馆中，运用 AR 技术可以使陈列品传达的知识信息更为丰富，在运用多媒体技术的同时不与建筑风格冲突。AR 技术带来的音频讲解也可以缓解接待忙时讲解员不足的状况，让参观者逛完博物馆不仅仅是"看热闹"，更能学有所获。

2. 多媒体触控展示在博物馆中的应用

多媒体触控展示使得参观者摆脱了鼠标键盘，通过手指点触来控制计算机屏幕，获取博物馆预先设置的图像音频信息。多媒体触控展示拉近了参观者与展览的距离，同时提升了整个展陈的互动性。在北京李大钊故居启动展陈提升工作前，专题展厅中的两台多媒体触摸屏令参观者流连驻足。触摸屏中展示有李大钊名言及其廉洁齐家之家风，还以直观易懂的时间轴形式将李大钊在故居居住期间的革命活动和生活片段串联起来，参观者可以点选自己感兴趣的时间节点进行学习了解。除此以外，触摸屏还设置有互动答题功能，将故居展览中的重要内容以问答形式帮助参观者回顾、辅助记忆。笔者经常能看到学生模样的参观者三五成群围着触摸屏，相互提示着答题，亦能看到对触控设备饶有兴趣，随意点选着观看内容的普通参观者。无论参观者是以接受教育或是以休闲观光为目的来到博物馆，多媒体触控展示在以实物、图文形式为主的展室中都能获得一定的关注度，参观者可以通过自身与设备的交互看到更丰富的展览内容，获得互动的观展体验，多媒体触控展示技术以富有娱乐性的方式辅助着博物馆传播知识、教育大众。

（二）依托数字化的云观展风靡大众

提起数字化在博物馆线上参观的运用，最为人熟知的便是博物馆官方网站了，时至今日，作为博物馆最经典的宣传媒介，网站搭建已经在博物馆中广泛普及，网站一般用于介绍基本陈列、馆藏文物，展示博物馆的学术研究与社会教育工作开展情况。官方网站内藏品介绍通常局限于图文形式，对于展览的介绍也大部分停留在各展室内容梗概，不会精细到介绍每一种陈列品，这样的线上观看虽然可以让那些因时间、空间限制无法到场的参观者对博物馆有个大概了解，但展览细节与沉浸感的缺失使参观者的体验远不及线下观看。随着数字化多媒体的发展，各式各样的技术应用改善了线上云观展体验，如虚拟现实技术（Virtual Reality，VR）以其富有交互性、沉浸性优势，摆脱了传统博物馆二维展示的局限，为博物馆展陈设计工作提供了更多新鲜创新元素和活力，除此之外，互联网直播的应用更成为新时代博物馆公共文化服务的新趋势。

1. VR 技术在博物馆中的应用

VR 技术应用下的博物馆展陈设计能使参观者沉浸于虚拟环境中，与环境和展品之间构建出良好的交互空间。在 VR 技术创造的虚拟环境中，没有了时间和空间的阻碍，参观者可以随心所欲地在虚拟场景中体验藏品、感受文化。通过电子设备，参观者可以俯瞰整个展线甚至整座博物馆，此时的 VR 技术起到向导作用；同时，参观者又可以在虚拟环境中越过围栏和展柜，从那些现实中可能无法看到的角度观察文物本来的样子，使参观者获取不同的体验和知识内容。

北京李大钊故居在 2018 年依托专业技术公司制作了故居全景 VR，参观者可以通过扫描二维码进入 VR 界面。VR 界面涵盖了故居院内环境、原状陈列展区和专题展厅，每个展室和陈列品都配有解说，当参观者在界面中进入某个展室时，对应的语音解说便会响起，由于故居讲解员很少，零散参观者在实地观展时是很难体验到这种专属解说服务的。同时，由于故居的陈列布置是以展现生活起居原状为主，展板不宜过多且介绍性的文字内容也删繁就简，参观者在对历史了解甚少的情况下自行观看，必然会影响观展体验，但是配合 VR 实景聆听解说，参观者可以了解展览背后更多的历史故事与人文知识，从而更好地接受爱国主义教育。

2. 疫情常态化下兴起博物馆直播

2020 年新冠肺炎疫情的发生给整个社会造成了巨大损失，国内博物馆和文化机构在农历新年前夕闭馆，许多博物馆前期斥资制作的文创产品和展览被迫搁置甚至取消，或多或少遭受了经济损失。在大众躲避疫情几乎足不出户的那段日子，线上娱乐的需求急剧增长，各行各业也都开启了线上办公、在线营业的模式，体现了数字化蓬勃发展的新场景。

在沉寂了数周之后，博物馆的大幕在网络平台陆续拉开，抖音、淘宝直播带货，这些原本与博物馆毫无关联的词汇，却在新冠肺炎疫情下成为博物馆的亮相方式，博物馆的工作人员，甚至是馆长摇身一变做"主播"，在直播镜头前讲述博物馆历史、文物、展览，带货文创产品。在疫情的催化下，"云游博物馆"成为新的看展模式，博物馆展品更成了直播平台上的闪耀"明星"。

早在 2020 年 2 月，各个社交媒体平台便相继举办"云游博物馆"直播活动，全国几十家博物馆参与其中。各地博物馆除了注册账号定期开展直播，甚至开设文物历史知识讲堂，一些有可售文创产品的博物馆利用直播一边解说文物知识，一边讲述文创产品的构思由来，让观众了解文物和文创产品的关系。各地博物馆或凭借优质的专题活动、或依靠幽默诙谐的直播方式为自己增加了许多"粉丝"。

在 2020 年的"国际博物馆日"，北京市政府新闻办联合市文物局、光明网、微博政务共同推出了"打造博物馆之城"系列直播活动，带领公众云游北京地区的十家名人故居纪念馆，"8 +"名人故居纪念馆联盟在北京的八处名人故居恰好都包括在内。直播活动反响热烈，10 场直播累计在线观看达 3512.6 万人次，单场播放量最高达 400 余万人次，而为直播活动打造的微博话题累计阅读量更是达到 14.2 亿人次。主播队伍中不仅有优秀的讲解员和行业专家，更有故居馆长、名人之后出镜，他们带领参观者走进故居的各个小屋，讲述文物来历和名人背后丰富的精神文化传承，让参观者感受博物馆之城的深厚底蕴和文化内涵，他们的讲解极大地丰富了直播内涵，提升了内容质量，这是"打造博物馆之城"系列直播广受好评的重要原因之一。博物馆直播虽然是受疫情催化而成，但从长远考虑，也是博物馆以人为本，以各种方式向社会宣传科学文化知识、满足公众需求的必然选择，是互联网时代公共文化服务的新趋势。如何适应并有效地运用数字化媒体技术提供文化服务，让我们的博物馆直播在承载历史文化时，也融入当代文明，仍需要在不断的实践和公众的反馈中获取经验。

四　数字化进程中面临的问题

诚然数字化的应用很好地辅助着博物馆社会教育工作，但在数字化推进过程中要考虑诸多因素。首先，是否有足额资金去购买数字化所依托的应用软件与硬件设备；其次，在设备满足条件之后，要考虑数字化在展现中的合理应用，数字化媒体展示应该是一个有机结合体，其中的多种展示手段合理过渡，突出展览亮点，对展览陈设起到辅助和提升的作用，不可一味追求科技感而滥用。分布得当、应用得宜的数字化展示才可以调动参观者的热情与兴致；关于数字化设备的保护和使用则需要大量的人力物力去维护，加之科技产品更迭换代很快，这些都形成了数字化进程中的阻碍。当下博物馆直播兴起，在积极参与、提升热度的同时，博物馆从业者也面临新的挑战，在线下参观中，讲解员会根据受众的不同需求去调整讲解，但网络直播动辄几千人同时观看，作为主播无法第一时间了解观众的需求，所以直播与日常的讲解是不同的，从内容组织到互动方式甚至语气调节都需要重新考量设计。直播没有固定的模式与台词，这就对主播相关知识的积累与随机应变能力提出了更高的要求，观众会提出形形色色的问题，如果平时积累不多，没有深厚的文化积淀很难应对自如。

五　结语

博物馆承载文化，亦传承文化，向公众科普是传承的有效途径之一，数字化应用于信息共享、展览提升，贴合了社会发展与审美要求，利用数字化技术辅助博物馆实现社会教育功能是时代必然。对于博物馆从业人员，要有适应新时代的思想意识，掌握处理工作的新思路、新方法，让博物馆搭上科技发展的顺风车。

（作者系北京李大钊故居管理处助理馆员）

智慧化博物馆建设的思考

刘秋琬

纵观博物馆发展历史的研究，基本可以以科技发展线为主轴进行博物馆剖析。从2G、3G、4G到现在的5G，随着信息技术的迅猛发展，一个崭新的"互联网+"时代已经来临，它对博物馆的运营理念和模式正在产生越来越深刻的影响。"十三五"以来，智慧化已成为博物馆界十分响亮的音符，越来越多地应用到博物馆的建设、对外宣传科普和文物保护中，有力地推动了博物馆事业的大发展。近些年来，我国的信息技术得到了很大的发展，越来越多的信息技术产品被广泛应用到生活领域中，为我们的生活带来了诸多便利，让我们日常的生活工作变得更加高效。现如今在信息技术高速发展的背景下，博物馆应用交互设备以及电子多媒体技术变得更加成熟，博物馆智慧化蓬勃发展，孕育了大批数字化博物馆，推动了文化事业的进步与繁荣。基于这一背景，无论是在实践方面，还是在理论方面，博物馆智慧化都具有显著的社会效益，通过运用信息技术进行博物馆陈展和文物电子信息化升级等新颖的方式，可以满足广大游客的需求，吸引更多游客参与到电子交互的体验中来，为观众带来更加多元化的博物馆参观体验，从而顺应新时代的发展，对博物馆走向公众有着深远的意义。

一 智慧化博物馆建设的意义

（一）弥补传统意义上的博物馆不足

过去博物馆在陈展设计布局时，往往为平面设计，相对老套，不具备创新性。博物馆的主要职能就是向广大观众展示和介绍馆内所保存的文物，通过博物馆来展现这些文物的"前世今生"，讲好每一个文物的故事，展览形式单一是我国大多数博物馆普遍存在的问题，观众在参观过程中，总是根据博物馆所设计的参观路线走马观花式地观看，往往会导致博物馆对观众的吸引力下降。在传统博物馆中只能通过人与物的无接触方式进行参观，通过作为界限的玻璃柜对博物馆内的实物文物进行欣赏和研究。观众获取信息的方式基本上是通过视觉和听觉，即以工作人员的讲解为主，内容固定，极少采用数字化设备。观众基本处于独立或者团体参观的孤立视听角色状态，毫无体验和交流，只要博物馆展品固定，就不会再次吸引游客前来。因此，作为博物馆需要定时更新展品，提升博物馆陈展的创新性，才能让观众随时对博物馆保持新鲜感。这无形之中加大了博物馆的文物压力和财政压力。

同时，传统博物馆文物的陈展往往是静态的。对于博物馆文物文化内涵的了解、学习需要观众主动参与，目前我国大多数博物馆在展陈的设计中，缺乏与观众互动的环节，这会造成博物馆气氛死板，不能达到为观众主动展示文物的效果，只能靠观众主动理解，很多博物馆在进行陈展设计时对高科技技术的应用很少，观众在参观过程中不能够体验到具有科技感的陈展。因此，在博物馆陈展中尝试应用更多的高科技显得尤为重要，例如：利用多媒体技术、VR 技术、立体音技术、交互式技术等为文物的展示带来更多的体验效果，这些技术的应用对于充分挖掘博物馆的历史底蕴，展现文化风采能够起到重要的作用。

（二）具有明显的社会效益

博物馆智慧化是全新的类型，并以快捷、方便的模式丰富了广大人民群众的文化生活，跨越时间和空间的距离为其提供了更具内涵的新型生活方式。例如：中国国家博物馆的网站中曾经推出英文版、视觉艺术、学术园地等板块，其中视觉艺术以三维互动的方式展示了博物馆全景，同时还采用文博专题片的方式，实现了绘画技法的展示，所以观赏者能够打破空间、时间的限制获得更加优质的视觉享受。另外，在网站的学术园地中，其作为一个可以讲述的板块，能够使观众在欣赏博物馆展品的过程中提升文化底蕴，充分掌握、了解文物的相关背景、价值。在简体中文的基础上，中国国家博物馆网站还设计了英文版面、繁体中文版面，从而吸引更多不同文化基础、阅读习惯的观众，为人们提供了学习、进步的空间，使网站向个性化、国际化的方向发展。

博物馆智慧化发展为人们提供了不同的思维，主要体现在博物馆时间、空间、人员的关系上，与传统的博物馆形式存在显著的差异。智慧化博物馆不仅能够实现对文物的介绍，还具有较强的教育意义，能够实现对教育的个性化处理，每个人的理解能力不同，智慧化博物馆可以根据不同的人进行不同的教育，博物馆作为文化、教育管理的载体之一，能够在其展示的过程中充分体现以人为本的相关理念，以较为特殊的方式、语言直观且生动地促进我国社会的精神文明建设，对于构建社会主义和谐社会具有重要意义。博物馆的本质就是向世人展现我国雄厚的历史文化底蕴，并通过大众的理解、传播实现文化继承的目的[①]。智慧化博物馆实现了文化传播、文物展览的重要目标，能够使用较低的成本在全世界的范围内展示我国的文化力量。

---

① 王海春：《博物馆文物收藏职能与文物保护方法的思考》，《文化创新比较研究》2018年第26期。

(三) 对馆藏文物的进一步保护

博物馆文物资源的智慧化,是加强信息技术在文物保护、管理、利用、传播和传承中的应用,从而更好地服务公众。文物资源是一个博物馆的基础性资源,博物馆馆藏文物资源的数字化存储是实现博物馆智慧化建设的基础。利用计算机及网络技术全方位采集博物馆文物相关信息,建立文物资源基础数据库,不仅有助于扩充现有资源存量,实现本馆文物资源的信息化管理、保护及多元化利用,还可以有选择地实现行业间的文物资源共享,这对文物资源相对匮乏的中小型博物馆尤为有利。在文物资源的数字化过程中,运用数码相机、摄像机、三维扫描仪及相关计算机软件技术,可以实现对不宜展示的破损文物的虚拟修复,使其能够得到虚拟展示,也可以经过允许获得其他馆外收藏单位和私人藏家的文物信息,做出复制品用以展示,加强了馆际之间的交流与合作,同时能够做到对一些不宜运输的文物进行全球范围内的展示和研究。通过文物信息的采集处理,也可以实现其数字化产品的物质性转化,从而推动博物馆文化产业的发展,例如故宫博物院的创意产品,使文物以生活物品的方式进入千家万户,从而起到更好的宣传科教作用。

二 建设智慧化博物馆的方式

(一) 运用大数据技术

大数据是信息时代通过云计算、人工智能技术对数据分析、加工、存储以及管理的产物,大数据技术的运用对社会发展和进步起到了巨大的推动作用[1]。将其应用于博物馆的智慧化建设、管理以及服务也是大势所趋。大数据应用于博物馆建设,使公众不管身处世界的哪一个角落

---

[1] 田野:《基于博物馆信息化建设的思考》,《产业与科技论坛》2017 年第 13 期。

都能够通过智慧化平台进行查询、检索并观看其馆内场景，体验传统文化的魅力。同时，构建基于大数据、云平台的博物馆信息化服务体系，主要以事实为研究基础，注重实施科学化、合理化、智能化的服务策略，能够提升现代化管理水平、推动信息化服务质量。大数据具有规模大、类型多、价值低等特点，所产生的信息已经实时融入人们生活和工作当中，在大数据中采集、挖掘、利用所需要的数据信息是当前人们所关注的，博物馆就是要对这些信息进行整理和利用，使大数据信息化管理资源发挥最大使用效果。为了提高智慧化博物馆的信息服务模式，并将高效化、智慧化的信息服务运用到博物馆的信息化建设中，在现有的服务人员和技术水平的基础上，实现技术和管理的最大化和最优化的信息组织、加工、存储和信息的处理是大数据信息服务的最大目标。与此同时，对于那些拥有数十万件藏品以上的大型博物馆而言，由于将藏品进行数字化处理将会得到大量的资源，包括3D数据、视频、音频、图片等，也就是说采用大数据方式对博物馆藏品进行处理同样具有重要意义。

（二）应用物联网技术

物联网是在1995年比尔·盖茨出版的书籍《未来之路》中刻画的物联网的模型，核心观点是"物物相联与通信"，这一概念的提出当时并没引起人们的关注，直到1998年，美国麻省理工学院自动识别中心专家提出的EPC（Electronic Product Code）系统，明确阐明物联网是建立在物品编码、射频识别技术上的物流网络。物联网是物物相联的互联网，通过各种信息传感设备、射频识别装置、激光扫描器、全球定位系统等接入网络，实现人与人、物与物互联与通信和交流的智能化网络。随后在短短的几年内，物联网技术的开发与应用更加广泛，物联网相关产业迅速发展，世界各国都启动了相应的研究计划和实施办法[1]。目前

---

[1] 梁庆鹏：《浅谈博物馆信息化管理系统建设》，《才智》2015年第28期。

物联网在我国正处于起步和发展阶段，但随着对物联网的研究开展，物联网技术的发展已经延伸到生活各个领域，如智慧城市、智能家居、智慧校园、智能交通、智能物流、智慧医疗等应用。物联网的应用正不断地改变着人们对世间万物的认知方式，使人们不断地在充满智慧的巨大网络中获取物质、精神财富。在当今信息时代发展的各个领域中，信息技术管理水平的提高和加强，将始终依托于物联网技术的进步和发展。物联网技术的应用将成为历史发展的必然趋势。在物联网技术影响下的博物馆，除了能更好地通过网络管理展览展品，而且还能进一步保护整个博物馆的安全。例如：对博物馆环境的实时监控，博物馆安保系统的建立和博物馆消防系统的布防，博物馆的任何风吹草动，都可以通过物联网技术实时传达。总的来说，基于互联网这一基础，将物联网技术应用在博物馆智慧化中，能够以"物"为核心媒介，构建一个相互连接的"世界"，从而加快博物馆智慧化的脚步。

（三）采用虚拟现实技术

VR 是利用数据、端口及计算机设备等对现实的环境或者真实的事物进行仿真模拟，或者直接录入真实的环境与事物的影像进行从内而外或者各个角度的观察，而且可以按照其构想进行修复、改造等模拟设计，观察其效果及可行性[①]。这项技术打破了时间、空间和人员的限制，应用于博物馆的展陈设计中，可以使参观者更近距离、全方位地观察文物，不受现实中光线、距离的影响，还可以同时设计声音解说、模拟文物所在朝代的背景等，让参观者了解更多历史知识，使展陈设计更为自由、灵活，引导参观者从对历史的被动接受转为主动探索。VR 模拟现实中的馆藏环境与藏品，参观者可以按照自身需求来选择想要参观

---

① 洪秋月：《探讨 VR 技术在文物保护工作方面的应用》，《中国民族博览》2019 年第 7 期。

的环境或者文物，并合理地选择交互、导览的形式，从多种感官上感受真实、刺激的体验，从而凸显历史文化的魅力与藏品的价值，满足参观者想要了解各种文化历史的个性化要求。VR 技术的虚拟空间设计不会对真实的环境产生影响，但是却可以为参观者提供更多的便利，参观者可以利用 VR 对虚拟空间中的环境方位进行随意调整，对文物的观察角度进行随意调整，不受空间的限制，并且可以根据自己的构想创建出更好的虚拟空间与事物。VR 技术对真实环境的模拟可以让参观者有身临其境之感，感应参观者的听觉、视觉及触觉等，帮助参观者体验环境与事物的变化，这种体验在现实状态下很难实现，因此可以激发参观者的兴趣，调动参观者的积极性。此外，实际的环境中不止一个参观者，可能还有很多其他的声音，影响体验效果，VR 技术创建的虚拟环境减少了周围因素的影响，让参观者在不被打扰的情况下沉浸在虚拟环境中，引导参观者快速融入，了解博物馆知识，完善自身知识体系。通过 VR 技术的运用，能够结合人的触觉、嗅觉、听觉、视觉、味觉等所有感官，形成一种新型的多重感官交互系统，这一点是其他任何媒体所无法替代的[1]。VR 技术具有比较强大的交互性，对于其他媒体技术而言，能够将两种感知结合在一起就已经很不错了，将三种或三种以上的感官系统结合在一起的媒体技术少之又少，根本无法达到 VR 技术将多种感官结合在一起的效果，也就无法使受众感受到 VR 技术具有的超越现实的感受。虚拟现实技术的运用，能够将博物馆的科教意义最大化，为公众展示一种全新的个性化的智慧博物馆。

三 总结与展望

智慧化博物馆之所以要得到更广泛的应用是因为这些技术是时代发

---

[1] 王余烈、苏欣、田昊：《虚拟现实在遗址博物馆中的叙事展示与体验研究》，《南京艺术学院学报（美术与设计）》2019 年第 3 期。

展的必然产物。我们所处的时代正在快速发展，社会风貌也是日新月异。博物馆只有不断创新，满足广大观众的需求，才能够实现更好的运营与发展。将各种信息技术应用到博物馆展陈中，才能够为广大观众带来全新的参观体验，提高观众的参观积极性，让博物馆能够受到更多人的关注。在5G网络广泛使用以后，以手机为代表的移动互联设备为观众参观博物馆带来各种便捷，博物馆内信息空间的革新也会为观众提供丰富的体验形式。观众不仅可以对展陈的实物展品进行参观，而且会越来越多地享受智慧化的信息空间，与博物馆内文物展品的数字化进行交互活动，完成博物馆内的文化消费，形成博物馆参观的最终反馈。这一系列过程都是以人为中心，以物为主的博物馆逐渐转向人和物共同发展的态势，多元化的体验将成为各大博物馆未来发展的重头戏，因此应当把握住历史潮流下信息技术对博物馆建设的冲击，利用好这个机会，顺应时代发展的趋势，实现博物馆建设完全形态的智慧化。

（作者系郭沫若纪念馆助理馆员）

博物馆传统书画展览的当代传播
——以《"在神不在貌"——徐悲鸿眼中的任伯年》展览为例

王丽梅

一 博物馆传统书画需要当代传播

伴随着"博物馆热""展览热"等现象，传统书画的当代传播在整体繁荣的表象中呈现出新气象，传统书画艺术研究如书画理论、艺术史论等研究越来越深入，书画展览也逐渐突破传统模式，在展览内容与形式上不断创新。展览与传播作为博物馆的重要职能，意味着传承与发展。中国传统书画艺术作为中华文化的精髓，流淌着引以为傲的民族之魂，在一山一水中刻画出富有"中国气派"的民族精神。作为优秀的传统文化，中国传统书画艺术在视觉上能给人以蕴含生机的积极力量，能记录美妙动人的景象，能抒发深刻的思想情感，能表达启迪智慧的思想信仰。作为"中国艺术精神"的集中显现，中华民族需要对其继承与发扬，而这本质上就是中国传统书画艺术当代传播的意义所在。中国传统书画艺术只有通过传播，其所表征的中国文化与艺术精神才能为更多人理解，为更多人认同，中国文化才能发挥更大的影响力。

党的十八大以来，习近平总书记在多个场合提到了"文化自信"，并在十九大将"文化自信"写入党章。在十八大提出中国特色社会主义"三个自信",即"道路自信""理论自信""制度自信",习近平总书记开拓性地将"文化自信"作为"三个自信"之外的第四个自信:"中国有坚定的道路自信、理论自信、制度自信,其本质是建立在5000多年文明传承基础上的文化自信"(2015年11月3日,第二届"读懂中国"国际会议期间会见外方代表),"坚定中国特色社会主义道路自信、理论自信、制度自信,说到底是坚定文化自信,文化自信是更基本、更深沉、更持久的力量"(2016年5月17日,哲学社会科学工作座谈会)。文化自信是一个民族、一个国家以及一个政党对自身文化价值的充分肯定和积极践行,并对其文化的生命力持有的坚定信心。中国传统书画艺术的当代传播,具有"文化自信"层面的价值和意义。

二 当下传统书画展览现象分析

传统书画艺术自身的文化符号语言给它的传播带来一定难度,进入21世纪后的近十年来,书画展览趋向从艺术和审美层面来运作,多以"精品""经典"来命名,注重展览内容的"精品化",以提高审美思想为主。而近几年的传统书画展览更注重主题性,不再只是把书画挂在墙上。展览必须有主题,例如北京画院《人生若寄——齐白石的手札情思》《知己有恩——齐白石的师友情缘》,展品选择和内容围绕主题展开,让观众明白展览的主题理念。由此可见,博物馆人的策展理念发生了转变,越来越多的博物馆工作者开始注重书画展览内容的学术性,根据观众的关注点与接受能力来思考如何诠释传统书画展品,以观众需求作为出发点,确实做到了以人为本。

作为衡量优秀展览的另一个重要标准——展览形式,也在悄然改变。当下博物馆传统书画展览形式大致分为两类,一类是对书画作品实体展示,主张让文物自己说话;另一类是将书画作品进行数字化展示。笔者认为，传统书画作品实体展示是展览的基础，只有面对面的交流，这种实物传递的时间感和对人的情感冲击，是与数字化手段不同的，并永远无法被替代。数字化展示可以作为补充，它灵活生动，参与度高，更能吸引普通大众走进博物馆，可随时随地观看，不受时间与地点的局限。

三 不同观众对展览的需求

在信息时代的今天，对于博物馆书画展览中的观众需求，我们不能再从传统意义上简单地认为是"参观"与"被参观"的关系。越来越多的博物馆工作者认识到了这一点，所以近几年的展览也在逐渐调整。笔者基于常年在书画博物馆工作，对于此类参观观众大致分为以下几种模式：第一，专业型观众。专业型观众有专业知识储备，这部分观众希望通过欣赏作品看到艺术家的创作理念、绘画技法，或来寻找激发自己创作的元素。他们更关注作品本身，希望看到真迹和更多细节，例如，款识、印章等，希望获得最新最全面的资料。第二，休闲型。这部分观众占多数，他们对书画接触较少。希望通过直观感受了解作品背后的故事，以受艺术熏陶为主。这部分观众更希望展品有动态演绎、参与感强，可以帮助他们了解书画内涵。第三，学习型。由于徐悲鸿纪念馆的专业特性，学习型的观众占比也是不小的，很多学习艺术的学生、艺术爱好者都把纪念馆当作打卡地，观摩大师的真迹是必修课。如果条件允许，这其中更多的人希望能来直接临摹作品，这也是这部分学习型观众的特殊之处。

四 突破传统书画展览固定模式，做以观众需求为指向的传统书画展示的展览

基于以上陈述的几点现象与需求，我们策划了"大师眼中的大师"为主题的系列展览，先后推出了《徐悲鸿与齐白石》《"在神不在

貌"——徐悲鸿眼中的任伯年》两个展览，展出作品均为徐悲鸿先生的收藏品。人们所熟知的徐悲鸿是位艺术家、美术教育家，但很少有人关注徐悲鸿的收藏，在徐悲鸿纪念馆的介绍中只是有一句话提到"徐悲鸿病逝后，他的夫人廖静文女士将徐悲鸿作品一千二百余件，徐悲鸿收藏的中国历代绘画作品和欧洲近现代油画、素描作品一千一百余件及其画册、图片等珍贵美术资料一万余件全部捐献给国家"。这一千一百余件收藏品几乎从未展出，2017—2018年纪念馆馆舍与文物库房改建完成，我们将所有文物重新清点上架，看到徐悲鸿收藏的众多收藏品不单精美更有重要的文献价值可供研究，于是计划在重新开馆后陆续向观众展出。

《"在神不在貌"——徐悲鸿眼中的任伯年》展览是"大师眼中的大师"系列展的第二个展览，着重推出了徐悲鸿收藏的"海上画派"代表人物任伯年的作品。展品汇集任伯年人物画、花鸟画，以及多幅任伯年遗墨，共计50余件套馆藏珍品，这些作品均是首次公开，也是徐悲鸿一生收藏任伯年作品的首次集中展出。展览的主旨既是对任伯年艺术成就的展示，更是对徐悲鸿艺术收藏的探究。前期策划时着重不同观众的需求，根据需求策划展览、制定展陈大纲及配合展览的相关活动。

（一）展览主题的确定——"在神不在貌"

任伯年，在摹古沿袭、陈陈相因的晚清画坛，融贯古今，参借西法，是引领海派新风的先行者；徐悲鸿，义无反顾地开创融会中西之路，是推动中国画改良的一代宗师。1895年，任伯年，一位开创艺术新格局的时代明星逝去；徐悲鸿，另一位引领艺术变革的璀璨明星诞生。他们在艺术上一脉相承，都是中国画家中罕见的天才人物，技巧全面，举重若轻；他们也同时为兼具时代精神与艺术个性的先行者，敢于革新、敢于突破，为中国画伟大传统的复兴开拓出新路。

徐悲鸿对任伯年的收藏以其晚期作品为主，通过馆藏画作中任伯年自写的题跋可以推断出 22 幅任伯年作品的创作年代，其中 21 幅都为任伯年作于 19 世纪 80 年代之后的作品，都是任伯年晚期的创作。此时正值任伯年艺术日趋成熟的阶段，龚产兴在对任伯年的研究中曾评述："19 世纪 80 年代以后，任伯年创作上摆脱了真的要求，力求神韵，画面不再囿于形似……可以看到画家具有丰富的感情，以意造形，置形象技法于度外，笔意潇洒，重神韵表现。"任伯年正是在后期的创作中愈加追求"神似"，笔法更加简逸明确，注重以意取境，成就突出。展览主题"在神不在貌"源自任伯年一幅画作《仲英先生五十六岁小像》，曾任故宫博物院院长的马衡在题跋中记载"吾被投止时，即无时不留心于主人之举止行动，今所传者，在神不在貌也"。同幅作品徐悲鸿题跋"伯年高义雄才，观察精妙绝伦，每作均有独特境界，即如此作，其传神阿堵无论矣"。"传神阿堵"正是徐悲鸿极为肯定与推崇的，其在《画范序》中提出中国画理论"新七法"，即"位置得宜、比例准确、黑白分明、动作或姿态天然、轻重和谐、性格毕现、传神阿堵"。可见徐悲鸿与任伯年有着相同的艺术理念，他们二人在艺术创作中都推崇并秉承着"传神"的要义，推动了传统人物画的变革，都是中国传统绘画走向现代进程中不可或缺的篇章。

展览以"沉酣矫变""雅丽丰繁""未竟之作"分为三个主题板块，皆摘自徐悲鸿评任伯年之语。"沉酣矫变"出自徐悲鸿在任伯年画作上的款识，"沉酣矫变，如书中李，使人览之神王，提款可疑画则舍伯年莫属也"；"雅丽丰繁"出自徐悲鸿《艺术漫话》，"吾国人近人中最善色彩者，当以任伯年为第一，其雅丽丰繁，莫或之先。时人则齐白石为谙此理。夫其健笔传神阿堵者，已为艺人之所难，讵知尚未尽其能事耶"；"未竟之作"出自徐悲鸿提任伯年画作《西施浣纱》"因俱在其凤昔所藏精品之外，而又不胜其装置也，中多未竟之作，趣味良深，如举玉按璞，谂其所自。此幅写西施清微雅逸，前无古人，仲熊信乎，恺悌君子，吾心感为何如耶"。三个部分分别展示任伯年具有变革性的人物画、设色雅艳的花鸟画以及多幅被徐悲鸿视作珍宝的任伯年未完之作。

（二）展线及形式设计风格

此次展览的临时展厅由不可移动的大型玻璃展柜组成，动线也相对固定，以至在空间布局上存在局限性，不易突破。很多传统书画展览展陈形式设计风格多为沉稳，在色彩上也会选择深红、深灰等内敛平和的颜色。此次展览在设计风格上偏重清新雅丽，以徐悲鸿最为喜爱的任伯年八幅花鸟条屏中提取蓝、灰、绿、米四种色彩作为分区，区别不同的展区。观众在电梯门开启的同时，映入眼帘的整面主题墙，"在神不在貌"提取于徐悲鸿的书法之中。整面墙没有第二种颜色与多余装饰，整体简练突出主题。顺着欧式拱门走进序厅，正在播放的"欧洲中国美术展览会巡展"影像资料把观众带回近百年前展会（图1）。1933—1934年，徐悲鸿携任伯年、齐白石、张大千、潘天寿、陈树人等多位画家作品赴欧。在法国巴黎举办的中国美术展览会，原定持续一个月，

图1 "欧洲中国美术展览会巡展"区

因反响热烈,展览延期至 45 天,观众达数万人。画展结束后,法国政府从画展中选购了十多幅作品,在巴黎国立外国美术馆成立了中国绘画展室。之后,又在意大利、德国、苏联等地进行了巡展,成为中国绘画在欧洲影响最大之事。视频旁边是法文展览海报、展览图录、报纸报道等文献资料展示。在序厅与内部展厅之间有一段"时空隧道"相连,任伯年与徐悲鸿,一左一右,一侧正序一侧倒序,最后时空叠加在1895 年。1895 年,一代明星任伯年逝世,画坛巨匠徐悲鸿出生。隧道尽头,引入徐悲鸿恩师达仰用法文写下的对任伯年评论的文字:"多么活泼的天机,在这些鲜明的水彩画里,多么微妙的和谐,在这些如此密致的彩色中。由于一种如此清新的趣味,一种意到笔随的手法——并且只用最简单的方术——那样从容的表现了如许多的物事,难道不是一位大艺术家的作品么?任伯年真是一位大师。"①(图2)

图 2 "时空隧道"与达仰评论

正式走入展厅,在一侧展墙上还展示了两幅徐悲鸿曾带到欧洲的任伯年扇面,作为"欧洲中国美术展览会巡展"区域与展厅的过渡和衔

---

① 徐悲鸿:《任伯年评传》,原刊于 1953 年陈之初版《任伯年画集》,转引自《任伯年全集》卷六,人民美术出版社 2010 年版,第 3—4 页。

接。在1933年法国中国美术展览会的图录中,可以看到有一幅任伯年的《女娲炼石》(图3),与此相呼应,进入展览的第一板块"沉酣矫变",观众便可以一睹原作的风采,看到这幅曾被徐悲鸿带到欧洲的伯年杰作。展览正是期望通过"回到1933"这样一个历史场景的截取和还原,作为整个展览的序章,进而以倒叙的手法讲述徐悲鸿的收藏故事,将观众置身于历史语境之中,拉近今人与大师的距离。

图3　1933年徐悲鸿在巴黎举办中国美术展览会
图录之一,《女娲炼石》

另一侧展墙本为通体展柜,但为让观众能有短暂休息,减少视觉疲劳,故将展柜封闭,视觉上做成嵌入式空间结构,封闭的墙印上提取自徐悲鸿不同时期所画的钟馗小像,神态生动,形象多变。或须眉怒张,或怡然自得。徐悲鸿最初知晓任伯年便是通过《斩树钟馗》，"忆吾童时有一日，先君入城，归仿伯年《斩树钟馗》一幅，树作小鬼形，盘根错节，盖在城中所见伯年佳作也。是为吾知任伯年名之始"。此处便以徐、任两位大师的钟馗系列作品作为开篇（图4）。

图4 开篇 钟馗

通道尽头只展出一幅徐悲鸿作《任伯年》油画肖像，画幅不大，但十分精致。画作下是徐悲鸿对任伯年的称赞："伯年为一代明星，而非学究；是抒情诗人，而未为史诗。此则为生活职业所限。方之古天才，近于太白，而不近杜甫。"

穿过视频互动区走进第二主题"雅丽丰繁"，这里展示着徐悲鸿收藏任伯年作品中最为珍视的花鸟八条屏。据廖静文回忆，徐悲鸿特别推崇任伯年，很多画商都知道，所以遇到任伯年的好画就拿给徐悲鸿。一次一家画店送来12幅任伯年的花鸟画，其中一幅《紫藤翠鸟》，徐悲鸿称之为"神品"，爱不释手，又挑选七幅一同买下。徐悲鸿评价"任伯年的作品都能予人以妙造自然之感。他的肖像、人物、山水、花鸟，粗写细写，莫不精妙，是明朝仇十洲以后中国画家第一人，是一代明星……"之后，徐悲鸿便把这八条屏悬挂在家中，在一天的劳累后，坐在座椅上静静欣赏。这八幅作品安排在第二主题最显眼的通体展柜中,在展厅中特意摆放两把座椅,我们希望观众可以在此停下脚步,坐在座椅上以大师的视角去感受作品,这也是观众跨越时空的体验(图5)。

图5 小憩体验区

在第二与第三部分之间搭建一处"影"空间,欣赏画作之余,放松身心,这也是普通观众喜爱打卡的原因之一。任伯年与徐悲鸿同是江南人,此处设计上以具有海派特点的八角窗配合竹影、案桌等进行造景,使得观者仿佛置身江南小景中。徐悲鸿伏案作画,窗外竹影婆娑,清风簌簌,给观者一种朦胧的意境美(图6)。

图6 "影"空间

第三部分"未竟之作",未完成之意,但仍为徐悲鸿视若珍宝。徐悲鸿在任伯年画作《西施浣纱》(图7)上曾记载这段收藏经历:"吴君仲熊之祖酷爱伯年画,无继,配伯年先生之女雨华。伯年既卒,遗稿皆入吴家。及仲熊与余相善,知余笃嗜,遂尽举以赠。因俱在其凤昔所藏精品之外,而又不胜其装置也,中多未竟之作,趣味良深,如举玉按璞,谂其所自。""伯年先生遗作虽未竟,而精采已焕发,致可宝也",他在画作之上或题跋或补竟——《秋日泊舟》中,徐悲鸿以伯年笔法添上了一位划船女子,画面更显意趣盎然;《芭蕉鸜鹆》中(图8),他在伯年大笔挥洒的芭蕉上空画上了一只八哥,画面更加生机勃发,每一幅画作都如同两位大师跨越时空的"对话"与"合作"。这一板块的"未竟之作"皆是在展览筹备中根据徐悲鸿收藏题跋逐一考证整理,这些画作尽显徐悲鸿收藏任伯年作品的广泛性。

整条展线除了两位大家的作品外,还特别摘选出了徐悲鸿在所藏伯年画作中书写的题跋,贯穿于整个展厅。一方面是对于主题的补充,考虑到徐悲鸿文字话语特点,不用加以特别说明观众就可以看懂,从侧面帮助观众了解徐悲鸿的心境。另一方面,在视觉效果上以中式画轴的形式展现的这些文字点缀在展厅各处,与整体展陈风格相协调。这些徐悲鸿亲笔的收藏题跋真实地记述了徐悲鸿收藏时的故事及心境,客观还原了徐悲鸿的观看视角,可以看到一个更加生动真切的大师徐悲鸿:他在见到任伯年佳作时会感叹"此真神品也""梦寐数月";在喜获伯年画作时"欢喜赞叹,便欲跃起";在不能得画时会叹息"恨不能豪夺,成完数,怅怅";在珍藏的伯年作品上又特意叮嘱"特恐张挂过多,尘污混其笔迹耳,有保守之责者不可不加注意也",在他的收藏中满怀对艺术的热忱、对伯年的敬仰。展线中这些文字的出现也进一步深化了展览的主旨内涵(图9、图10)。

图7　徐悲鸿《西施浣纱》
徐悲鸿纪念馆藏

图8　徐悲鸿《芭蕉鹳鹆》
徐悲鸿纪念馆藏

图 9　题跋展示

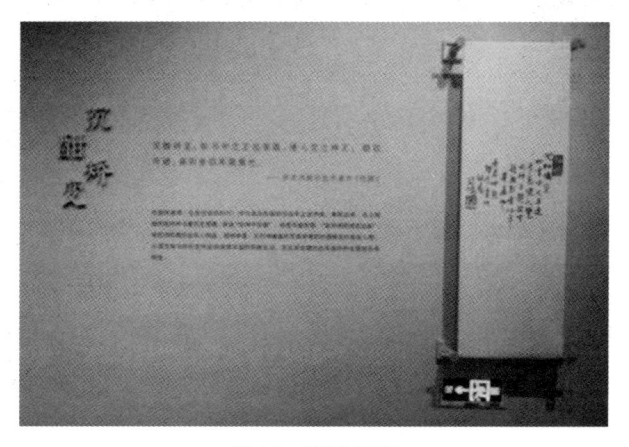

图 10　题跋展示

(三) 互动视频

数字化演示、互动视频一直是大众尤为喜爱的一种展览形式，对于观众而言，这种互动会帮助其理解展览展品，既生动参与度又高。而书画作品对于光照的要求极为苛刻，这也是很多传统书画展览不敢过多使用声光设备的主要原因。根据不同观众的参观需求，在此次展览中设计了一些互动项目，同时，运用这种手段也可以更好地营造出"穿越时空对话"的空间感。在位置安排上,刻意避免了这些设备与书画接触,所使用的光影互动视频均避开文物。特别是"穿越时空的对话"互动视频区域(图11),这里作为一个独立的空间,观众在此可以席地而坐,理解与感受以粒子动画的形式呈现两位大师的话语和艺术理念,幽暗中伴随轻灵的古乐,屏幕上如白色沙砾般的动画粒子盈动飘逸。徐悲鸿与任伯年的图像被投影在"年表墙"两端自天顶垂下的两道幕帘上,帷幕遥遥相对、彼此呼应,而观众从中穿过,幕帘随之散开又合拢,一开一合之间,仿佛穿越过时光之门,参与到"穿越时空的对话"之中(图12、图13)。

图11 "穿越时空的对话"互动视频区域

从展览序厅入口的欧洲展览影片资料与"时空隧道",到"穿越时空对话"的数字化演示厅与粒子动画,从还原徐悲鸿赏画视角的座椅到"影"空间,沉浸式体验与科技手段穿插在整个展览之中,使展线具有节奏变化,观众时而缓步赏画,时而驻足感受。展览试图打破传统绘画展览相对单调的展陈方式,以及专业性及学术深度带给普通观众的距离感,加入互动体验为辅助,使展览更具活力与趣味,深入浅出地讲述两位艺术大师跨越时空的故事。

图12 "时空对话"区

图13 年表墙展示

（四）网络直播导览与社教活动

线上直播、网上观展已经成为文博界推广宣传的重要手段，也为博物馆导览提供了全新的体验模式，开启了博物馆导览的新时代。尤其在疫情期间，博物馆限制了参观人数，促使很多博物馆开展线上直播导览，此次展览我们也参与到其中，为观众提供云展览、云导览、云讲解等多种形式的"云场景"活动，从展览讲解、展品赏析、展览和音乐的互动关系等多个角度解读馆藏资源，创新了博物馆文化解读的多种视角。很多人通过直播、微博等网上观展了解展览，再把兴趣点带到线下博物馆来重点观看关注的展品，线上线下结合，方式灵活，激发其实地参观的愿望，带着问题来参观，更可以全面了解展览。

此次展览专门开发了"绘本""印章模"等配合社教活动，图册与印章以徐悲鸿和任伯年两位大师的画作为基础，节选一个人物或一组花鸟，可以在图画册上临摹或创意，也可拓印在预先准备好的卷轴之上，亲自参与一次与大师的纸上"对话"，这也是将传统带入现代的过程。

五　传统书画展览趋势

（一）以学术为基础，引导观众提高艺术审美

新的观念推动着新的展览理念，但无论如何改变，举办传统书画展览的初衷是宣传优秀传统文化，提高大众审美情趣。一个展览从配套图录与学术期刊的出版；从微博微信网络推广到直播导览观展；从配合展览的社教活动到专题讲座的开展；种种推广手段都紧紧依靠展览内容策划的支撑，以内容为主，以学术为基础。学术研究到位，展览才有精髓才有灵魂，有灵魂指引才能引领观众而非一味迎合大众口味，这也是所有展览成功的必要前提条件。

（二）观展形式多样化

随着智能设备的普及，多样观展模式已经成为必然趋势。数字二维码识别、3D 全景展示、App 的开发等多种新媒体技术的运用越来越全面而又深入地将展览展示得更加宽广，多元化、多维度的手段辅助观众更深入地参观与体验，更给博物馆的艺术展览带来了新的生机。但与此同时，受目前博物馆展览条件、技术与设备等限制，新媒体展示还存在诸多问题需要改善，尤其对于传统书画的展览展示，如何使用新技术而又不失传统书画自身的"气韵"，未来还有更远的路要走。

结　语

中国传统书画作为"中国艺术精神"的集中体现，需要继承与发扬。无论传播渠道、平台、手段如何变化，都不能脱离传统书画艺术的核心精神，尊重传统，敬畏传统。如何使传统书画艺术在当代传播，博物馆人应该还需要不断探索与实践。

（作者系徐悲鸿纪念馆馆员）

新时代名人故居打造爱国主义教育活动品牌规律研究

——以宋庆龄故居"时代小先生"活动为例

艾 多　李雪英

名人故居纪念馆是历史类博物馆的一个重要组成部分,相比其他历史事件、历史场所等纪念馆而言,主要是纪念历史人物,保存人物工作和生活原状,珍藏有关文物,推动人物研究,讲好人物故事,展示其彪炳史册的生平事迹、人格魅力,在培育民族精神、激发爱国热情、坚定文化自信、凝聚人民力量方面发挥独特作用。对于肩负爱国主义教育使命的纪念设施、纪念馆,习近平2014年9月批示"切实做好保护、利用工作,充分发挥其在加强爱国主义教育、培育社会主义核心价值观中的重要作用"。[1]

全国各地名人故居纪念馆有很多被列为爱国主义教育基地,以2000年开始形成的"北京八家名人故居联盟"为例,宋庆龄故居、李大钊故居、北京鲁迅博物馆、郭沫若纪念馆、茅盾故居、老舍纪念馆、徐悲鸿纪念馆、梅兰芳纪念馆全部是国家级或省级、区级爱国主义教育

---

[1] 《守护民族的根与魂　品味习近平保护文化遗产三境界》,中国青年网,2016年6月12日,http://news.youth.cn/wztt/201606/t20160612_8109082_1.htm。

基地。因此，名人故居纪念馆要深入挖掘自身拥有的独特公共教育资源，对人物的人文精神、价值理念和道德规范进行活态展示与创意传播，充分激发广大干部群众特别是青少年的爱国情、强国志、报国行，培育其形成正确的历史观、价值观、文化观，进一步坚定中国特色社会主义道路自信、理论自信、制度自信、文化自信，为实现中华民族伟大复兴中国梦提供不竭精神动力。2019年国庆前夕，中宣部新命名39个全国爱国主义教育示范基地，北京宋庆龄故居名列其中；2020年，宋庆龄故居"时代小先生"爱国主义教育活动品牌入选中宣部《新时代爱国主义教育创新实践案例》。本文以宋庆龄故居为例，探索新时代名人故居打造爱国主义教育活动品牌的规律。

宋庆龄故居是中国宋庆龄基金会的发源地。走进新时代，中国宋庆龄基金会深入贯彻落实习近平总书记重要讲话精神和党中央决策部署，坚持把握时代性主题及根本要求，践行"和平、统一、未来"宗旨，全面落实立德树人的根本任务，切实增强做好新时代青少年儿童工作的使命感责任感，发挥宋庆龄故居全国爱国主义教育示范基地、全国青少年教育基地、全国中小学生研学实践教育基地的作用，继承和发展宋庆龄"小先生"理念和实践，不断深化和推进2011年启动实施的"中国宋庆龄基金会时代小先生计划"。活动本着"试验性、示范性"方针，搭建活动平台、打造实践载体、培育特色品牌，面向8—14岁少年儿童开展爱国主义教育，持续举办公益培训、志愿服务、国际交流等活动，持之以恒，久久为功，社会影响力持续上升，获得广泛认可，取得良好效果。

一 爱国主义教育传承百年薪火，宋庆龄故居"时代小先生"继承和发展宋庆龄倡导的"小先生"理念和实践

宋庆龄的一生是和少年儿童联系在一起的，她说："我们要把最宝

贵的东西给予儿童。"① 百年之前，孙中山为振兴中华提出"天下为公"，得到社会各界人士的积极响应。20 世纪 30 年代，著名教育家陶行知提出"文化为公"、创立"小先生制"。40 年代，宋庆龄从陶行知推行的"小先生制"中找到并发现了"让孩子们成为未来的主人"的好方法，并通过她领导的中国福利基金会开展"小先生"活动，本着"试验性、示范性"的原则，亲自指导培养了 300 多名小先生，让两万名儿童受益。宋庆龄说："这确实是在为中国培养未来领导者"②，"给他们工具，让他们去锻造中国光明的未来"。③

为打造新时代具有鲜明特色的爱国主义教育活动品牌，故居以弘扬宋庆龄精神、缔造民族未来为己任，继承和发展宋庆龄的"小先生制"，与时俱进地丰富和拓展"小先生"的内涵和外延，启动实施"时代小先生"计划，为少年儿童精心搭建实践平台，引导少年儿童"知行合一、即知即传"，为培养中国特色社会主义建设者和接班人、培养担当民族复兴大任的时代新人贡献力量。近年来，全国博物馆"十佳"讲解员张奕朗、全国青少年英语阅读大赛金奖获得者李奕凝、"首届北京博物馆优秀志愿者"张宸翰……他们通过参加时代小先生活动，从一个个胆小羞涩的孩子，经过培训和实践，成长为自信走上讲台、走出国门的中华少年。

每年六一国际儿童节到来之际，故居会举办"在宋奶奶生活过的地方过六一"活动，在这个年度盛会中，举行"十佳"优秀时代小先生颁奖仪式，邀请会领导和宋庆龄生前友好为孩子加油鼓劲。六一活动主题紧扣时代脉搏，2020 年以"时代小先生爱劳动"为主题，克服疫情影响，活动提前录制后通过网络展播，在中央电视台新闻直播间滚动播出。

---

① 宋庆龄著，宋庆龄基金会编辑：《宋庆龄选集》，人民出版社 1992 年版，第 195 页。
② 《宋庆龄书信集》上册，人民出版社 1999 年版，第 777 页。
③ 《宋庆龄书信集》上册，人民出版社 1999 年版，第 726 页。

为了让更多孩子从中受益,时代小先生活动不仅在京渝鄂宁等地建立示范校、示范基地40多个,实现全国各地联动开展爱国主义教育,还通过宋庆龄有关国际友人纪念机构和孙宋纪念地在海外落地。2019年春,中国宋庆龄基金会主席王家瑞访问新西兰之际到访路易·艾黎中文学校,建立第一所"时代小先生"海外示范校。之后,宋庆龄基金会时代小先生办公室与马来西亚、新加坡相关机构签订"时代小先生"项目合作谅解备忘录。目前,"时代小先生"活动已经初步构建起立足北京、面向全国、辐射海外的格局,搭建了讲好中国故事、传承伟人友谊、促进民间友好的交流平台,在各国少年儿童心中播撒下和平友好的种子。

二 爱国主义教育融入校外课堂,宋庆龄故居"时代小先生"主题活动为中小学生打造研学实践载体

名人故居纪念馆要积极主动研究中小学教材,立足教材进行拓展和深化,开发爱国主义教育教学资源。宋庆龄是举世公认的20世纪伟大女性,被誉为"国之瑰宝",她的故事在中小学课本中多有体现,比如:人民教育出版社小学三年级语文课,有一篇文章叫《我不能失信》,就是以少年宋庆龄为榜样,引导孩子们从小养成诚实守信的中华民族传统美德。对于小学生来说,如果在学习课文的同时,能够通过参观真实的宋庆龄寓所,看到生动的宋庆龄生前影像,了解到她诚实守信的高尚品格在国家民族危亡之际发挥的重要作用,将会产生更好的教育效果。

宋庆龄故居2017年荣获第一批全国中小学生研学实践教育基地,坚持面向少年儿童开发以中国近代历史、中华优秀传统文化为主要内容的爱国主义教育资源,每年吸引数十所学校成千上万名学生来到这里,使"时代小先生"活动走向常态化、规范化、课程化。注重运用仪式礼仪,组织中小学生参观故居时与入队仪式、毕业典礼相结合,举行升

国旗仪式，激发爱国情感。举办"时代小先生进校园"活动，将宋庆龄生平展送到学校，为各校培训学生志愿讲解员，每年引导上万名师生参观展览。有的示范校看到"时代小先生"活动的教育效果，积极主动融入校园文化，邀请故居老师到学校开设兴趣班，还每年表彰本校"美德小先生"，在开学典礼之际进行隆重表彰。

为了满足孩子们进一步深入学习的愿望，宋庆龄故居每年举办时代小先生双语双训夏令营，迄今已有500余名少年儿童参加，集中学习中英文讲故事、参观革命圣地、参加军训活动、体验劳动课程，德智体美劳等综合素质得到提高。夏令营深受孩子们喜爱，有的孩子连续3年报名参加，家长赞叹："训练一阵子，受益一辈子！"

为了给孩子们提供优质精神食粮，故居多次举办时代小先生研讨会，邀请全国知名专家学者指导编写《宋庆龄人生品格青少年学习手册》，举办"三毛的乐园——宋庆龄与张乐平漫画纪念展"，开发《宋庆龄与国歌》等主题教育课程，编印《宋庆龄故居植物故事汇》等。同时，大力开发富有时代气息的短视频课程、有声读物，通过网络直达手机终端。

发挥传统节日、纪念日的涵育功能，在国庆节等节日来临之际举办青少年朗诵爱国经典活动，引导孩子铭记历史、不忘过去。2019年庆祝中华人民共和国成立70周年，邀请基金会理事董卿朗读《宋庆龄传》，邀请欧阳夏丹等著名播音员指导举办BTV时代小先生青少年诵读大会，2020年世界读书日组织时代小先生参加朗诵《宋庆龄为中国人民防疫救灾的故事》等。

三 爱国主义教育重在实践养成，宋庆龄故居"时代小先生"志愿服务活动向世界展示中国少年儿童风采

宋庆龄当年开展"小先生"活动时，中国大地战火连绵，少年儿

童苦难深重,她呼吁社会各界捐助少年儿童生活急需品,更关注孩子们的文化教育,曾这样说:"我们实行已故的陶行知博士创导的'小先生'制度。我们正竭尽一切努力继续开展这项工作。"陶行知的"小先生制"旨在培养"即知即传的小先生",倡导"小孩教小孩、小孩教成人"的学习方式,在当时遍地文盲的旧社会为扫盲普教、治愚治穷探索了一条新路。今天看来,这种教育方式已经转变为深受少年儿童喜爱的博物馆志愿讲解活动。为此,宋庆龄故居精心设计时代小先生志愿讲解活动,为少年儿童搭建实践平台,设计社会角色,引导孩子们将爱国情怀化作责任担当。

每个周末,当清晨第一缕阳光照在"中华人民共和国名誉主席宋庆龄同志故居"匾额上,一批身披绶带、精神焕发的少年儿童就会出现在这座历史悠久的庭院里,操着流利的中英双语,向来自世界各地的观众讲述宋庆龄奶奶的故事、讲述中国故事,展示中国少年儿童风采。这些孩子们有一个响亮的名字——"时代小先生"。他们志愿讲解、服务社会,即知即传、知行合一,成为宋庆龄故居一道靓丽的风景线。

考虑到宋庆龄故居需要承担外事接待任务,就以这项工作为契机,为时代小先生搭建平台。故居对时代小先生开展英文培训和外事培训,安排他们接待德国总理默克尔、新西兰总督夫妇等外国元首,接待科特迪瓦总统夫人、各国大使夫人等,与东盟和非洲等各国各地区青少年交流,并赴白俄罗斯、韩国、马来西亚等国交流参访。外事活动中,时代小先生身着白色正装,落落大方、彬彬有礼,双语讲好中国故事,展示了中国少年儿童良好精神风貌,给外国嘉宾留下深刻印象。

志愿服务活动本身就是精神文明创建的重要组成,为此,引导时代小先生倡导文明风尚、从小"心有榜样",邀请张佳鑫、梁萍等北京榜样与时代小先生共同宣讲十余场,"小手拉大手"扣好人生第一粒扣子。连续9年举办时代小先生学雷锋活动,吸引10万余人投票点赞,各大主流媒体持续报道,在全社会营造崇尚英雄楷模的良好氛围。

在服务国家工作大局方面,组织时代小先生参与基金会定点扶贫工作,助力全面打赢脱贫攻坚战。在宁夏彭阳县博物馆举办的宋庆龄生平展,组织京宁两地时代小先生共同宣讲宋庆龄精神,激发孩子们报效祖国的远大志向。建立彭阳时代小先生示范校,为沟圈小学学生捐赠校服70余套,让这些贫困地区的孩子穿上了校服。在基金会"留守儿童关爱行动"中,组织时代小先生在故居热情欢迎山东小伙伴,共同放飞少年的梦想。

2018年以来,时代小先生活动荣获"首都未成年人思想道德建设创新案例","第四届中国青年志愿服务项目大赛金奖",故居志联被评为"全国最佳志愿服务组织"。

四 爱国主义与国际主义相结合,宋庆龄故居"时代小先生"讲述战疫故事争当海内外"文化小大使"

宋庆龄是爱国主义、民主主义、国际主义、共产主义的伟大战士,纪念宋庆龄,要践行中央赋予宋庆龄基金会的"和平、统一、未来"三项宗旨,像宋庆龄一样"把最宝贵的东西给予儿童"。在全球疫情蔓延的情况下,这就要求积极展现大国担当,提供全球公共产品,关注孩子们对变化的反应,主动化疫情危机为育人契机。

2020年2月初,宋庆龄故居面向时代小先生开展"抗疫防疫,从我做起"主题作品征集活动,收到优秀作品500多幅。在此基础上,落实基金会与文旅部签订的《合作备忘录》,在海外中国文化中心支持下举办"战疫故事,从我说起——海内外少年儿童云故事会"暨寻找"文化小大使"活动,为全球少年儿童打造一个公共文化产品。活动吸引世界各地少年儿童参加，用各种语言讲述自身经历，童言童心，真切感人，充满对战胜疫情的美好憧憬，对团结抗疫的共同期盼，成为少年儿童构建人类命运共同体的生动展示。

乌兹别克斯坦的伊斯米尔说："疫情无国界，全世界应该团结起来，共同抗击疫情。"匈牙利的博骏说："我们是同一片海洋的浪花，同一棵树木的叶子，同一个花园的花朵。"尼泊尔的景天小朋友说："我非常感谢这次活动的组织方，因为他们在这艰难的时刻，团结起了全世界的孩子，分享自己抗疫的故事，鼓励我们坚持抗争。生活不是等待暴风雨过去，而是学习如何在雨中跳舞。"

活动开通"云故事会"投票页面，为海内外少年儿童打造了温暖的云上绿洲，不仅吸引国内百万网友关注，还通过英文网站、FACEBOOK和推特面向海外传播，通过厦门卫视辐射海内外特别是中国台港澳地区。各海外中国文化中心、驻外使领馆纷纷转载跟进，形成了内外联动的格局。活动遍及5大洲30多个国家和地区，8月底展播全部故事，评出"海内外十佳文化小大使"。文化和旅游部副部长张旭为海内外"十佳"云故事会文化小大使颁奖并表示："孩子们用纯真的梦想、纯朴的情感、纯洁的心灵诠释他们对生命、对灾难的体验和感悟，对战疫一线英雄们的敬佩和感激，以及对战胜疫情的向往和期盼，这是最真切感人的文化交流。"

在推进宋庆龄故居"时代小先生"爱国主义教育活动中，初步形成了三点规律性认识：第一，必须坚持以习近平新时代中国特色社会主义思想为指导，着眼培养担当民族复兴大任的时代新人，发挥名人故居纪念馆独特优势，高扬爱国主义旗帜，培养爱国之情，砥砺强国之志。第二，必须在纪念历史人物的基础上，自觉肩负起传承与发展的使命，积极发挥爱国主义教育基地的作用，坚持立足中国又面向世界，为中华民族伟大复兴凝心聚力。第三，必须从历史人物的爱国精神中汲取强大精神动力，深入研究挖掘人物在爱国主义教育方面的作用，用发展的理念指导新的实践,引导人们实践报国之行,让民族精神薪火相传、发扬光大。

(作者艾多系宋庆龄故居管理中心主任;
李雪英系宋庆龄故居管理中心副研究员、社教部主任)

北京李大钊故居疫情后时代
——关于讲解工作的思考

刘 洋

近几年，博物馆界的科技展示方法不断推陈出新，很多大馆、大展展陈手段有了长足进步，引领着博物馆行业发展的潮流。伴随着博物馆参观热度持续升温，特别是在纪念"五四运动100周年"主题活动和"不忘初心、牢记使命"主题教育工作以及纪念李大钊同志诞辰130周年主题活动的氛围烘托下，北京李大钊故居观众量较往年已呈翻倍式增长，如果仅凭人工讲解不仅方式落伍，而且与现有人工讲解的接待能力和庞大的观众需求量相比也显得杯水车薪了。好在故居在时代发展的过程中及时发现了自身的不足，利用搭乘着"8＋名人故居纪念馆联盟"这列快车的契机，通过借鉴兄弟单位的先进经验，讲解服务手段没有被时代的脚步落下，已由人工向数字化发展。但在智能手机深入人们日常生活的时代背景下，就北京李大钊故居现有手段来看，语音导览早已经不是吸引观众自助参观的利器了，今年疫情期间又因为卫生的考虑，即便是不提供讲解服务的前提下，这种接触式设备依然备受冷落。扫二维码听语音讲解也仅仅是智慧导览中的一个手段，只能说是在追赶时代发展的脚步。

但数字化讲解在故居这种空间狭小，讲解点位不断移动的场所里，不仅有着播放内容准确，发音清晰的表面优势，针对有个性需求的观众，还可以起到分流的作用。他们不必再与大批量观众挤在一起，死板地追随讲解员一起推进参观路线，可以灵活选择人少的展厅，根据自己的需要观看展览，聆听展线内容，甚至直接滤掉了被随机派到水平一般讲解员的可能性，直接获得了听取最全面讲解内容，获取最优质讲解服务的机会。虽然这些数字讲解服务手段令观众满意好评不断，但这种态势也一度让奋战在一线的讲解工作人员有些困惑，让我们一度怀疑以往将讲解视为基本功，狠抓讲解服务质量，不断狂背讲解词进行知识储备的方法是不是过时了？现在播放器里讲解内容替换方便的程度令我们怀疑人工讲解是不是马上就要被数字化取代了？人工讲解除了满足有仪式感需求的团队外，还有存在必要吗？但今年突如其来的新冠疫情，令我们对未来讲解工作做出了一番新的思考。

一　北京李大钊故居现行观展服务存在的问题

站在岁尾回首 2020 年，今年年初新冠肺炎疫情在武汉突然暴发，随即席卷全国乃至现在全球疫情还在不断发酵，伴随着天气逐渐转冷，英国又出现病毒变异，国内多点出现零星病例，疫情大有卷土重来的势头。早在今年 1 月下旬全国就累计有 30 个省份宣布启动重大突发公共卫生事件一级响应，采取了取消大型集会活动、企业停工停产、学校停课并暂缓学生返校、关闭大型公共场所的措施。我们故居也是在这种背景下不得不中止"博物馆里过大年"主题活动，于除夕清晨对外宣布闭馆。之后党员领导干部响应号召下沉社区支援抗疫工作，其余工作人员弹性办公。

2020 年第一季度全国大部分城市群众都开始居家防疫，过起了网上生活。不仅网上直播观看了雷神山和火神山的建设工程，无法回校的学生们开始了线上学习，家里老人也尝试着学习利用手机，从各种 App 上买菜购物，甚至各直播平台还出现了火爆一时的明星直播带货，开启了网购的新模式。在这样的网络生活大环境下，面对突如其来的疫情，文博界反应速度也是非常之快的，市文物局号召京内博物馆开展各种线上活动，随即很多博物馆以在线展示平台为基础，纷纷推出别具匠心的"云"展览，我们故居也在"8 + 名人故居纪念馆联盟"领导下参加了"打造博物馆之城@北京文博"线上直播活动，获得了共计 153.4 万，瞬时最高 14.6 万人次观看量的成绩。

（一）线上观展技术手段存在差距

故居虽然有心进一步参与其中，但苦于自身没有线上平台。虽然现有的全景虚拟展览，似乎可以蹭到线上沉浸式观展的热度，但故居这样体量的小型名人故居难免人力、财力有限，现有的全景虚拟展览效果只能算是解决了有没有和辅助现场观众自助参观的问题。因为全景虚拟展览展示内容都是线下实体展览景象的采集和重现，拍摄时镜框的玻璃反光、日光照射眩光等问题无法解决。尽管我们故居人对博物馆工作的追求是精益求精的，原状陈列展展陈内容力图做到处处有依据，尽可能地根据文字记载、家人回忆恢复原貌。专题展厅本着简朴办展的理念，技术手段适用为度，不去过分追求炫酷。但故居这种原址办展的场馆屋子空间小，展线空间局促是不争的事实。原状陈列展景深不够，所以全景虚拟展览用普通镜头取景摄不全，但用了鱼眼广角镜头后，又导致拍摄的景象边缘变形，搞得线上观众晕头转向，无法像实地观众一样分清参观线路。展陈说明内容本来就因为空间受限要斟字酌句，甚至说明牌的字号大小都受到限制，现有全景虚拟展览清晰度实在无法实现放大说明牌上的文字，更不用说展品细节了，这都令观展效果大打折扣，开展线上活动故居实在是心余力绌，让观众享受线上观展更是无从谈起。

（二）靶向性临展形式单一

故居每年的研究成果除了订正错误，尚不至于影响到大面积更新展陈，大多以临时展览的形式予以展现，常设展览基本 5 年至 10 年才会进行一次大的改陈工作。故居麻雀虽小但也是博物馆界一分子，所以基本陈列、临时展览等，是不缺数量和量身打造个性化服务的，但是临展展陈形式单一，缺乏实物和辅助手段也是不争的事实。虽然针对党团活动有基本陈列和《铁肩担道义　妙手著文章》专题展览，廉政教育方面制作了《李大钊廉洁思想》专题展，为低龄学生创作了《自古英雄出少年——李大钊》专题展等措施，尽管内容上根据受众群体有所针对性，但形式上仅凭单一的展板和图片，没有一定知识储备或外延知识，观众独立观看展览有时还是难以理解其中深度的。

（三）人工讲解服务供需不平衡

北京李大钊故居毕竟是区属博物馆，名副其实的小型名人故居，级别低，人员编制少，根本不可能设立专职讲解员岗位。但伴随博物馆热，故居的知名度越来越高，故居观众大多是来开展党团活动或进行爱国主义教育的，再者故居坐落于胡同深处，猎奇性、路过观光型观众数量本来就不多，即便以家庭为单位陪孩子参观的零散观众，大多还是带着问题来写作业的。加之近几年党团活动的仪式感体验越来越强，标准化动作要求越来越明细，自选内容越来越丰富，到故居就是应付要求，找个标志拍照就走的团队已经绝迹，接待工作中可以接受不需要讲解的团队数量少之又少，在故居讲解服务的供需间形成了极大的矛盾。

（四）接待工作对讲解员素质要求大幅提高

故居展陈对外展示以纸质实物和图片类资料居多，这种展示内容看似准确性高，照片或文字表达内容很直接，其实这类展品较之一些实物展品包含的信息量更大，或者说太过于具象。比如摆放一件家具等其他展品，观众也许看看就过去了，细心的观众欣赏一下展品的图案，懂行的再品评一下器型年代，但文字或照片的信息就没那么丰富了，虽然很珍贵，但短短几行字往往让观众不知所云，照片里的人物是谁？地点是哪？观众越看不出来，提问点就越多。所以讲解工作其实任务还是很重的，向观众说明其出现的意义还是需要大量外延知识储备的，别看故居虽小，但讲解员完成一次讲解任务至少也得带着观众说上近一个小时。

但有些观众对讲解工作还存在一些偏见，从有些观众称呼"导游"的口气就可以听出来，他们没有认识到博物馆就好比是一座城市的立体百科全书，故居作为其中一分子，通过文物藏品的陈列展示来传播历史、艺术和科学知识，履行社会教育和服务职能。在故居这个团队中，研究人员就好比是幕后人，他们负责撰写大纲，他们的工作落在一本本厚厚的展览大纲上，一点一滴构筑起整个展览，将展品背后的故事用展览的形式最终呈现给观众。一线讲解员就好比是幕前人，他们负责在展览呈现后，对其中的展览形式进行解读，虽然他们没有进行研究和写作，但他们为了帮助观众看懂展览，让观众体会到展览背后的历史和文化底蕴，不仅要保证自身知识宽度，还要对每一件展品都有所了解，才能最终让观众在观看展览后受到教育。一线讲解员作为故居和观众对接的重要环节，可不仅仅就是半瓶醋，既没知识深度，含金量又不高，讲的都是研究人员编写出来的讲解通稿，大家千篇一律地说而已。讲解职业也不是青春饭，就看谁记性好、背得熟，没有什么知识深度的钻研，展陈更换就再背一稿而已。他们要思考用最简洁的方式、最简单的模式向观众普及专业知识，让观众能够接受展览，理解展览，并且对展览内容产生兴趣。

故居作为区县级的博物馆，成立之初的一个目的就是方便区内单位就近开展党团活动。伴随各党支部自主活动和"不忘初心、牢记使命"等主题教育活动后，单位组织学习党史的机会多了，到故居参观活动的团体有些也不是第一次来了，观众不再是被动地看展览或听讲解，而是会根据相关知识储备针对讲解内容不时发问了，与讲解员探讨内容的范围也越来越大了。为了满足不同走入故居观众的需要，讲解员大多会根据统一讲解词进行自我加工创作，因人施讲。为了让多数观众都能理解甚至延伸思维引发思考，讲解员们自己加工创作的内容往往有着独特的价值，随着观众水平的提高，对故居的讲解员素质的要求也不断提高，对于我们这种兼职讲解员为主的名人故居，讲解工作应该如何应对呢？

二　挖掘自身红色文化，丰盈讲解工作

讲解是运用语言对展览内容进行传播的过程，从解说词的撰写到对讲解员的培训，直至讲解的全过程，都伴着每一个环节当事人的心理活动，讲解员的工作是故居工作中非常重要，非常崇高的环节。故居的讲解工作就是利用故居现有展品陈列为依据，由讲解员进行提炼、选择、运用语言技术、讲解技巧和真挚的感情，直接向观众有针对性地传播知识或信息的教育活动。讲解员就好比是连接故居和观众的桥梁，讲解工作也不是简简单单的话筒子，复读机，也许再优秀的讲解员无论怎么提升讲解质量，对内容深度的掌握都不能和专家学者相比，但再怎么说讲解员对馆内藏品的大致也还是有一定了解的，而且是为了能够满足不同观众群的需要，还是具备了一定知识宽度的，虽然做不到专家学者那样在某一问题上钻研多精，讲出多么高深的大道理，但反而应该说比专家学者具备更高的讲解技巧，更善于讲述展品背后的故事，不仅抓得住讲解内容重点，而且还抓得住观众的心理，让讲解内容令听者感觉更接地气，真正做到让文物"活"起来。

故居在展陈中注重合理利用空间，每一件展品的出现和摆放位置都是几经推敲严格筛选，有着它存在的道理和意义。故居毕竟是一座博物馆，有着自己的专业性，但在观众参观以追求视觉冲击力为主的当下，

在故居这种文物建筑里既不能通过强行加入现代化的演示设备，来扩展展品说明内容的现实条件下，如果没有讲解服务，难免会出现带着问题来的观众内行看门道，没有采用自助讲解服务的观众外行看热闹的现象。今年又因为疫情影响，在故居展厅空间小的局限下，为避免出现人员聚集不能开展人工讲解，再加上小院不大，自由参观走马观花转一圈都用不了15分钟，临了出门时再撂下一句"这地方有什么意思啊?!"那就让我们故居人听了实在是太扎心了。

在这种视觉冲击力不足，又不能过分使用科技手段进行辅助的条件下，我们故居人只能追求听觉的感官刺激来加深观众的观展印象了。记得在一次讲解员培训讲座上，专家语重心长地对讲解员听众们说了这么一段话："舞台再大，你不上台，永远是个观众；平台再好，你不参与，永远是局外人；能力再大，你不行动，只能是别人成功。天上不会掉馅饼，只有参与、实干、拼搏的人才会有收获，努力奋斗才会梦想成真！"在我们故居人眼里，看景的不如听景的，把故事讲出来了，观众印象就深刻了，故居独有的文化内涵也就在参观的过程中被灵活地讲出来了。故居独有的文化内涵是什么呢？从故居最高荣誉"全国爱国主义教育示范基地"的工作角度来说，这一定离不开红色文化，所以故居讲解员实地工作中就要注重挖掘自身红色文化的深度。

（一）摸准自身红色文化脉搏

红色，就是日出的颜色，在中国人的审美心理和中华民族传统文化中占有特别重要的地位。就像我们华夏民族也被称为炎黄子孙，但大家是否知道？炎帝在中国的古典神话中就是太阳神，也称为赤帝。从寻常百姓过年贴红纸挂红灯，到宫廷庙宇的红墙红柱，从形容百姓生活的红红火火，到封建帝王的红本朱批，无不彰显着中国人的红色情结。

文化是一个国家，一个民族的灵魂。建党近百年来，中国共产党领导中国人民在革命实践中，又为红色注入了全新的价值内涵，形成了举世瞩目的红色文化。红色文化可以说是中国共产党领导人民，在革命建设和改革历史进程中，开创性地把马克思主义作为核心内容的先进文化。红色文化是中国共产党人和中国人民优良传统，品德风范的集中体现，是中国共产党价值追求和中华民族精神内涵的生动象征，也是中国共产党人为之不懈奋斗的初心和使命。

中华优秀传统文化源远流长，博大精深，凝聚中华民族代代相传的精神命脉，积淀着中华民族最深层的精神追求，饱含中华民族最根本的精神基因。其实纵观红色文化的形成和发展历程，无不体现着中华民族传统文化的滋养和培育，有些红色文化就是经过党和人民实践的创造性转化形成，彰显着优秀的传统文化。红色文化不仅植根发扬于中华优秀传统文化，还是对中华民族优秀传统文化的继承、发展和创新。

在旧式农民战争、自强运动、改良主义、旧民主主义革命及其他种种方案纷纷破产的情况下，十月革命给中国送来了马克思主义，中国共产党应运而生。中国共产党把马克思主义写在自己的旗帜上，把实现共产主义作为最高理想和最终目标，义无反顾地肩负起了伟大历史使命，团结带领各族人民，创造了一个又一个人间奇迹。形成了中国共产党的"精神谱系"。中国共产党在领导人民完成民族救亡、人民解放、社会主义革命建设、改革开放等时代任务过程中，创造五四精神、红船精神、铁军精神、南昌起义精神、井冈山精神、苏区精神、长征精神、延安精神、伟大抗战精神、红岩精神，西柏坡精神，以及中华人民共和国成立以后的抗美援朝精神，大庆精神、两弹一星精神，红旗渠精神、雷锋精神、焦裕禄精神等宝贵的精神遗产，[1] 这些精神都是中国共产党领导革命，建设改革取得一个又一个胜利的正确价值引领和坚强精神支撑。留下了中共一大会址，井冈山、瑞金、古田、遵义、延安、西柏

---

[1] 陈晋:《中国共产党的"精神谱系"》，中国共产党新闻网，2016 年 10 月 27 日，http://theory.people.com.cn/n1/2016/1027/c352499-28813719.htm。

坡、北京香山等遗址遗迹，以及反映革命文化的烈士陵园、纪念馆、文献档案、文艺作品等诸多载体，这些精神和物质财富共同构成了红色文化的主要内容，同时也见证了红色文化的发展历程。

红色文化集中体现了中国共产党人的理想追求，实现共产主义是我们党的最高理想和最终目标，是深深刻在党的灵魂深处的。习近平总书记指出，"革命理想高于天"。① 我们党之所以能够经受一次次挫折，而又一次次奋起，归根到底是我们党有远大理想和崇高追求，红色文化是中国共产党的鲜明底色，是中国共产党理想追求的鲜明体现，指引着共产党人朝着既定目标不断奋勇前进。

回望历史，无数革命先烈用热血和生命，灿烂着精神星河，如果说红色基因是我们的精神族谱，那么对党忠诚就是红色基因的核心要义，在红色基因族谱上光荣地书写下"绝对忠诚"的光辉篇章，使红色基因在经历风雨洗礼之后，依然赓续绵延、历久弥新。临刑前李大钊第一个走上绞刑架，始终保持革命信念不改变，一代代共产党人，秉持着这种理想信念和高尚追求，不忘初心，牢记使命，奋斗拼搏，不畏牺牲，这就是我们故居讲解内容中要秉承坚持的红色文化脉搏。

（二）弘扬自身红色文化内涵

红色文化是中国共产党人的基因和精神家园，新时代中国共产党人要做到不忘初心，牢记使命，永远奋斗，就必须大力弘扬红色文化，发扬红色传统，传承红色基因，让渗透着红色基因的革命传统，射出新的时代光芒，更好地服务于党统筹推进伟大斗争、伟大工程、伟大事业、伟大梦想的生动实践。红色文化是中国共产党价值追求和中华民族精神内涵最生动的象征，是激励中华文明不懈奋斗的动力源泉。中国特色社会主义进入新时代，实现两个一百年奋斗目标和中华民族伟大复兴的中

---

① 习近平：《习近平谈治国理政》第3卷，外文出版社2020年版，第49页。

国梦，必须传承弘扬红色文化，从中汲取继续奋斗的精神动力。当前弘扬红色文化，就是要汲取红色文化的历史营养价值，站在人民立场，牢记为民宗旨，维护人民利益，时刻保持党和人民群众血肉联系，为巩固党长期执政的政治基础，提供重要支撑。

党的十八大以来，以习近平同志为核心的党中央，高度重视红色文化的弘扬工作，习总书记遍访西柏坡、井冈山、沂蒙山、古田、延安、遵义等革命圣地。党的十九大后，习总书记又带领中共中央政治局常委，瞻仰上海中共一大会址和浙江嘉兴南湖游船，回顾建党历史，重温入党誓词。作为故居人，在全国爱国主义教育示范基地的工作者，我们希望能够向当代青年弘扬自强不息、勇于进取的奋斗精神，教育他们拥有精忠报国、舍生取义的爱国情怀，具备"天下兴亡，匹夫有责"的担当意识。

三 利用讲解服务传承自身红色文化

当前传承红色文化，就是要用红色文化导航定位，激励人民拼搏热情，团结动员全国人民，一心一意跟党走，凝聚起新时代建设中国特色社会主义的磅礴力量。

习近平总书记指出，"坚定文化自信，是事关国运兴衰，事关文化安全，事关民族精神独立性的大问题"。[①] 红色文化是在党和人民抗击帝国主义侵略，反对封建势力压迫，争取民族独立，实现国家富强伟大斗争中孕育的先进精神和光荣传统。传承中华优秀传统文化基因，彰显了无数革命先辈坚定的理想信念，蕴含着科学理论的巨大魅力，是激励全党全国各族人民奋勇前进的强大精神力量，是坚定文化自信的坚强基石。故居当前工作中要想推动自身红色文化传承，就要充分挖掘红色文

---

① 习近平：《习近平谈治国理政》第2卷，外文出版社2017年版，第349页。

化的内在价值和时代价值，弘扬自身红色文化与中华优秀传统文化之间的关系，弘扬自身红色文化与中国特色社会主义先进文化之间的关系，充分发挥其培育和进一步铸牢讲解工作自信根基的作用。

我们故居的讲解工作不能因为不愁观众来参观就守摊子，等游客，不思进取。这种消极被动状态，是缺乏供给意识的表现。一栋房子，一张凳子，一个话筒子的思想，会让故居的爱国主义教育基地、廉政教育基地和社会大课堂的教育基地作用无从谈起，让故居作为博物馆的社会教育效果无从谈起，甚至要面临问责的后果。如果总是拿藏品和观众讲解服务手段供给不足当挡箭牌，那是对更好发挥藏品价值的认识与理解不足。实物藏品有限，但故居自身红色文化资源丰富，如何巧妙运用，通过讲解服务让观众想去听、喜欢听，就要将故居的讲解员工作水平与现有资源进行整合。资源是硬件，讲故事是软件，讲好故事，让红色资源形成体系，就可以实现利用和传播。

（一）自身发力讲解红色文化

故居现在观众人数增长速度很快，但参观时间不均，重要时间节点有组织的观众很多，但高峰过去之后散客数量有限。这虽然和自身所处胡同深处有关，但俗话说酒香不怕巷子深，要想吸引更多的观众，就要将红色文化的主题教育和胡同游，京味文化游巧妙结合起来，要抓住"顺便游览"那部分观众的心。将红色讲解和红色旅游线融为一体，用文艺的方式打造精品讲解服务。推进故居红色文化讲解开展，在提升红色文化讲解的思想上，提高红色文化讲解的自觉性，增强红色文化讲解的主动性，强化红色文化讲解的时效性，立足不忘初心，牢记使命，努力做好新时代故居红色文化保护传承和利用工作。

（二）借外力传播自身红色文化

尽管故居所有工作人员都是多面手，身兼基本工作内容的同时可以担负讲解工作任务，但即便如此，在观众人数激增现状下，人手也是捉襟见肘，培养学生义务讲解员是解决方式之一。

故居从树立学生义务讲解员积极向上的工作态度着手，通过讲解表现力和讲解素质的培训，让学生义务讲解员从内心树立对大钊先生的崇敬和感怀之情，由衷维护国家利益和民族尊严，自觉提高宣传讲解的生动性，切实把握讲解内容的真实性、权威性，令学生讲解员视讲解服务为豪，通过自己的努力，令自己成为故居的"形象大使"。虽然学生讲解员活动时间有限和专业性还显稚嫩，但培养他们的作用大大缓解了学生团体参观活动的压力，他们与同龄人及老师的交流，能够克服阅历少而造成的紧张和羞涩，自信地展现青春和自我，借此契机，我们将义务讲解服务潜移默化地与爱国主义教育工作结合起来。

故居讲解工作忙起来讲解人手不够，但参观秩序也不能忽视。故居因为参观高峰期以团体参观为主，但我们和周边居民距离太近，开放期间难免出现扰民的现象。但在阻击新冠疫情的战斗中，故居所在社区也摸索出了一条适合自己的管理模式，在保留好消防疏散通道的前提下，胡同也效仿小区实行封闭式管理，进入胡同也要登记，这就使得从社区胡同口到故居门口的距离，成了观众感受红色气息熏陶到正式开展参观活动前的预热路程。我们与社区摸索合作模式，社区在胡同沿途安装浮雕，打造红色氛围，发动周边社区退休党员支持，让这500米成为社区党员奉献的500米，社区大爷大妈们在红墙意识的引领下，通过和故居交流，在故居指导下编写讲解词，利用讲解作为引领观众到故居及维护秩序的方式，利用社区老党员的奉献化解扰民的现象，旨在打造一道靓丽的银发风景线，共同治理好胡同及做好故居的接待工作。

红色文化产生于近百年的革命建设改革伟大实践，是中国共产党信仰、制度、作风、革命精神、革命传统的综合体现。在故居这种红色文化气息浓重的讲解工作中，思想水平高、政治路线正确是非常重要的。我们讲解工作既要有灵活性，善于回答观众提出的问题，与观众积极交流，又要坚持原则，掌握好风向标，深刻理解展览大纲的要求。将中国最早系统传播马克思主义者李大钊，怎样在黑暗重重的旧中国砥砺奋斗，不畏艰险，不怕牺牲自己年轻的生命，接受马克思主义的真理，传播马克思主义，创建中国共产党建立不朽的功勋等内容在今后的讲解工作中奉献给观众们，我们要用讲解工作坚定主心骨，汇聚正能量，振奋精气神。

（作者系北京李大钊故居管理处主任、副研究馆员）

名人纪念馆青少年科普教育初探
——以李四光纪念馆为例

赵 曼

百年大计，教育为本，"全社会要担负起青少年成长成才的责任"[①]。新时期，科学普及在国家战略中的地位不断提升，青少年科普教育行业更是迎来了前所未有的发展机遇。习近平总书记在2016年召开的"科技三会"上提出，"科技创新、科学普及是实现创新发展的两翼，要把科学普及放在与科技创新同等重要的位置。没有全民科学素质普遍提高，就难以建立起宏大的高素质创新大军，难以实现科技成果快速转化"；在2018年"两院"院士大会上又指出，"当科学家是无数中国孩子的梦想，我们要让科技工作成为富有吸引力的工作、成为孩子们尊崇向往的职业，给孩子们的梦想插上科技的翅膀，让未来祖国的科技天地群英荟萃，让未来科学的浩瀚星空群星闪耀！"国家对于青少年科学普及的重要指示，为名人纪念馆科普工作指明了方向，为科普工作者提供了根本遵循和行动指南。本文以李四光纪念馆为例，介绍名人纪念馆在弘扬科学精神和传播科学知识等方面的实践与思考。

---

① 摘自2018年习近平总书记在全国教育大会上的讲话。

一 名人纪念馆的科普教育服务功能

（一）科学精神的传承是开展科普教育工作的重要前提和出发点

随着科普事业战略全面提升，科普能力建设、公众科普意识逐渐加强，全社会特别是青少年的科学素质水平有了显著提高，为推动国家创新发展奠定了坚实的社会基础。李四光在《如何培养儿童对科学的兴趣》一文中提到，"要培养儿童对科学的兴趣，首先要培养儿童对祖国，对劳动人民的热爱。也只有具有这种热爱的人，才能无私地去钻研科学，用科学的成就来发展祖国的生产能力，提高文化水平，从而把那些宝贵的成就贡献给全体人类，丰富他们的生活"。所以，开展科普教育工作就首先要做好科学精神的传承，将弘扬"胸怀祖国、服务人民的爱国精神，勇攀高峰、敢为人先的创新精神，追求真理、严谨治学的求实精神，淡泊名利、潜心研究的奉献精神，集智攻关、团结协作的协同精神"[①]，融入普及科学知识、宣传科学思想、传播科学方法、倡导科学文化的过程中，从作为科技创新储备力量的青少年抓起，培养担当民族大任的社会主义事业建设者和接班人，实现全社会科学素质的跨越式提升，积淀出一个民族自己的科学自信。

（二）名人纪念馆对青少年科普教育发挥的作用

历史文化名人是民族精神和时代精神的象征，他们的思想、行为、品格以及贡献，在国家富强、民族昌盛、社会发展和科技进步等方面发挥着重要的推动作用。名人纪念馆作为公共教育服务体系的组成部分，是传播名人事迹、传承名人精神、弘扬先进文化知识的重要阵地，有着

---

① 《关于进一步弘扬科学家精神 加强作风和学风建设的意见》，中共中央办公厅、国务院办公厅印发，2019 年，http://www.gov.cn/zhengce/2019-06/11/content_5399239.htm。

深厚的文化意蕴和独特魅力，这样的特殊职能定位正好可以解决目前大多数公共教育场馆"知识与精神"结合不足的问题。名人纪念馆通过开展教育教学活动，激发公众的爱国热情、坚定文化自信，把立德树人融入思想道德教育、文化知识普及和社会实践的各环节，引导青少年树立正确的世界观、人生观和价值观。

李四光纪念馆是北京"8+"名人故居纪念馆联盟中唯一的科学家纪念馆，成立于1989年10月26日（李四光诞辰100周年），是教育部首批全国中小学生研学实践教育基地和自然资源部科普教育基地，肩负着弘扬李四光精神和普及地球科学知识的双重职责。李四光精神就是科学精神、民族精神的代表，不仅鼓舞了一代又一代的科学工作者，对青少年的成长更是发挥着启迪和引领作用。

二 青少年科普教育工作探索与实践

（一）李四光纪念馆科普工作方向

李四光纪念馆的科普工作着重强调科学精神的指导作用，结合科技前沿和社会热点，将深奥的地球科学知识通俗化，实现思想性、科学性、实用性和趣味性的统一。在激发学习兴趣和创新能力的同时，帮助青少年掌握地学知识，形成珍爱环境、保护地球的意识，引导他们将个人成长与国家发展相结合，坚定爱国奉献、奋发进取的理想信念。

1. 突出宣教重点，加强科学精神、科学思想和科学方法的传播

纪念馆以立德树人教育和核心素养培育为出发点，与紫竹院学区共同研发了科普课程《走进李四光纪念馆》，从"以学报国、地质力学理论、中国第四纪冰川、中国原子能利用、中国石油大发现和地震预测与自救"六个方面讲述李四光的人生经历和科学贡献。课程紧密联系学科知识，通过项目学习和小组讨论的方式激发学生兴趣，培养学生运用知识的能力和探索精神，被选入九年义务教育学生核心素养综合实践课

程，实现了区域内优质教育资源共享。

组织专家团队深入挖掘李四光生平，制作了一系列针对不同年龄受众的科普讲座课程，包括"李四光的故事""李四光的求学之路""初心与使命　李四光入党的故事""无悔的选择　两代人三位院士"等。课程均由李四光外孙女亲自讲述，通过一个个生动鲜明的故事，展现李四光矢志不渝的爱国情怀、求真务实的科学品格、开拓进取的创新意识、诲人不倦的师表风范和鞠躬尽瘁的奉献精神。鼓励青少年向李四光学习，以"国家需要"为己任，不忘初心、牢记"报效祖国"这一使命，践行"努力向学，蔚为国用"① 的深切嘱托。

2. 聚焦基础学科和关键领域，服务国家发展战略

按照青少年认知规律，将科技发展前沿与李四光的学术思想进行整合，使受众学生感受到全方位的知识体验。李四光曾经为毛泽东同志编写过一本科普图书《天文·地质·古生物》，这是他留给我们宝贵的科学遗产，书中体现的系统科学思想和诸多超前思维，与现今科技发展方向一致，于2017年被科技部评选为全国优秀科普作品，对开展地学科普教育具有指导意义。纪念馆以该书内容为基础，与北京大学李四光中队讲师团合作，编辑出版符合青少年阅读习惯的系列科普丛书：《听李四光讲地球的故事》《听李四光讲宇宙的故事》《听李四光讲古生物的故事》。该套图书从天体起源谈到地球内部的奥秘，从生命的演化讲到人类对地球的探索，展示了科学发展的曲折历程，提出了科学探索的思路方法，倡导了求实创新、独立思考、持之以恒的科学精神。其中《听李四光讲地球的故事》被自然资源部评选为2020年度优秀科普图书。

出版了《看看我们的地球》科普图书，将地质专家前沿领域的学术成果转化为适合中小学生阅读的科普美文，帮助青少年了解地质工

---

① 李四光16岁加入同盟会时，孙中山送给他一句话"努力向学，蔚为国用"。

作，激励他们爱科学、学科学、用科学。

3. 紧跟社会热点，满足青少年对实用型科普的需求

近年来，资源能源的快速消耗、环境污染加剧、地质灾害频发等问题越来越受到关注，这些社会热点问题与我们的生产生活密切相关，并影响着国民经济的可持续发展。公众迫切想要了解：我们赖以生存的地球家园怎么了？因此，聚焦现实需求，解决迫切问题就成为地学科普工作重要的风向标。

（1）帮助青少年树立节约集约、循环利用的资源观，为生态文明建设注入年轻力量

纪念馆以资源能源的综合利用和生态环境保护为切入点，制作了"战略科学家的大视野——李四光与新型能源"科普讲座课程。课程用李四光的战略视角和科学思想分析了资源的形成，用实际案例阐述了过度开采和不合理使用煤炭资源对生态环境的破坏，从而引出李四光"提倡综合利用资源、开发新能源"的理念："在我们这样一个伟大的社会主义国家里，我们中国人民有志气、有力量，克服一切科学技术上的困难，去打开这个无比庞大的热库（这里指的是地热资源），让它们为人民所利用。""把地球交给我们珍贵的遗产——煤炭之类内容极其丰富的财富，不管青红皂白一概当作燃料烧掉，不到一千年，我们的后代，对我们这种愚蠢和无作为的行径，是不会宽恕的"，这段话震撼人心、发人深省，将课程推向高潮。在李四光的思想指导和精神鼓舞下，地下热能、核能、太阳能、水能、风能、潮汐能等新型能源逐步得到了综合开发与利用。课程通过感人的事迹和鲜活的案例，即呈现了李四光为国家发展和人民生活的殚精竭虑，又将珍惜地球资源、保护生态环境的理念深扎青少年内心，荣获地调局第三届"保护地球，精彩地质"科普作品三等奖。

（2）向青少年普及地质灾害知识，提高公众灾害防治能力

纪念馆以"地质灾害风险评估与防控、地应力监测与地壳稳定性

研究、深部构造调查"等领域的科研成果为依托,与地质力学研究所科研团队合作开发了《用力把握地球脉搏——地震与地应力测量》《地震逃生》等实用型科普课程。向青少年详细讲述地质灾害形成机理、常见地质灾害监测方法、地质灾害科学避险等科学知识,并带领学生开展地震自救与逃生应急演练,提高青少年对地质灾害的认知、强化防灾避险能力。

(二) 李四光纪念馆的科普宣教活动

纪念馆作为中小学"第二课堂"的有力补充,在促进校外教育体系完善、加强馆校融合方面不断探索创新。通过与教学大纲、教育教学重点结合,举办了一系列特色鲜明、有影响力的品牌科普实践活动,特别是在教育扶贫领域,践行责任、发挥优势,扎实做好脱贫攻坚的教育保障。在教育方式上,用趣味教学方法和奖励机制,鼓励同学们在"活动中学、学习中悟、乐趣中思"。

1. 以"引进来 + 走出去"的方式开展形式多样的科教活动

纪念馆通过"引进来"的方式,组织学区、社区的中小学生,开展形式多样的主题活动,提供前期需求调研、中期现场辅导、后期研学任务卡答题服务,注重动手能力和团队协作。纪念馆还通过"走出去"的方式,送展上门、送教入校,解决了场馆接待能力和自身场地限制等问题,扩大了受众人数,使科普教育更加普及和深入。比较有特色的活动有:

(1) 积极开展教育扶贫活动

纪念馆与多所希望学校和边远山区学校建立了长期教育扶贫关系。组织"8 +"名人故居联盟成员与贵州六盘水十九中签署战略合作协议,将十九中定为各馆的研学教育基地,在展览及研学活动、教育教学、社会实践等诸多方面开展深度合作。

组织赣南和萍乡山区学生开展"弘扬李四光精神 探索地球奥秘"

科普活动，安排了"参观+科普讲座+互动体验"的一站式研学课程，为了激发同学们的参与热情，赠送了科普读物、地质手标本、学习用品等文创产品。活动还增设了短途科普游学项目，联合北京大学李四光中队讲师团，带领师生参观了北大校园和北大地质博物馆，在地质系虚拟仿真实验室里进行VR体验。学习场所和学习方式的转换，让同学们对精彩的地学世界有了更深的认识。

（2）定期开展主题科普宣传活动

纪念馆配合国家宣教重点，定期举办积极向上的主题科普活动，多角度、深维度更新科普长廊的内容，以丰富的展览和生动的画面突出活动主题。每年的世界地球日，都会联合学区、学校开展弘扬李四光精神和保护地球、保护环境的主题周活动，除了参加常规的"一站式研学课程"外，同学们还会通过朗诵自创诗歌、表演环保情景剧、合唱歌曲等方式丰富活动内容。为中小学生提供了"感受科学精神、了解科学知识"的校外学习平台，在有趣的活动中坚定"以责担当之盾护绿水青山之美"。

（3）组织小志愿者培训活动

组织少先队员开展小志愿者培训活动，通过对讲解内容、地质专业知识、讲解仪态技巧等方面的指导和训练，推动中小学生综合素质的全面提升。

2. 整合内外部资源，深化科普教育协同合作

通过各平台之间资源互补、经验共享和相互连接，一方面，可以更加深入地了解科普市场、研学活动新模式、传播新方法；另一方面，通过合作领域的拓展，实现科普工作的规模效应，吸引更多的受众群体，提高名人纪念馆的社会影响力。

（1）充分调动内部科研资源，共同打造科普"智库"

地质力学研究所是李四光1956年创立的科研机构，为纪念馆的科普教育工作提供了强大的科研成果、人才资源和经费等支持。纪念馆联合能源地质专家,在人大附中朝阳分校开展了纪念改革开放40周年能源地质科普周活动,通过"巡展+学生讲解"的方式展现了李四光精神和国家能源政策;通过"现场观察地质实验"传递地学研究的魅力;通过"院士讲座"教授科学研究方法,帮助同学们树立绿色发展理念,并深入思考资源能源与社会发展的关系。

(2)广泛联系社会团体,共同巡展及合作交流

北京"8+"名人故居纪念馆联盟是包括14位名人、19家故居纪念馆的合作组织,每年都会围绕不同的主题,在各地组织巡展、讲座、演出等宣传活动,将名人精神送进学校、社区、企事业等基层单位。联盟成员间的资源整合,形成了极强辐射力和显著的综合效益,被称作博物馆界的"乌兰牧骑"。

与中国科协技术传播中心联合,在多省市开展"开学第一课""科学家精神进校园""科学文化8+1""传承2020""红色记忆:抗战中的红色科学家"等宣讲活动,由李四光后人分享老一辈科学家的感人事迹,并为中小学生送去了科普宣传品,引起社会各界的广泛关注。

3. 运用新媒体技术创新网络科普宣传模式

纪念馆利用新媒体技术,逐步建立起"互联网+科普"宣传模式。开发的智慧导览系统,可通过语音讲解和图片展示的方式,引领听众感受李四光工作和生活的重要片段,只需扫描二维码,便可随时随地免费参观纪念馆,满足公众把"名人纪念馆带回家"的需求。在国际博物馆日活动周,北京市人民政府新闻办公室、北京市文物局、光明网联合推出"打造博物馆之城@北京文博"2020年5·18国际博物馆日系列直播活动,李四光纪念馆作为北京"8+"名人故居联盟成员之一,参加了第四站直播,直播活动观看人数达三百九十余万。研究制作了科普小视频《探访冰川》,通过生动有趣的画面,在普及冰川知识的同时,传递了李四光求实创新的科学品格。在全国科技周活动中,开展线上科普讲座。在官方网站开通网上纪念馆,逐步开通展品、标本的

数字化展示功能。

三 名人纪念馆青少年科普工作的展望

（一）注重体验式参观，完善社会服务机制

从展品展示入手，寻找馆藏品与青少年科普教育的结合点，加大文创产品研发力度，并针对青少年各个时期的认知能力、兴趣爱好和专注程度，做好人群细分和分类教育指导。不断充实丰富场馆服务和感官体验，注重与观众的双向交流，将传统型参观向"互动体验式＋视觉全方位"参观转变，营造个性化服务氛围。在关注个体化差异的同时，更要着眼于社会参与和社会服务，加强各资源平台间的联动发展，实现优势资源间的深度融合，形成品牌效应，将名人纪念馆打造成公共服务区域的文化枢纽和城市文化新坐标。[①]

（二）全方位引入数字技术，运营推广新媒体平台

创新宣传模式，借助信息技术研究开发虚实结合的数字化课程，精练的教学内容更加突出学习重点，融合了文字图片、音视效果的新媒体传播手段，使青少年能更加便捷、及时地了解教育资讯，激发学习兴趣的同时，提高科学知识和名人精神的传播范围。科普数字化宣传与传统宣传模式不同，关键在于科普资源与技术手段的融合，这需要与有经验的技术团队相互配合，在"有用"和"有趣"间寻找平衡点，更加关注用户的沉浸式交互体验，对素材挖掘、产品研发、技术创新、资金支持等方面都提出了更高要求。

---

① 陈麟辉：《在主体间性视域下提升名人纪念馆社会教育功能的路径》，《中国博物馆》2018年第1期。

(三) 从室内走向室外，开展科普游学

"书是死的，自然是活的。读书是间接的求学，读自然书乃是直接的求学。只知道书不知道自然的人是书呆子。"这段话摘自李四光 1921 年发表的《读书与读自然书》，明确提出了科学的求学方法——读自然书。名人纪念馆可通过与专业的研学旅游团队合作，走出场馆、走进自然，共同开发"重走名人之路""领略地质遗迹之美"等科普游学线路；"8＋"联盟成员间可探索新的合作方式，联合开发"探访名人故居之旅""京城名人的文化穿越之旅"等主题线路，增强人文精神、科普宣传维度；与知名高校合作开展"名校体验营"活动，追溯名校历史，感受学子风采，引导青少年合理规划未来。

（作者系李四光纪念馆馆员）

"8+"名人故居纪念馆展品管理

何　昕

随着"8+"名人故居纪念馆（以下简称"8+"）成员数量增加，各成员所提供的展品总数也随之增加。老舍纪念馆作为2019年初至2020年末"8+"的"庄主"，对原有展品进行了接收。在2019年上半年，新成员也陆续将展品通过邮寄或现场点交的方式送至老舍纪念馆。在过去的两年中，老舍纪念馆承接了展品保存、运送、协助展示等方面的工作。在工作中，业务人员根据实际需求，对展品进行管理，具体内容有展品编目、清单制作以及编目卡片的初制。

一　实际问题

李四光纪念馆工作人员运送展品至老舍馆时的情景似乎还在笔者的脑海里，当时李馆员工为我们逐一介绍展品，可谓如数家珍。我们接收后，摩拳擦掌准备坐庄后的第一场展览，将展品运送到长春①，然而如何分辨这些石头，让我们在展品点交时花了一些时间。

---

①　指2019年5月18日在长春博物馆开展的题为"穿越时空的对话：名人故居的过去与未来——纪念新中国成立70周年特展"的展览。

"8+"队伍不仅在数量上壮大了，所涵盖的领域也扩大了，能代表这些历史名人的物件也不单单是手稿、书籍这一类的物件，开始变得"五花八门"起来，比如有唱片、化石和徽章等。这些物件由11家名人故居纪念馆提供，代表了11位历史人物，主要用于展览展示，共计82件套。如何迅速与这些物件熟悉起来，使得我们可以迅速识别它们；如何更科学且可持续地管理这些展品，引发我们思考。

二 展品编目

（一）编号设计

1. 编号内容

如何凸显一件展品的唯一性，使它区别于其他物件呢，我们考虑给每件展品赋予独立的编号。这个编号就好比我们的身份证号码。每个人都有自己的名字，名字可能与他人相同，也就是说重名，但是身份证号不会，每个号码都代表了不同的人。好的记录体系应该通过独一编号（unique museum number）的方式与物件相联结。[①]

如何设计这些展品的编号呢？专门展品编号的文献不多，但可以参考博物馆藏品的编号设计。一般藏品可能不止有一个编号，可能有登记号、分类号、收据号等，各有意义。登记号可以按照藏品入藏本馆的时间顺序编号，可以视文物来源多寡决定编号方法。藏品的分类号目前有两大类：一是全面标出藏品各分类层次，即来源、年代、器类、器物号；二是部分标出藏品分类层次。目前的博物馆没有统一的法则。收据号是填写文物入馆时收购的单据号，捐赠文物证号、交换、调拨的原始

[①] Malaro, Marie C., *A Legal Primer on Managing Museum Collections*, Washington, D. C., London：Smithsonian Institution Press, 1998, p. 56.

单据号等。①

以上三种编号各具意义,从不同角度体现藏品的具体属性。"8 +"展品与博物馆藏品在具体属性和使用功能上有交叠之处,也有相离之地。比如,入藏时间显得没有那么重要,因为与藏品入藏博物馆有所不同,"8 +"展品会在不同庄主间轮替,每次轮替会产生不同的入藏时间,对于展品来说过于复杂,必要性较弱。

若按照简单性来设计,本轮展品共计 82 件套,数量不多,从"1 号"排至"82 号"即可,岂不既简单又唯一?然而实践告诉我们,这样过少的信息不能满足实际需要。比如"8 +"成员任何一个单位,假设老舍纪念馆,需要添加一件展品,如果直接被编号为"83",那它便会与其他老舍馆的展品分开。根据以往展览制作的经验,"8 +"展览主要以名人为单位来进行策划,所以将各馆展品集中排列,对策展较为有利。这样来看,如果能从展品编号中体现原收藏单位,既可以作为展品区别的依据,也能够便于策展人使用。

我馆将展品统一制作了保护材料以便押运或邮寄。例如我们将手稿放在较大的文件夹内保存,给画作制作了画盒,一些物件也制作了相应的匣盒等,于是展品储存的位置便不再以原收藏单位为标准,而是按照材质进行再分类。如此一来,如果在展品编号上可以体现其分类状况,那么便可依此了解其存放情况。而且,对于策展来说,了解展品材质可能使展示设计更加便利。例如老舍纪念馆展品"《茶馆》手稿",虽然在其展品名称中已经被明确是手稿,但若发生信息遗失或者不全的情况,体现分类的编号可以使它与本身状况互相印证,避免被误认为一本书或者其他物件。

综上所述,展品的分类与原收藏单位等显得尤为重要,在设计编号

---

① 陈国安:《试论博物馆藏品登记的范围与规范》,《中国博物馆》1991 年第 4 期。

时要至少涵盖这两部分内容且体现藏品的唯一性。

2. 分类

"8+"展品如何分类，依然可以参考博物馆藏品的分类方法。国家文物局在1993年就已经提出了《传世文物分类表》①，内将文物分为27大类，分别是：石器、石刻、砖瓦、玉器、陶器、瓷器、铜器、铁器、其他金属器、漆器、玻璃器、珐琅器、织绣、皮革、竹木器、牙骨器、甲骨简牍、法书、绘画、雕塑、文献、文具、货币、印章、徽章、邮票、其他。可以看出这样的分类方式可能较适合传世文物。"8+"展品主要以20世纪人物相关作品与用品为主，若按照此方法分类，除去绘画卷轴的10件作品，其他72件展品可能都会被划归到"其他"类，无法达到分类的目的，即分别保管与便于展示，故应该参考其他分类方法。

全国可移动文物普查文物分类表②，将文物具体划分为35类，一些类目被单独出来，比如金银器、书法、票据，也增加了音像制品、交通运输工具等类目。若展品按照此分类方法划分，相较于上一种分类方法，可以将"音像制品"从"其他"类中划分出来，但是大部分展品仍然会被归入"其他"类，导致划分后并没有起到分类的作用。

博物馆的分类系统是相对稳定的，在使用中，可以在主体结构框架下选择适合自己的类目阶层系统。可以在稳定中寻求变化，在统一中寻求个性，以达到分类管理的目的。③ "8+"的展品是相对稳定的，可以形成自己的主体结构，那么在这个主体结构中便可以相对调整，无须拘

---

① 《传世文物分类表》摘录自《博物馆藏品保管工作手册》，转引自北京市文物局《北京市文物收藏单位馆藏文物保管员培训班参考资料》，2009年，第255—256页。
② 国家文物局第一次全国可移动文物普查工作办公室：《普查藏品登录操作手册》，文物出版社2014年版，第116—121页。
③ 陈菁：《博物馆藏品分类之初探》，《中国博物馆》2014年第3期。

泥于某种确定的分类方法。博物馆藏品分类的目的为两个：存放与检索。① 那么，"8+"展品的分类的目的主要是为了区别、保存与展示。基于这样的考虑，我们将展品分为了四大类：一、手稿、版画、纸制品。二、书籍。三、卷轴字画。四、其他。版画与字画本应同属于"绘画"门类，在此却在不同门类，是因为前者保存在大文件夹内，字画保存于画匣中，保存与运输的方式不同，故单独划分。

在藏品编号中以字母的形式体现分类的区别。第一类用字母"A"代表，划分在此类目下的展品共37件（套）。第二类用"B"表示，共19件（套）。第三类用"C"体现，共12件（套）。其他无法归类于以上三类的，被划归到第四类，用"D"表示，共14件（套）。

3. 收藏单位

展品来自11家单位，分别是11个人物的物件，展品与人物的对应关系十分明显。因此，我们决定用人物名称缩写来代替其所收藏的单位。姓名的汉语拼音首字母似乎是比较容易区分的代号。实际中发现如此简化后使得有些代号较为相似，例如"老舍"是"LS"，"李四光"是"LSG"，只相差一个"G"，容易混淆。于是我们取姓氏完整的汉语拼音，名字取缩写，这样，通过展品编号就能知道该展品的原收藏单位和所属人物。例如"李大钊故居"的展品就用"LiDZ"来表达，鲁迅博物馆的展品用"LuX"来表示。

4. 编号

展品编号有了分类和收藏单位，已经基本确定了部分的信息，以下只要按照各个馆展品的序列排序即可。为防止以后展品数量加增，我们使用三位数字代表。例如老舍纪念馆的展品共9件，即从001排至009。

综上，展品编号由三部分组成，第一部分是分类号，第二部分是收

---

① 陈菁：《博物馆藏品分类之初探》，《中国博物馆》2014年第3期。

藏单位代号，最后一部分是展品序号。例如老舍纪念馆第一件展品"《绿竹与蜀葵》"，它的编号便是 CLaoS001，最后一件藏品"《出口成章》手稿"，编号是 ALaoS009。依此方法给 82 件展品都赋予了互不相同的编号。

5. 简编

在进行点交的工作时，展品编号仍旧需要识别汉语拼音，需要较长时间，如何快速辨识这些展品？更加简单的编号应运而生。点交时，一般会用"某某馆第几件"来称呼展品。根据原收藏馆与人物直接的对应关系，用人名代替馆名，后面衔接展品的两位序号，形成该展品的简单编号。例如上文提到的展品"《绿竹与蜀葵》"，简编号是：老舍01，"《出口成章》手稿"，简编为老舍09。

展品编号承载了藏品的更多信息，展品简编便于实际使用，都是展品的唯一编号，同时使用互不冲突且相辅相成。

（二）编目与展品清单

每件展品有了编号以后，在填写编号时，我们发现展品的档案依照收藏单位被分散在多个电子文档内，且每家单位所提供的信息与格式不尽相同，这对于展览策划与设计较为不利。若我们能够对展品进行再次编目，将它们统合整理起来，对于展品的展示应用是有所帮助的。展品的编目仍然要参考博物馆的藏品编目。

编目是指将各篇或者各物有次序有规律地编组排列。将文物编成目录可以反映馆藏，也是检索的工具。科学的编目可以节省使用者的时间和精力。① 编目也指系统地分类藏品，通常伴有描述物件的细节，有条理地整合藏品内在信息与博物馆运作有关的信息。编目工作十分

---

① 郑求真：《藏品编目》，《故宫博物院院刊》1983 年第 2 期。

重要，因为围绕藏品展开的所有博物馆的活动都可以说与编目工作相关。①

那么如何确定展品的排列顺序呢？若是博物馆的藏品，一般按照文物入藏的先后顺序进行登记。②但是基于"8＋"展品突出的特点，即以人物为中心，按照人物顺序排列是较为实用的，有利于查找和使用。于是，依照人物顺序和加入"8＋"的时间顺序，展品的编目形成了以下排列：李大钊故居、鲁迅博物馆、郭沫若纪念馆、老舍纪念馆、徐悲鸿纪念馆、梅兰芳纪念馆、茅盾故居、李四光纪念馆、詹天佑纪念馆、康有为故居纪念馆、红线女艺术中心。总体的次序已经确定，各家展品内部的排序便依照各单位所提供的顺序，不予更改。

编目的内容要包含什么呢？我们参考了"博物馆馆藏品编目检索卡片"和"首都博物馆藏品卡"，还有国家文物局第一次全国可移动文物普查时关于《馆藏文物编目卡》、《博物馆藏品总登记账（文物）》和《馆藏文物分类账》的建议③。内容都非常丰富且全面。博物馆的典藏编目，已经不再仅仅服务于保管业务，同时也是为了陈列、宣传、设计、科研的需要而进行编目，编目的目的在于为馆内外人员提供便利。④"8＋"展品的编目是为了给管理者和使用者提供便利。本着反映展品基本情况与为实际使用提供方便的原则，我们确立了编目的七项基本内容：一、编号，展品的身份号码。二、简编，为实际操作而设计的简单编号。三、名称，展品的名字。四、数量，展品的数目。五、类别，展品的材质，并且注明是否为复制品。六、尺寸，展

---

① 黄明玉：《博物馆编目与登录：藏品价值的体现》，《中国博物馆》2007年第4期。
② 郑求真：《藏品编目》，《故宫博物院院刊》1983年第2期。
③ 国家文物局第一次全国可移动文物普查工作办公室：《普查藏品登录操作手册》，文物出版社2014年版，第83—86页。
④ 王立根：《近现代文物编目的几点体会》，《中国博物馆》1995年第3期。

品的大小。七、收藏单位，展品的提供单位。依照这七项基本内容，我们制作了展品清单，降低了展品点交的难度，也为展览设计提供了方便。

三　拓展——编目卡的预设计

藏品编目所记录的内容是为了给使用人员提供方便。对于博物馆来说，使用人员不仅是保管人员，还有研究人员，展示负责人和社会教育成员，甚至包括馆外观众等。"8＋"展品更多以展示为主要功能，编目的内容应该更偏重展览展示，因此我们初步设计了展品编目卡片（见表1），除上述七项内容以外，增加了展品照片与展示记录。展品照片可以让策展人在未见实物时对展品有大致的认识，便于其展示设计。展示记录是指该展品被展出的情况。将此信息记录，便可以回顾该件展品的展出情况。具体举例可见表2。

表1　　　　　　　　　　**展品编目卡片**

展品编号			简编	
名称			数量	
类别			尺寸	
收藏单位				
正面照			补充照	
展示记录	时间	地点	展览名称	

表2　　　　　　　　　　　展品编目卡片（举例）

展品编号	ALaoS008	简编	老舍08
名称	《面子问题》手稿	数量	1页
类别	绢质复制件（手稿）	尺寸	23.5×33×0.1
收藏单位	老舍纪念馆		
正面照		补充照	
展示记录	时间	地点	展览名称
	2019.5.18	长春博物馆	穿越时空的对话：名人故居的过去与未来——纪念新中国成立70周年特展

四　结语

"8+"展品有自身的特色，它的功能以展示为主，轮流由庄主进行保管。老舍纪念馆以实际需要为出发点，发现展品的自身特点，基于博物馆藏品理论，本着可持续管理的理念，将"8+"成员委托之展品进行编号、分类与再编目，形成了新的展品清单，初设展品编目卡，期待为以后的庄主初拟展品管理体例，共同探讨"8+"展品管理模式。

（作者系老舍纪念馆助理馆员）

关于疫情常态化背景下博物馆"云展览"的几点思考

胡 淼

2020年初,面对突如其来的新冠肺炎疫情,全球博物馆受到了严重冲击,我国各地博物馆相继宣布闭馆,各大博物馆原定的春节期间活动被迫取消。基于对世界各地107个国家和地区的1600多座博物馆的调查分析,国际博物馆协会(ICOM)发布《博物馆、博物馆从业者和新冠肺炎疫情的调查报告》。该报告称,在疫情严重冲击下,83%的博物馆将大幅削减活动项目,30%的博物馆将裁员,13%的博物馆可能会永久关闭。如今,疫情变成了持久战,这对博物馆行业的冲击比我们想象中更加深远。

疫情期间,线下的博物馆面临危机,而线上博物馆迎来了发展的春天,正代替传统展览活动绽放光彩。2020年1月,国家文物局召开部署文物系统疫情防控工作会议时指出:"鼓励各地文物博物馆机构因地制宜开展线上展览展示工作,鼓励利用已有文博数字资源酌情推出网上展览,向社会公众提供安全便捷的在线服务。"[①] 4月,商务部办公厅发

---

① 《国家文物局部署安排"博物馆网上展览平台"扩增内容》,新华网,2020年1月28日,http://www.xinhuanet.com/politics/2020-01/28/c_1125509037.htm。

布《关于创新展会服务模式培育展览业发展新动能有关工作的通知》，提出举办"云展览"，开展"云展示""云对接""云洽谈""云签约"。① 在此背景下，博物馆展览纷纷转向"云端"，在网上推出"云展览""云直播""云课堂""云讲座"等各种线上云展示活动。在博物馆界早已兴起多年的"云展览"第一次大规模地进入了民众的视野。随着"互联网＋"概念在中国的普及和智慧博物馆建设的兴起，"云展览"更是得到了飞速发展，使得博物馆在面对突发公共事件时能够从容不迫地在线上大放异彩。这是"互联网＋"时代下博物馆对传统实体展览方式进行的创造性转化、创新性发展。

本文拟对博物馆"云展览"的概念与类型，以及在"互联网＋"时代如何打造更优秀的"云展览"进行以下几点思考。

一 何为博物馆"云展览"

自 20 世纪 80 年代起，随着计算机技术在博物馆中的运用，陆续出现了诸多名词，如博物馆数字化、博物馆信息化、数字博物馆、虚拟博物馆、智慧博物馆等，再到如今的新名词——"云展览"。那么何为"云展览"呢？

什么是"云"？"云"是一种技术手段，指在广域网或局域网内将硬件、软件、网络等一系列资源统一起来，实现数据的计算、储存、处理和共享的一种托管技术。什么是"展览"？展览就是展示实物、图片，以供观览、欣赏。博物馆展览就是博物馆通过媒介向观众传递信息的一个过程。

目前虽然没有一个明确的关于"云展览"的定义，但是通过上述

---

① 《商务部办公厅关于创新展会服务模式 培育展览业发展新动能有关工作的通知》，商务部网站，2020 年 4 月 13 日，http://www.mofcom.gov.cn/article/ae/ai/202004/20200402954696.shtml。

解释，可以简单概括总结一下："云展览"是互联网环境下通过资源集成和服务共享方式向公众传播文物数字化信息及相关知识图谱的信息服务系统，是便于使用的、没有时空限制的、可以实现文物信息共享的知识平台。

"云展览"的一大特征就是跨越时空的限制，公众不再受制于线下观展的种种门槛，可以随时随地在互联网上参观任何一家博物馆的任意一场展览。今年疫情常态化之后，各地博物馆虽已逐步开始恢复开放，但多采用线上预约的形式对参观人数予以限制。线上"云展览"的持续开放，恰恰满足了人们对无法到线下观展的需求。公众通过"云展览"，可以了解补充丰富的知识内容，还可以借助 VR/AR 虚拟现实、三维全景虚拟现实、三维网页引擎等数字新技术，体验虚拟现实技术带来的沉浸交互式观展，这是线下展览无法带给公众的感官体验。同时，线上展览不会影响到后续的任何展览布置工作，所以也就无须撤展，可以做到展览不落幕。从经济角度来看，更具有环保、节约的特点。[①]

"云展览"相较于传统线下展览，有着更低的运营成本、更大的展示空间、更广泛的受众群体、更便捷的传播途径。这就是"云展览"最直观、最本质的优势。

二 "云展览"的几种类型

目前，根据"云展览"的实现技术与呈现形态，结合目前"云展览"案例，暂且可初步将"云展览"分为三个类型。

（一）图片文字在线展览

这是最简单的"云展览"形态，其中又可以分成两小类：一类是

[①] 雨田、本刊资料库：《线上展览，"云参观"正在进行时》，《收藏·拍卖》2020 年第 3 期。

将展览文字、图片等资料整理上传到网络上，类似一个电子的展览宣传册，人们只能浏览网页内容而不能实现与观众的互动。这种展览易于实现，且成本低廉，但并不能引起观众太大兴趣。另一类是藏品信息管理数据库的开放共享，即将博物馆现有的数据库开放部分权限给公众，可以浏览藏品的信息及图片。与其说是一个线上展览，还不如说是线上文物数据库检索与浏览系统。这类案例不胜枚举。

（二）实景虚拟展览

基于博物馆已有的实体陈列展览，通过专业相机等设备手段将线下实体展完整、细致地拍摄记录，再通过测量、三维扫描等方式获得数据，然后制作出真实"三维重现"的全景虚拟展厅的展览，让观众置身于三维展厅立体空间里参观。在制作过程中，还会加入重点文物详情介绍、场景跳转、点赞、分享、评论等互动功能。这样的实景虚拟展览是"云展览"中呈现最多的方式，故宫博物院、敦煌研究院等博物馆推出的"全景故宫""云游敦煌"，中国国家博物馆举办的"汉世雄风——纪念满城汉墓考古发掘50周年特展"、"归来——意大利返还中国流失文物展"等一批实景虚拟展览就是此类"云展览"的代表之作。

（三）网络展览

脱离展厅的限制，基于文物的数字化信息，一个博物馆或多个博物馆跨馆合作，根据展览的结构框架，选取某一主题对信息进行组合加工，填充展品信息和文字解释的网展。这类展览并没有对应的线下实体展览，从始至终都是在线上，包括"云策展""云布展""云观展"。这类展览通常适用于线下没有足够空间，或者线下较难实现的实体展示，通过线上空间建模、场景再现，让更多观众看到一个主题演绎式的展览。从最终呈现方式上又可以分为两种不同形态，一类是通过建模等方式在线上模拟一个展厅空间，一类是没有模拟展厅。部分博物馆已经在这一方面做出了有益的探索。故宫博物院推出的"贺岁迎祥——紫禁城里过大年"特展则是网展类"云展览"的翘楚。该展览将全景漫游和网展两种模式相结合,不仅依托实体展览制作了全景虚拟展览,还脱离实体展览的限制,根据原有的展览结构,制作了相对应的网展。然而该网展并不是简单的文字和图片介绍,不仅有重点展品的3D细节模型,更在页面设计、跳转动画等方面进行了精心设计,最大限度地为观众带来沉浸式体验。

三 "云展览"的飞速发展

据国家文物局初步统计,在2020年疫情期间,全国各地博物馆共推出2000余项在线展览,1300余家博物馆开放在线展览,访问量突破50亿次。这组"云展览"统计数字的出现与其效果显著并非偶然。

其实早在2016年开始,国家文物局、国家发展改革委、科技部、工信部、财政部便印发了《"互联网+中华文明"三年行动计划》,三年间在全国范围内支持了140项优秀创意项目。[①] 2018年中共中央办公厅、国务院办公厅印发的《关于加强文物保护利用改革的若干意见》,又将"发展智慧博物馆,打造博物馆网络矩阵"列入博物馆改革发展的重要任务。[②] 2019年5月18日,国家文物局指导中国文物报社推出的"博物馆网上展览平台"正式上线。[③]

对于各地博物馆而言,"云展览"也早已不是一个新鲜的话题,只

[①] 《国家文物局、国家发展和改革委员会、科学技术部、工业和信息化部、财政部关于印发〈"互联网+中华文明"三年行动计划〉的通知》(文物博函〔2016〕1944号),中国政府网,2016年11月29日,http://www.gov.cn/xinwen/2016-12/06/content_5143875.htm。

[②] 《中共中央办公厅 国务院办公厅印发〈关于加强文物保护利用改革的若干意见〉》,中国政府网,2018年10月8日,http://www.gov.cn/zhengce/2018-10/08/content_5328558.htm。

[③] 《"博物馆网上展览"平台上线》,《2019年中国博物馆文集汇编(上)》,2019年,第128—129页。

是平时大多数博物馆的运营重点在线下，线上的展览或活动更多的是为了使展览形式更加丰富多彩，也为了能更好的实现博物馆的发展。新冠疫情这种特殊情况发生后，才更加体现出线上活动的重要性。

首先，理念创新激发"云展览"出现。有效地将实体展览与线上展览相结合，实现线上展览的便捷性、易扩展性与线下展览的体验性、真实性相互补充并发挥各自优势。"云展览"是博物馆多渠道让文物"活"起来的新颖方式，也是博物馆公共文化服务的发展趋势之一。

其次，技术创新助力"云展览"实现。近年来，5G、大数据、云计算、人工智能、VR/AR等新技术快速发展，博物馆展览与新技术的结合形成了很多新的应用。借助VR虚拟现实、三维全景虚拟现实、三维网页引擎等数字技术的帮助，"云展览"提升了博物馆提供公共文化服务的保障能力。

最后，体制机制创新促进"云展览"更贴近观众。博物馆积极地通过线上展览与社会力量跨界合作，"云直播""云春游"等活动拓宽了博物馆自我宣传的渠道。故宫博物院在清明小长假的三次直播中，全网总浏览量超过4.3亿，其中总播放量约1.9亿，话题讨论总量约2.4亿。[①] 国内8大博物馆集体上淘宝直播"云春游"，9小时曝光6400万次，视频播放2800万次，网络话题量突破2.5亿次。[②] 对于观众来说，线下展览的体验感大多数来自真实的展品，还有一部分则来自场馆的氛围，而线上的体验感则是无距离的、沉浸式的直观感受，线上直播的交互性也让观众有了更强的互动体验感。

四 "云展览"未来可期

针对博物馆线上展览事业，国家文物局印发的《关于新冠肺炎疫

[①] 王洋：《故宫直播为何再次圈粉无数？》，《中国旅游报》2020年4月10日第2版。
[②] 刘玉珠：《大力发展博物馆"云展览"》，《中国政协》2020年第12期。

情防控期间有序推进文博单位恢复开放和复工的指导意见》明确提出："继续利用数字资源，通过网上展览、在线教育、网络公开课等方式，不断丰富完善展示及其内容，提供优质的数字文化产品和服务。"①

接下来，我们就要思考公众需要怎样的"云展览"？博物馆"云展览"究竟应该以何种模式呈现在观众面前？

根据不同的博物馆自身发展战略的差异，对"云展览"的定位不同，那么其制作的"云展览"也应该是不同的。

对大型博物馆而言，由于其综合实力较为雄厚，因而在"云展览"创作方面有着较大的发挥空间，即可以依托实体展览制作精良的"云展览"，扩大实体展览的影响范围和时间跨度；也可以完全脱离实体展览从选题开始就为"云展览"量身打造，制作出原汁原味的"云展览"；还可以利用"云展览"探索馆际合作、整合馆藏资源，拓宽发展模式。

而对中小型博物馆而言，制作"云展览"成本较高，本身可能难以承受。更重要的是，目前中小型博物馆上线的"云展览"多是线下展览的复制，而许多中小型博物馆线下展览的质量堪忧，观众人数本就不多，制作成"云展览"后点击量更是寥寥无几，把这样的展览搬到"云端"完全是跟风之举。因此，中小型博物馆发展"云展览"必须另辟蹊径。中小型博物馆除了可以利用官方网站、官方微信公众号以及地方媒体等渠道宣传外，或许此次疫情期间涌现的"博物馆+直播""博物馆+短视频"的模式是一个较好的突破口，利用微博、抖音、快手、淘宝、一直播、喜马拉雅、哔哩哔哩等网络社交平台，开展直播互动、视频讲解、主题展览等双向互动方式，进一步丰富博物馆线上活动形式，提升公众的参与度与话题热度。这种直播和短视频的门槛较低，中

---

① 《国家文物局关于新冠肺炎疫情防控期间有序推进文博单位恢复开放和复工的指导意见》（文物办函〔2020〕190号），中国政府网，2020年2月27日，http://www.gov.cn/zhengce/zhengceku/2020-03/01/content_5485315.htm。

小型博物馆可以利用这种方式有效传播传统文化、营造自身形象、树立自我品牌。

在开展线上直播活动时，博物馆要充分利用自身馆藏的特色，将藏品背后的故事用丰富有趣的形式演绎出来，为直播讲解提供吸引眼球的内容保障。直播讲解时，观众看不到实物，若只采取单人讲解，未免会枯燥，无新意，因此可以拓展讲解方式，例如博物馆可以对馆内各类宣教活动如专家科普讲座、线上问答比赛、教授技艺制作等内容进行直播，同时要随时抓住网络观众的兴奋点，随机应变，及时调整直播，吸引更多流量和关注，实现"云展览"的良性互动。

关于博物馆"云展览"，本文还有些重要问题尚未详细论及，如博物馆"云展览"相较其他线上展示等有何特殊之处，博物馆实体展览与"云展览"的关系，博物馆推出的"云展览"特展该不该收门票等，这些问题还需要进一步深入讨论。

"云展览"是博物馆展览的新类型。无论是从社会变化趋势还是博物馆发展需要来看，"云展览"建设都是大势所趋。虽然现阶段受制于某些不成熟的原因，"云展览"还很难获得和实体展览相同的参观体验，会在很长一段时间内成为实体展览的补充和调剂，但是随着5G、大数据、云计算、VR/AR等技术的发展和普及，新兴技术在博物馆行业的不断应用和观众移动终端的更新发展，"云展览"必将发生质的变化，将以更加多元的形式出现在观众面前，未来"云展览"定会大有可为。

（作者系郭沫若纪念馆馆员）

名人类博物馆如何服务社区公共文化建设

刘 名

一 名人故居类博物馆

"文化是我们国家和民族的灵魂,文化兴国运兴,文化强民族强",作为人类物质、文化遗存的保存者、记录者、展现者和见证者的博物馆,担负着向社会公众传播知识、文化与精神的重要任务,是社会公众获得终身教育的重要场所,是人们生活中不可或缺的一部分,也是我国文化大发展、大繁荣的重要承担者。

以历史文化名人为主体的名人故居博物馆,有着先天的特征和优势,它们既具备一般博物馆以展览为主的特征,也具有自身名人生活场所的特征,因他们所展示的主体大多为广大民众所熟知的人物,而这些一生都与中华民族命运休戚相关人物身上所凝聚的民族精神、所留存于世的优秀文化作品,正是民族文化和精神的优秀代表,这类博物馆在公众文化教育上更加具有亲和力和吸引力,无论是纯粹的物件,还是物件背后的故事、抑或是物件本身所凝聚的某种精神都会让一座故居博物馆变得有血有肉有温度,这些不仅叙述着过去、展示着现在,同时也预示着未来,观众更容易通过文物与历史隔空对话,感受史实的悠远流长，追寻文化根源，引发深入思考和想象的精神空间，所以名人故居类博物馆在服务社会公共文化建设方面有着极为重要的地位和作用。

二 社区公共文化及建设

社区文化是文化自信在城市层面的重要体现，是文化强国战略在城市基层的具体实施，在城市文化建设中占据重要位置，是社会公共文化发展的基础。对于社区文化的理解主要有广义和狭义两种理解，广义的社区文化主要指"社区居民经过长期的社会实践所创造出来的物质文化、观念文化和制度文化，影响着人们的思想观念、道德情操、行为方式以及人格的形成和发展，甚至制约着当地经济和政治的发展。而与之相对的狭义的社区文化则包括了社区居民在发展的过程中逐步形成的具有个人特点的群体意识、价值观念、行为方式以及生活模式等各种文化现象"。"社区文化是通过文化娱乐的方式，潜移默化地对居民进行思想教育，培养社区精神"，形成社区居民共同的思维认知、道德认同和价值标杆。

社区文化的建设是社会公共文化建设最重要的组成部分，其建设成果直接关系社区居民的生活水平，影响人际交往水平，并将进而影响社区的和谐与稳定。科学有效地加快社区文化建设有助于推动整个社会的发展。

创造良好的社区文化氛围可以营造一种家园意识，培养人们的家国情怀，在人们种植无数梦想的少年时代、修身养性的中年时期和颐养天年之际，让他们走过名人故居博物馆，与诸多的文化名人交往、品读，忆一段往事，感受一种品格，学习一种风范，这就是文化传承对于一个民族本身的意义。

三 名人类博物馆服务社区公共文化建设的必要性和重要性

自十七届六中全会党提出努力建设社会主义文化强国这一要求以来，建设社会主义文化强国逐步上升到国家发展战略层面的高度。在中国共产党 95 周年大会的讲话中，习近平总书记指出"文化自信是更基础、更广泛、更深厚的自信，文化自信是最根本的自信"。进入新时代，习近平总书记多次强调要不断通过"以文化人""以文铸魂"，实现文化强国战略思想，要坚定文化自信，积极培育和践行社会主义核心价值观，传承和弘扬中华优秀传统文化，不断发展社会主义先进文化，助力伟大复兴中国梦的实现。

随着党和国家对于人民日益增长的文化需求认知的不断深入，公共文化服务体系建设不断推进，一系列纲领性文件的出台，规划和指导公共文化服务工作的开展和公共文化服务体系的建设。作为公共文化服务体系的重要组成部分，博物馆事业也取得了突飞猛进的发展。名人纪念馆服务社区的文化建设，属于名人纪念馆公共文化服务的范畴，属于公共文化服务的一部分。

随着社会多元化的发展和人们日益增长的物质文化需求，名人类博物馆服务社区公共文化建设的模式也需要不断地破旧立新，发展和创新。名人故居纪念馆多为中小型博物馆，馆舍面积、展陈面积、藏品数量、资金和人力等相对有限，故而在学术研究、展览展示、社会教育等功能的发挥上受到一定程度的局限。在新的形势下，如何让小博物馆更好地开展宣教工作，以何种模式呈现，与社区公共文化建设有效畅通对接，实现可持续发展，是一个亟待解决的问题。

作为新时代文化中枢的博物馆，尤其是名人故居类博物馆，在服务社区公共文化建设中，如何以高质量的文化供给，增进公众的文化认同感和归属感呢？笔者通过对北京地区名人故居类博物馆实际走访和调研，尤其以"8+"名人故居联盟为依托，解读名人纪念馆如何更好地服务社区公共文化建设的模式。

四　名人类博物馆如何服务好社区公共文化建设

（一）抓好主线，夯实载体，建立常态化管理服务体制，用展览和社会教育活动为社区公共文化建设服务

1. 明确目标、定准点位，促进社区公共文化建设

根据社区公共文化建设的需要，针对社区民众群体在年龄、学历、思想、生活等方面的多样性和差异性的不同需求，名人类博物馆应确立一个明确的为社区公共文化服务的定位，"要着重看故居的精神、文化、社会价值，而绝不能单纯考虑建筑质量和艺术价值"，所以，名人类博物馆要充分利用馆藏的文物和文化资源、分门别类，从不同视角研究挖掘藏品的社会精神和价值，结合时事和观众的需求，不断推出好的展览，以常规展览和临时展览的形式，吸引社区观众走进博物馆，或者是以巡展的形式博物馆自己走进社区，同时采取"文物文化讲堂"、"文物文化故事会"、"儿童艺术活动"、"中小学生艺术品读"及各种传统节日的文化专场活动等形式，让文物说话，让历史说话，让文化说话，"让收藏在博物馆里的文物、陈列在广阔大地上的遗址、书写在古籍里的文字都活起来"。把历史知识告诉人们，激发我们的民族自豪感和自信心，提升民族文化的传承，凝聚民族精神，这是名人类博物馆在社区文化建设板块中所蕴含的独特价值和重要使命。

2. 用名人类博物馆各自的特点和优势，打造文化名片和主题文化特色品牌，满足社区群体不同受众的文化需求

名人类博物馆依托于"名人"而存在，"名人"的精神气质往往

也决定了博物馆的精神气质，这种精神气质各不相同，并由此而形成了名人类博物馆自身的"个性"和"特质"，所以，在服务社区公共文化的建设中，名人类博物馆利用自身的特点和优势，通过不断丰富和完善服务形式的多样性、内容的针对性、方法的灵活性，服务专题的延展性等，打造文化名片和活动品牌，为社区民众提供真正需要的公共文化服务。

在前期的调查走访中，北京名人类博物馆在服务社区公共文化建设活动中，其各自策划的"主题文化特色"展览与活动发挥了积极而显著的作用。如徐悲鸿纪念馆举办《民族与时代》《白石墨妙·倾胆徐君——徐悲鸿眼中的齐白石》《生命的华彩——徐悲鸿画展》《悲鸿生命——徐悲鸿艺术大展》《回望归鸿——徐悲鸿抗战时期绘画作品展》《为人民造像》《大爱大美艺术成就展》《仰之弥高——二十世纪中国画大家展》《美术人眼中的美术》《在神不在貌》等展览，老舍纪念馆开展的"向文学大师致敬——老舍作品中小学生吟诵会"、"小胡同走出的大作家"、"老舍话剧作品欣赏周"、"春节·老舍·四合院——丹柿小院品京味"、"老舍杯 flash 作品创作大赛"等活动，李大钊故居"名人故居红色人文资源"，郭沫若纪念馆"天上的街市文化创意"等系列活动，既向观众呈现了众位名人的家国情怀与民族精神，弘扬了名人的文化艺术成就，也充分地发挥了博物馆的社会教育功能，尤其是在本馆儿童活动区、中小学校、社区和社区内企事业单位举办的系列活动、讲座、巡展等内容丰富、形式多样的社教活动，搭建了博物馆与社区公众沟通互动的平台，加深了公众对博物馆的了解和认同，给公众提供了更加优质的文化服务。

当大批海外网友醉心于李子柒的田园牧歌，当"大唐不夜城"的"不倒翁姐姐"每日被围得水泄不通，中国文化散发的独特魅力，正为人们送去心灵的慰藉，"博物馆里过大年"等，这些都是很鲜活的文化创意的例子，提示名人类博物馆在社区公共文化建设中，既要挖掘各自馆舍里的优秀传统文化，讲好文物故事，要有载体，也要有创意，更要将"文创思维"贯穿始终。文化不只存在于博物馆的玻璃展台里，更在人们的实际生活中，在眼前，在风景里，在诗歌里，在网络上，在视频端。只有把展台里冷冰冰的物请进与人们休戚相关的生活里，有了活生生的灯火气息，才能增强文化的影响力，感召力和生命力，才能与观众在情感上产生共鸣。

3. 开展馆校联合、馆企联合，与社区建立稳定的合作关系

今天，人们对名人故居的理解不再仅仅局限于一栋文物建筑或是一个历史人物，而是被视作"承载着名人的历史和声誉，具有独特的历史文化底蕴和特有魅力"的"一个城市引以为傲的文化资源"。国家在《关于加快构建现代公共文化服务体系的意见》中明确指出："将中小学生定期参观博物馆、美术馆、纪念馆、科技馆纳入中小学教育教学活动计划。"

博物馆首要的社会功能之一就是社会教育，而开展社会教育活动是名人类博物馆服务社区公共文化建设最有效的途径。众所周知，名人故居纪念馆通常坐落在社区附近，甚至在社区之中，在地理位置上有着与社区合作的先天优势，同时也便于博物馆了解掌握学校、企业和社区等民众群体的文化需求，更好地策划服务活动，有的放矢。而在社区文化建设的过程中要将社会主义核心价值观内容结合社区实际情况积极内化，形成适合居民自身的文化建设内容和形式。所以，名人类博物馆服务社区公共文化建设，可积极利用重要纪念时间节点，社会政治文化热点，组织各项活动，实现社会主义核心价值观，增强居民向心力和凝聚力。如中国梦、国家"一带一路"经济战略、世界人民反法西斯胜利暨中国人民抗日战争胜利70周年、建党90周年、"5·18"博物馆日、世界文化遗产日、"不忘初心 牢记使命"党建主题活动等，举办系列展览、社活动、文化讲座、文艺表演，与社区、学校、相关单位一起策划活动，广泛开展公共文化活动，请进来、"走出去"，进校园、进社区、进企业、进乡镇，激发青少年的爱国热情，树立远大理想，激发公众爱岗敬业，团结合作。作为公共文化供给方，博物馆和社区通力合作，才能充分满足群众的基本文化需求及文化需求的多样化，才能提升博物馆服务社区公共文化建设的质量和水平。

（二）名人故居博物馆从联合到联盟，凝聚合之力，实现服务社区公共文化建设资源共享利益最大化

"整体大于它的各部分的总和"，这是古希腊哲学家亚里士多德的名言。合纵连横，地区内部、行业内部或者性质相近的博物馆组成联盟，聚群而生，在文化大发展大繁荣的今天，无疑是小博物馆生存的有效途径，也是名人类博物馆在社区文化建设中发挥作用的有效途径。北京"8+名人故居纪念馆联盟"便是一个很好的例证。

自2000年开始，以宋庆龄故居、李大钊故居、北京鲁迅博物馆、郭沫若纪念馆、徐悲鸿纪念馆、梅兰芳纪念馆、茅盾故居、老舍纪念馆为代表的"8家"名人故居纪念馆开始联合举办"世纪名人万里行"系列文化活动，通过一个个时代主题，采取有效措施，与社区文化建设活动紧密结合，开展多种层面、多种形式，具有影响力的展览、讲座，走进社区、走进学校、走进企业，走进基层、走近百姓，展现文化名人的生平事迹，凸显他们在中国社会变革时期所展现出的人格魅力，进而弘扬中华民族优秀传统文化和以爱国主义为核心的民族精神。

比如2008年策划组织了"文化名人与世界文化""文化名人与北京"展览、2009年"文化名人与新中国"展览、2010"人文精神与文化名人"、2011年"文化名人与中国共产党"、2012年"文化名人与北京精神""为了中华民族的崛起——文化名人的爱国情怀"、2013年"访文化名人、看传统名宅、赏古树名木"、2014年"大家风范　中国精神——20世纪文化名人的人格和家风"、2015年"纪念抗战胜利70周年——文化名人与民族精神"、2016年"文化名人与文化景观"、

2017年"名人 名作 名物"、2018年"文化名人与文化自信"、2019年"穿越时空 对话名家"等展览。这些展览活动的开展，为名人类博物馆服务社区公共文化建设提供了可借鉴的思路和方法，实现了文化传播效果的最大化，让社区公共文化的建设得到了资源共享利益的最大价值。

经过近20年的实践和探索，"8家"名人故居纪念馆的合作已经粗具规模而不断扩大，随着天津李叔同故居、青岛康有为故居纪念馆等一批北京以外的现代文化名人故居的加入，已经从单纯的北京八家名人故居发展为辐射全国、涵盖多领域的文化名人故居联合体，名称也由"8家"改为"8+"名人故居联盟，得到北京乃至全国博物馆界同行的认可，被亲切地称为博物馆界的"乌兰牧骑"。从"8家"到"8+"不是一个简单的数字变化，而是架起了一座馆际合作、馆校合作、馆企合作和博物馆与社会交流的平台，在服务社区公共文化建设中起着积极而重要的作用。

（三）打通线上线下，拓展媒介融合，为社区公共文化建设服务

当今，网络和数字技术的飞跃发展，带来了博物馆格局的深刻调整和博物馆生态的重大变化，使博物馆业站到了创新发展的重要关口。同时，随着互联网技术的不断深入，网络渗透到人们工作生活的方方面面。在文明城市常态化管理下，在社区文化建设过程中，网络资源因其传播的即时性和广泛性在社区文化建设过程中扮演着不可或缺的重要角色。在传媒领域，报纸、广播、电视、网络、手机客户端、微信、微博等新媒体以及自媒体等媒介已不再各自为营，而是相互借鉴、相互融合，共同推进传播，所以名人类博物馆在服务社区公共文化建设的途径方面也呈现出多样化、便捷化的特点，打通线上线下，利用新媒体、多媒体、自媒体等多种宣传媒介，以直播、录播和云观展等方式，构建网上网下宣传推广模式，是名人类博物馆服务社区公共文化

建设最有效的模式。

这种模式在现实中已经发挥了很好的作用。尤其是2020年，由于"新冠疫情"的影响，一度改变了观众"我不在博物馆，就是在去博物馆的路上"的参观方式，疫情中的博物馆如何融入世界"战役"的战斗中去，如何面对这前所未有的全球性挑战？闭馆中的博物馆以自己的行动做出了回应，他们利用网站、手机App、微信、微博等平台，通过新媒体以包容、开放的姿态，凭借线上"云观展""云游博物馆""云录播"等服务方式对观众进行文化推广和宣传，与不同社会背景和年龄层次的公众展开平等对话，闭馆不闭展，给观众带来精神层面的饕餮盛宴。徐悲鸿纪念馆、老舍纪念馆、梁启超纪念馆、郭沫若纪念馆、梅兰芳纪念馆等"8+"名人故居博物馆参与了微博"北京文博"、"博文头条"、"一直播"、"sina新浪旅游与超话社区"联合北京地区博物馆共同推出的"博物馆与你在一起"直播专题，"8+"名人故居博物馆在"5·18国际博物馆日"期间，参加了由北京市人民政府新闻办公室、北京市文物局、光明网联合推出的"打造博物馆之城@北京文博"2020年5·18国际博物馆日系列直播活动等线上主题活动，与中央人民广播电台文艺之声共同推出"隔空去观展"系列节目，此外，还有许多线上公益讲座，与北京文艺广播电台《打开文化之门》节目共同策划推出"京华博物"系列访谈专题，以远程录制形式，通过音频对馆藏文物进行线上展览展示，极大地满足了疫情中被"禁足在家"观众的观展体验，满足了人们的不同层次的精神需要，更快更好更有效地发挥了博物馆在社区文化建设中的作用。

结束语

所有艺术的最终归属只有在服务社会时发挥作用，也只有在受到人民群众的喜闻乐见时才具有真正的价值。如何让观众爱上文物、爱上博物馆，进而培育民族自信心和自豪感？这个问题拷问着博物馆，更拷问着社区公共文化的建设，所以，名人类博物馆应该紧跟时代步伐，充分利用各种媒体方式，在社区公共文化建设方面，肩负更多的历史文化教育责任，让更多的社会观众成为文化的参与者，知识的受益者，文化的传播者和民族精神的延续者。

（作者系徐悲鸿纪念馆副研究馆员）

试析"8+"研学教育资源的开发与利用

郑伯琳

近些年,博物馆作为研学活动的主要载体之一,越来越受到学校、家长、文博界及市场等各方的关注。随着一系列利好政策的发布,为研学活动的发展提供了有力的政策保障。

目前,"8+"名人故居纪念馆联盟(以下简称为"8+")已有19家成员单位,在爱国主义教育、中国近现代史、红色文化以及美育等方面都有着不容小觑的实力与资源。随着联盟合作模式日益成熟,馆际之间交流逐步深入,如何激发"8+"新的活力?使其能更好地发挥出团体优势和博物馆的功能作用?开发"8+"系列研学活动是一条可尝试的探索之路。

一 讲好名人故事,开发"8+"研学活动意义深远

(一)讲好中国故事,紧跟新时代要求

"讲好中国故事,传播好中国声音",这是习近平总书记在2013年8月19日发表的重要讲话中对全国宣传思想工作战线的要求。新时期,赋予了博物馆新的使命。对我国传统文化予以充分解读,对民族精

神的传承和发扬,成了新时期博物馆社会教育服务的主要诉求①。名人故居类纪念馆以特定人物及其故事承载着厚重的历史,散发出难以表述的独特人文魅力,发挥出无法估量的重要社会价值。"8+"联盟在传承红色文化、弘扬红色精神等方面都有不可替代的优势和重要性。在此基础上开发设计的研学活动,通过"导览+学习单"、"认知+探究"和"体验+体悟"教学模式,让青少年在接受家国情怀教育的同时,培养其追求真实的态度和深入探究的能力;通过在研学活动中感受祖国大好河山,感受中华传统美德,感受革命光荣历史,感受改革开放伟大成就,增强对坚定"四个自信"的理解与认同;同时学会动手动脑,学会做人做事,促进身心健康、体魄强健、意志坚强,促进正确的世界观、人生观、价值观的形成,培养他们成为德智体美全面发展的社会主义建设者和接班人。

(二) 借助博物馆宣传和教育的优势,广泛开展爱国主义教育活动

作为社会群众接受社会文化教育的主要场所,博物馆逐渐受到人们的重视。2015年3月《博物馆条例》颁布,首次将教育提升到博物馆职能的首位。习总书记也曾多次在讲话中提到"一个博物馆,就是一所大学校"。越来越多的人认识到博物馆教育是指导和贯穿博物馆每项工作的基本职能②。文博行业也迎来了飞速发展的黄金时期。

"8+"名人故居纪念馆联盟虽然不是一个单独的博物馆个体,是由十余家故居、纪念馆组成的博物馆团体,但它同样具备博物馆的所有属性特征。根据各成员单位的资源特点不难分析出,"8+"在开展爱国主义教育和弘扬红色文化等方面具有得天独厚的优势。也正因此,

---

① 罗梦楠:《解读如何在新时期深化博物馆社会教育的服务》,《参花(上)》2020年第9期。
② 中国博物馆协会社会教育专业委员会编:《中国博物馆青少年教育工作指南》,文物出版社2018年版,第61页。

"8+"自成立以来,一直以弘扬以"8+"名人为代表的中华名人精神,为各界观众展现他们身上体现的伟大的时代精神和为实现民族伟大复兴的不懈追求。

研学活动作为社会教育工作的一种表现形式,以爱国主义教育和弘扬红色文化为活动总目标,结合各馆自身文物展开研究,通过参观故居或展览、体验活动等系列活动,深入挖掘文物背后的故事,能帮助学生从历史的角度认识中国的具体国情,认同中华民族的优秀文化传统,尊重和热爱祖国的历史和文化。

(三)开发研学活动,满足社会需求

2016年教育部等出台《教育部等11部门关于推进中小学生研学旅行的意见》。文件指出,研学是学校教育和校外教育衔接的创新形式,是教育教学的重要内容,是综合实践育人的有效途径。开展研学旅行,有利于促进学生培育和践行社会主义核心价值观,激发学生对党、对国家、对人民的热爱之情;有利于推动全面实施素质教育,创新人才培养模式,引导学生主动适应社会,促进书本知识和生活经验的深度融合。2017年,教育部印发《中小学德育工作指南》[①],要求组织研学旅行,把研学旅行纳入学校教育教学计划。随着中央政策的密集发布,研学旅行市场开始呈现火热发展态势。2018年,教育部办公厅公布《关于2018年全国中小学生研学实践教育基地、营地名单的通知》[②],在377个"全国中小学生研学实践教育基地"单位中,各类博物馆、纪念馆、陈列馆、科普(科技)馆的数量约占100个,约为26.6%。由此可见,文博行业是开展研学活动的重要载体。据笔者了解,目前北京的博物馆

[①] 教基〔2017〕8号,教育部网站,http://www.moe.gov.cn/jyb_xwfb/s271/201801/t20180116_324827.html。

[②] 教基厅函〔2018〕84号,教育部网站,http://www.moe.gov.cn/srcsite/A06/s3321/201811/t201811 06_353772.html。

研学市场中，课程以传统历史文化类、科普类、艺术赏析类课程较多，8+名人故居纪念馆主题研学活动的开发恰好能填补此项空白。

（四）深挖资源优势，激发"8+"新的活力

8+联盟携手已20余年，从最初的"八家"变成现在的"8+"，已形成分属全国8地、14位名人的19家故居纪念馆的规模，范围包括了京津冀、长三角、珠三角等地区。经过不断探索和创新，目前已形成相对稳定的合作模式与宣传途径，如定期开展主题展览、出版、讲座等，这一系列文化活动也受到了社会各界的广泛关注和好评。放眼大局，如何开启联盟深度合作的新形式？进一步激发"8+"新活力？笔者认为，可以尝试探索研发"8+"品牌的研学产品。它可以激发成员单位间更深层次的、多向的互动与交流，集中力量，强强联合，发挥出1+1>2的社会效益成果。为"8+"联盟打开新局面，为打开深度合作模式和联盟的可持续发展提供新途径。

二 "8+"名人故居纪念馆联盟的研学教育资源

"8+"名人故居纪念馆联盟现阶段已形成分属全国8地、14位名人的19家故居纪念馆的规模，范围包括了京津冀、长三角、珠三角等地区，其可开发利用的研学教育资源更是丰富可观。笔者分类整理如下，若有不当之处，望不吝赐教。

（一）时代名人精神与北京中小学教材的契合点

习近平总书记在纪念"红军长征胜利80周年大会"上曾讲道，一个不忘记来路的民族，才是有希望的民族。国家文物局在《关于贯彻执行〈博物馆条例〉的实施意见》中也强调，培养青少年学生的民族自信心和爱国主义精神，促进他们全面发展，成为社会主义事业建设者和接班人。"8＋"里汇集了我国近现代多领域的、杰出的、具有代表性的人物，他们每一个人身上都折射出中华民族精神。这种精神是在漫长的社会历史发展过程中逐步形成的，它是中华各族人民社会生活的反映，是中华文化最本质、最集中的体现，是各民族生活方式、理想信仰、价值观念的文化浓缩，是中华民族赖以生存和发展的精神纽带、支撑和动力，是创新社会主义先进文化的民族灵魂。[①]

目前，"8＋"联盟包括的时代名人有：20世纪伟大女性宋庆龄、中国共产党主要创始人之一李大钊、新文化运动先驱鲁迅、百科全书式的文化巨匠郭沫若、中国现代文学泰斗茅盾、"人民艺术家"老舍、中国绘画大师美术教育家徐悲鸿、京剧表演艺术大师梅兰芳、中国现代地质科学奠基人之一李四光、中国近代著名爱国工程师詹天佑、中国近代文化大师李叔同、"先进的中国人"康有为、著名粤剧艺术大师红线女、中国近代启蒙思想家梁启超。他们为民族作出了不朽的贡献，他们的爱国情怀、理想追求价值取向影响了一代又一代人。他们的事迹，都是一个个生动的爱国主义教育题材。"8＋"亦一直励志于借助八位中国近现代历史文化名人的生平事迹和所取得的成就，多方位、多角度地宣传中国近现代史上优秀代表人物的精神风貌，宣传中国近现代文化名人的民族精神，凸显他们在中国社会变革时期所特有的人格魅力，从而展现中华民族独有的精神内涵和文化价值。

同时，也应注意到，这些时代名人也经常出现在中小学生、高中生，甚至大学生的课本教材中。笔者曾在《浅谈关于打造8＋名人故居纪念馆联盟研学产品的几点想法》一文中详细对标中小学教材内容，这里不再一一赘述。总体而言，在语文、历史、美术、音乐、地理、道德与法治等多个学科中涉及宋庆龄、李大钊、鲁迅、郭沫若、茅盾、老

---

① 《2018两会·改革新征程习近平首次全面阐释中华民族精神的意义》，中央人民广播电台网站，2018年3月28日，http：//news.cnr.cn/native/comment/20180328/t20180328_524179479.shtml。

舍、徐悲鸿、梅兰芳、詹天佑、梁启超和康有为等多位时代名人的内容。若以此作为活动切入点，研发研学产品，对学校和博物馆教育都有十分重要的意义。

（二）不可移动的文物资源——故居、纪念馆

故居、纪念馆作为不可移动的文物资源也是不能忽视的教育资源。名人故居是指名人曾经的居所，与名人的生活、工作乃至生平业绩密切关联，往往被原址、原状保护，在我国各级文物保护单位乃至不可移动文物整体中占有一定数量，有不少已被辟作纪念名人的旧址类专题陈列馆，成为人们学习历史，缅怀先贤，弘扬前人风范的重要场所[1]。时任文化部副部长、国家文物局局长励小捷在接受人民网访谈时曾谈到，名人故居是中华民族优秀历史文化遗产的重要组成部分，集建筑、人文和文物价值于一身的名人故居，不仅是各地极其珍贵的历史文化资源，也是一笔极其难得的精神财富[2]。纪念馆作为博物馆的一种类型，除具备博物馆的特性和功能外，还具有对纪念对象的尊敬和怀念之意的纪念意义、政治意义和宣传意义，以及缅怀先贤、寄托感情、教育大众和传承文化的作用。

笔者了解到，目前"8+"联盟的19家成员单位中，有15家单位包含名人故居遗址或是在故居基础上改建而成，另4家为纪念馆。各成员单位不仅馆藏资源丰富，而且均设有主题陈列展。如宋庆龄故居设有原状陈列展、宋庆龄生平展以及庭院三大部分可供观众参观；李大钊故居设有故居原状陈列以及《李大钊在1920至1924》专题展览；北京鲁迅博物馆设有鲁迅生平展，馆藏文物、图书等藏品7万余件，其中国家

---

[1] 《如何理性看待名人故居的认定与保护问题》，国家文物局官方网站，2012年3月23日，http://www.ncha.gov.cn/art/2012/3/23/art_723_80494.html。

[2] 《名人故居要依法求实地保护》，国家文物局官方网站，2012年3月15日，http://www.ncha.gov.cn/art/2012/3/15/art_722_110215.html。

一级文物759件；郭沫若故居（北京）设有郭沫若生平展览及原状陈列室；徐悲鸿纪念馆设有"故居与纪念馆"、"民族与时代"和"致广大　尽精微"三大主题常设展，馆内藏有徐悲鸿作品1200余幅，徐悲鸿收藏的唐、宋、元、明、清以及现代名家书画近1200幅，还有中外美术书籍、碑帖、画册、图片近万件；梅兰芳纪念馆设有梅先生生活起居原状陈列、专题展览，馆内有珍贵藏品32421件；李四光纪念馆设有"光辉足迹"、"卓越贡献"、"事业传承"和"精神永存"四大主题常设展；詹天佑纪念馆常设展由瞻仰厅、序幕厅及3处陈列厅组成，展现了詹天佑从求学、投身铁路建设到抗清护路、拥护辛亥革命所走过的历程。名人故居纪念馆作为历史肌理，保留有丰富且珍贵的历史文物，由此可窥见一斑。如此丰富的馆藏资源，内容生动翔实的主题展览，为研学活动的可实施性提供了坚实的基础内容保障。

（三）面向青少年的特色活动

受场馆位置和规模大小所限，有的场馆专门设有儿童活动区域，有的则没有；有的场馆已举办多年儿童专项活动，积累了一定经验，有的则尚未开设相关内容。以笔者所在的徐悲鸿纪念馆为例说明。该馆始建于1954年，是在徐悲鸿故居的基础上改建而成，当时并未设立儿童活动区域。后几经改迁与修建，新馆于2019年9月17日重新对社会公众开放。新馆不仅增加了公共开放区域面积，丰富了公共文化服务内容，还专门开辟了儿童活动区。以馆藏文物为基础，开发设计了六种儿童活动：DIY小马造型纸灯、"八十七神仙卷"填色拼图和徐悲鸿的传奇故事、DIY鲜叶拓染环保包、木版水印画体验活动、"奔马"竹编贴片体验、手工创作冰箱贴。活动受到观众、家长和孩子的好评。

笔者通过走访、查阅和询问等方式还了解到，在"8＋"联盟成员中有不少单位也举办了类似的青少年活动。如宋庆龄故居社会大课堂，课程分为爱国主义教育、传统文化科教知识和特色实践活动三大类，每类活动又细分为6—7个主题活动（详见表1）。而且，宋庆龄故居举办的"时代小先生"活动也已成为其具有代表性的品牌活动。北京鲁迅纪念馆面向社会举办过"鲁迅与版画之丝网版画体验"、"鲁迅与版画之水印木刻版画（儿童体验场）""鲁迅与中国写意花鸟画赏析与体验"、"鲁迅印章篆刻体验"等特色活动。老舍纪念馆曾举办过"听《老舍与小年》的故事"、"四合院模型拼插"、"大红灯笼高高挂"和"写福字"、"做糖葫芦"等新春活动。以上活动均受到广泛好评。

表1　　　　　　　　宋庆龄故居社会大课堂一览①

门类	课程单元	课程名称（主题）	课程介绍	年级分段	附加说明
I	爱国主义教育	1. 宋庆龄的民族精神	介绍宋庆龄一生的爱国思想和事迹	1—12	
		2. 宋庆龄的家庭教育	介绍宋庆龄的父母如何教育子女	1—9	亲子研学活动
		3. 宋庆龄与和平鸽	介绍宋庆龄为和平事业所做的贡献和故居鸽子的故事	1—9	
		4. 诚实守信的宋庆龄	介绍宋庆龄最后的一幅题字和从小诚实守信的故事	1—9	
		5. 宋庆龄的最后一次讲话	介绍宋庆龄在去世前21天接受荣誉法学博士学位	4—12	
		6. 宋庆龄的中国梦	介绍宋庆龄关心祖国命运，为新中国的创立，为国家的繁荣富强所做的伟大贡献和毕生追求	4—12	
		7. 孙中山、宋庆龄爱国主义思想	了解两位伟大人物的爱国主义精神，激发学生们的爱国情感，引导他们树立为祖国强盛而奋斗的人生目标	4—12	

---

① 宋庆龄故居官方网站，http：//www.sql.org.cn/yyfw/shdkt/。

续表

门类	课程单元	课程名称（主题）	课程介绍	年级分段	附加说明
II	传统文化科教知识	1. 北京的四合院	介绍有关四合院的传统文化知识	1—12	
		2. 中国古典园林	介绍中国古典园林知识	4—12	
		3. 醇亲王府	介绍醇亲王府	4—12	
		4. 美丽的王府花园	介绍醇亲王府花园	1—6	
		5. 植物故事汇	介绍故居植物及植物背后的故事	1—9	
		6. 经典诵读	介绍毛泽东、宋庆龄等人的诗词，学习他们对人生、对理想的追求，欣赏诗词艺术带给人们的心灵震撼		
III	特色实践活动	1. 历史剧表演	1）少年宋庆龄 2）风雨同舟 3）宋庆龄与她的保姆 4）宋庆龄与小先生 5）营救七君子	1—7	提供剧本、服装、道具（30人以内表演）
		2. 心灵鸡汤（心理拓展游戏）	由专业心理培训老师指导进行心理拓展、释放压力游戏		
		3. 智慧大比拼（知识竞赛）	由故居提供抢答设备，进行以故居大课堂知识为主的知识竞赛。（以小队为单位参赛）	4—12	
		4. 放飞和平鸽	在故居草坪集体放飞和平鸽	1—12	
		5. 带着问题参观（参观故居）	在故居老师组织下，参观故居，同时寻找答题卡上的答案	1—12	
		6. 发表活动感言、民主选举精英小队	学生代表进行即兴演说，民主选举，评出精英小队并颁发证书、奖品	1—12	

这些活动经过多年实践，已经相对成熟，可以放到研学活动中去，

起到丰富活动内容、寓教于乐的目的。让学员通过"导览+学习单"、"认知+探究"和"体验+体悟"的教学模式，在参观实物、梳理学习、探究思考和动手体验的过程中收获知识。

三 对打造"8+"研学产品的几点思考

（一）开发精品项目，树立品牌形象

"品牌"一词，在文博界已不陌生。博物馆品牌、展览品牌、活动品牌越来越受到业内人士的广泛重视。人们开始注意到，市场条件下，博物馆也应当有品牌意识，并树立自己的品牌。实施精品战略、品牌战略能够有效地带动全局的发展，这已被许多馆的实践证明，博物馆的宣教活动领域也不例外。

"8+"每年举办一主题巡展，已逐渐形成独具特色的品牌性巡展活动；每年以"团体"身份，参加北京文博会，其文创品牌形象随之在逐步形成中；在社教活动领域可以通过研学产品树立品牌形象。"8+"的研学活动在深入、充分地挖掘"8+"爱国主义教育和红色文化资源的基础上，以中小学教材内容为切入点，分年龄段设计不同难易程度的系列课程。用精品活动课程，再为"8+"树一品牌形象。

（二）建立研学资源库，开发不同年龄段研学课程，满足多样化的需求

在研学活动开发过程中，应根据不同年龄段设计不同的教学目标、教学手段、教学内容和体验活动。结合青少年生理发育、心理发育、学习行为等划分标准，以及中小学课本内容，研学活动可划分为：6—8岁（小学一至二年级）、9—10岁（小学三至四年级）、11—12岁（小学五至六年级）、13—15岁（初中）、16—18岁（高中）。每个学段设立不同的教学目标，设计不同的学习手册，满足不同年龄段青少年的学

习目标和多样化需求。

在本文的上一部分，笔者已经大体梳理了"8＋"的研学资源，这些都是各成员单位在长期的运营下，积累的公共文化服务经验，只要稍加整理和分类，就能形成很实用的研学活动内容。在此基础上，可建立"8＋"研学资源库，将各单位可用、能用的文物实物和展览资源、社教活动资源（讲座、课程、动手实践等）、硬件资源（场地、设施设备等）等囊括其中，对不同年龄段、不同教学目标、不同的主题活动，选取相应的教育资源，灵活的、有针对性地进行内容选择，为课程的开发设计与利用提供支持。

（三）增强馆间深度合作，建立完善的活动机制

博物馆教育项目的开发应遵循以下流程：明确项目主题→制定项目目标→挑选文物（展品）→设计项目内容→规划项目步骤→进行项目实施→开展项目评估。① 它对举办活动的成功与否、活动生命周期的长短都起到关键性作用，也对推动"8＋"纵深发展同样具有十分重要的意义。只有各单位间进行深度且密切的合作，积极探索，形成正向合力，打破固有壁垒，加强馆间联系和组织领导，才能建立起完善的活动机制，发挥各自的优势，达到互补，从深层次推动"8＋"整体协作发展，更好地发挥出名人故居纪念馆联盟的团体社会教育职能力量。

同时，我们还应注意到，深层次的交流协作，也对工作人员能力提出了新的要求。任何工作任务的完成，都离不开人员。在联盟协同发展的同时，也应注重对复合型人才的培养。

（四）利用新媒体做好营销宣传，形成宣传矩阵

酒香也怕巷子深。金子固然会发光，但宣传工作也很重要。2014

---

① 中国博物馆协会社会教育专业委员会编：《中国博物馆青少年教育工作指南》，文物出版社2018年版，第26页。

年为我国新媒体元年,与传统媒体相比,新媒体具有全方位的数字化、交互性、个性化、超时空性等特点。经过多年的发展与融合,如今新媒体的呈现形式越来越多样化,市场接受程度较高,操作模式与用户群体也已相对成熟。人们生活中经常能接触到微博、微信、短视频、新闻推送、社交软件等各种形式的新媒体。

研学活动的推广自然也离不开宣传工作。在活动的前、中、后期应广泛收集活动信息和素材,成员单位分别在各自网站、微信公众号上发布相关活动内容,形成宣传矩阵,活跃活动氛围。借助新媒体的传播力量,让活动起到事半功倍的效果。

(作者系徐悲鸿纪念馆助理馆员)

以观众需求为导向，打造服务型博物馆
——基于徐悲鸿纪念馆观众反馈文本内容研究

李鑫月

自从我国实行博物馆全面免费开放政策以来，博物馆数量及参观人数呈现井喷式增长。面对人民对于美好生活的新期待，国家层面高度重视博物馆建设，将博物馆事业与国家战略、国运发展密切相连，将博物馆视为公共文化服务体系建设的重要内容，努力保障人民基本文化权益。北京地区更是提出要打造布局合理、展陈丰富、特色鲜明的博物馆之城。面对高速发展的博物馆事业，博物馆观众服务工作应转变思路，从博物馆本位转变为观众本位，不断向服务公众方向强化，通过高质量的服务，以满足当今社会公众日益多样化、个性化的文化需求。

在此博物馆发展之际，徐悲鸿纪念馆积极作为，经过一段时间的改扩建工程，在2019年9月17日重新正式向公众开放，迈出了新的步伐。为切实了解观众的实际参观体验及需求，提高开放服务能力，徐悲鸿纪念馆设置了纸质留言簿、官网、微信、微博等多种官方沟通渠道，让观众与博物馆的互动更加多样化。不过部分观众早已不满足以博物馆为主导的留言平台，而是习惯通过第三方平台评价博物馆。这些评价很可能影响潜在观众对博物馆的认知，博物馆方面应该重视这种容易被忽视的舆论导向问题。

故此，为更广泛客观地了解观众的真实需求，笔者选取 2019 年 9 月 17 日至 2020 年 12 月 31 日期间的观众反馈文本进行研究，包括徐悲鸿纪念馆官方对外的纸质观众留言簿及现在网络上使用率较高的第三方评价系统"大众点评"在此期间的观众评论。通过统计整理这些反馈信息，分析观众在徐悲鸿纪念馆里的体验现状，归纳了解观众的实际需求，以便博物馆日后能够有的放矢地调整服务，推动博物馆现代化建设。

一 徐悲鸿纪念馆纸质留言簿现状

徐悲鸿纪念馆的纸质留言簿是博物馆与观众沟通的重要渠道之一。纸质留言簿日常放置在咨询台处，安排了专人现场管理。每日留言簿上的迫切问题会第一时间联系相关负责人及时解决。其他留言每半个月由专职工作人员汇总整理成电子版，方便日后的大数据整理及分析研究。

通过统计发现，纸质留言簿是观众参观后对整体参观产生的最初强烈印象，表现出的需求较为明显，大多提出了明确的需求内容，主观上存在与馆方沟通交流的热情，期待馆方能给予回复。留言簿上的情感表达内容，细微真实，这些内容对于博物馆方面进行观众分析研究属于难得的宝贵资料。

徐悲鸿纪念馆纸质留言簿的观众反馈文本内容大体可分为五类：参观感悟，需求阐述，建议交流，表扬感谢，投诉批评。

第一类：参观感悟。

参观感悟类留言里较为常规的内容偏向于展现观众参观后的基础心理状态，语言简练，如"参观对我触动很深，服务态度令我佩服"。"双节同庆，留下了美好回忆，很好"之类。另有部分感情抒发则较为强烈，观众对留言内容进行了较为系统的文字编排，如"徐来金风漫京华，悲欣交集访旧家。鸿鹄已逝遗迹在，高山流水颂天涯。新馆气势恢宏，超乎想象。展品中存有徐悲鸿的经典奔马作品"。观众以藏头诗的方式表达参观印象，例举了两个最深刻的印象元素，新馆气势和奔马作品，可以想见当时的激动心情。

这种参观感悟类的留言有时会包括多个方面，不仅是服务、环境、辅助展品给观众带来的强烈感受，甚至还会有更细节性的需求内容。如"今日有幸来徐悲鸿纪念馆看展，内心非常激动。1989年3月我和河南胡秋萍女士曾到参观。30年弹指一挥，纪念馆规模宏伟，收藏丰富，管理严谨，服务细优，非等闲可以想象。那时廖静文老师也在，而今已仙鹤来驾，音容犹存。而我走了一条非艺术从业之路，成为一名优秀的白衣战士。现下民众收藏之热甚起，前几日有朋友拿来徐悲鸿先生一幅《风雨如晦》图，我略存疑，今来得知，纪念馆不定期更换展品，因平素忙，故求在适当之时，能有幸目睹《风雨如晦》真迹为盼。再谢！"参观感悟类留言能够帮助博物馆工作人员了解观众的关注重点，关注背后原因。同时正面积极的留言评价，也是对博物馆工作人员工作的一种肯定，让他们感受到自己工作带来的社会价值，激发工作热情。

第二类：需求阐述。

内容多为对博物馆的实际需求，观众通常会留下联系方式，期待官方回复。这类留言内容可能涉及博物馆各方面服务业务，时效性较强。确保观众的需求阐述类留言能够及时得到回馈解决，是博物馆实现细致交流服务，提升博物馆公共服务意识必须要重视的一点。

第三类：建议交流。

向博物馆官方提出建议，涵盖面比较广，有针对展览内容的质疑，如"任伯年展板的最后一张杜鹃似乎标签有误，与画不符，不知是否我识别有误"。有人建议展陈设计，如"大型群牛图画作展向后仰，观看角度，光线不理想。建议考虑观众观看效果"。有观众担忧问题，如"二层一幅素描作品《马与马夫》纸已起褶皱，似有损害，不知是否保存不当。希望贵馆及时处理加以保护，使徐先生作品完好的保留以待观者"。建议交流类留言中反映的问题通常是博物馆在展览陈列，管理服务等方面较为突出和亟待解决的问题，有可能是博物馆运营过程中疏忽的问题，研究此类留言能够帮助博物馆发现日常工作运营的盲区。

第四类：表扬感谢。

表扬感谢类的留言多集中在人性化服务上，如"非常感谢工作人员让我如愿进馆参观。看到廖夫人画像（最后5分钟）我在30年前与夫人有过书信往来。今日看到画像十分欣慰。我会如约再来的"。工作人员在临近闭馆的情况下为远道而来的观众灵活变通，增进了观众对博物馆的理解和忠诚度。博物馆工作人员以人为本的服务形象，能够加深博物馆与观众的联系，提升观众对博物馆服务的可获得感和服务满意度。

第五类：投诉批评。

投诉批评内容能够强烈展现观众的好恶，如果确切指出了博物馆运营存在的弊端，及时解决问题，能有效推动博物馆服务工作进步。此次统计中的投诉批评类留言反映了博物馆在新冠肺炎疫情期间运营出现的问题，如"工作人员不断要求我戴口罩。请你们考虑一下，在偌大一个展厅只有一个参观者时，这个参观者是否还有必要戴口罩！"疫情对博物馆的日常公共服务提出了新挑战，博物馆一线工作人员不得不面临更加复杂的现场状态。徐悲鸿纪念馆在疫情防控期间对观众有一些特别的参观规定，如入馆体温检测，健康宝查询，展厅人员密度控制，统一佩戴口罩等。这些规定符合博物馆疫情常态化防控的总体要求，但在实际操作中有个别观众表现出不理解的状态，需要工作人员加强现场解释说明。这些留言内容提醒了博物馆方面应重视一线工作人员职业修养的培训工作，包括应急应变能力，沟通技巧等方面。同时博物馆方面也要做好一线工作人员的心理服务，确保负责接待投诉观众的员工身心健康，能够以饱满的精神状态投入今后工作中。

二 大众点评上关于徐悲鸿纪念馆的评论情况

(一) 形式分析

大众点评是当前社会应用较多的第三方点评网站,内容信息都来源于消费者的评论,网站本身不参与内容的编辑策划,仅对评论信息分类整合。网站上的留言形式是评分+文字内容+图片或视频。此次统计共包括217条评论内容,好评214条,中评3条,差评0条。中评内容"展陈设计一般。""文创产品还没有售卖有点遗憾。"表现出观众对展陈设计创新及文化延伸品方面的迫切需求。

数据显示,在纸质留言簿上观众习惯将内容在同一页面上书写完整,字数仅为9—210字。而大众点评上的留言字数相较于纸质留言簿整体偏高。大众点评留言有15—2000字的字数限制,实际统计中评论字数集中在31—1178字。加之打字形式相对方便,有利于观众畅所欲言。

同时大众点评支持用户上传图片及视频,此次统计数据里96%的观众添加了配图,这点是纸质留言簿无法做到的。观众拍摄并上传至大众点评平台上的照片,每张照片都是观众选取自己感兴趣的元素并结合自己的审美加工制作而成,具有高度的主观性。博物馆工作人员可以通过分析照片,了解观众对博物馆形象及博物馆内各种元素的认识和感知,发掘观众的参观兴趣点。

(二) 内容分析

大众点评上关于徐悲鸿纪念馆的评论内容整体偏向介绍推荐,包含信息元素较多,如展馆基本信息,楼层内容分布,开馆时间,重点作品,个人参观感受及推荐理由等。部分介绍十分详尽,如"展柜里有电子温度计,用来测湿度和温度,并且会有工作人员进行登记"。可以感受到观众对博物馆工作观察细致，博物馆工作中的任意环节，都时刻影响着观众的参观体验，影响观众对博物馆的评价。

通过整体数据分析，发现关于徐悲鸿纪念馆的评论出现了4项较为高频的需求内容。

1. 优质展品及其精神内涵的需求

针对馆内绘画作品及徐悲鸿精神的评论共119条，占比约55%。评论显示，观众被展品承载的深沉的爱国情怀和艺术革新的勇气打动，如"走进这里就是要欣赏徐悲鸿画马的超凡笔触，一代大师的清逸风韵里是历史的天空，热血浓情亦是历史的必然，悲鸿的马，只有在那个特殊背景下的飞动，才创造出难以逾越的图腾"。博物馆陈列展品本身及展品所蕴含、所表达的神圣崇高的境界，对观众有着较强吸引力，如"在中国绘画艺术史上，悲鸿大师无疑是一块仰之弥高的丰碑。他以精彩绝伦的艺术和高尚的人格魅力，为后人洒下星辉"。"作为一个平民百姓看后深深被其才华与忧国忧民的精神感动"。这些评论体现出博物馆在办展览时要深挖展品内涵，通过宣传展品蕴含的精神这一特殊资源，丰富观众的文化生活。如解读徐悲鸿纪念馆的"悲鸿精神"在新时代的特殊意义，能更大限度地发挥徐悲鸿纪念馆的社会教育功能，普及爱国主义，提高观众素养，最终推动社会的健康发展。

2. 休闲服务环境中学习的需求

提及馆内服务设施并有听讲解需求的评论共79条，占比约36%。观众对参观环境及其配套服务越发重视，优质参观环境能给观众提供放松身心的休闲环境。如"工作人员很热情，门票免费，里面电梯，饮水，存包柜俱全"。"厅里有咖啡自动售卖机和一小片休息的区域，在品尝咖啡的同时，也可品味画家既岁月静好又情路坎坷的一生！可以多次去观览的好地方！"

评论显示，观众希望在轻松愉悦的氛围中学习知识，感受高质量文化生活。如"一路听着讲解员的细致讲解,对画作背景的深入了解,也对画作的内涵有了更多的体会"。"我跟着听的这位实习生讲解员话风很有趣,小故事讲的让参观者们都听得津津有味。"部分观众更是明确表示因为有听讲解的需求,会再次来馆参观,如"看介绍每天上午 10 点和下午 2 点有讲解,今天没赶上,值得再跑一趟"。

整体来看博物馆参观环境,工作人员服务意识和主动性,尤其是讲解服务时呈现的专业性和互动性,都对观众的参观评价产生了影响。博物馆要重视服务设施的便民细节,为观众打造休闲、交往的新空间。同时还要重视培养员工对博物馆的认同感和归属感,尤其是一线工作人员,他们直接与观众打交道,工作表现决定了博物馆观众服务最终的呈现质量。博物馆应高度重视服务人员的服务能力、职业发展、工作条件和合作关系,使服务人员真正认识到博物馆服务的意义和价值,自觉地为实现服务目标而创造性工作。①

3. 不断开发临展的需求

涉及临展的评论共 79 条,占比约 36%。高质量的临展对观众有较强的吸引力,甚至是部分观众反复来馆的原因,如"这次去又有不同的收获和感受。这次这里换了部分展览,不是去年的齐白石徐悲鸿的作品。换成了俄罗斯雕塑家科瓦尔丘克·安德烈·尼古拉耶维奇的作品"。同时,别出心裁的临展能够让观众融入展览中,留出思考和想象的空间,如"整个布展很用心,特别是四层的任伯年绘画展区,看得出来既用心,更用情。徐悲鸿和任伯年,两位大师虽然未曾谋面,但是却用绘画作品穿越时空在对话,两位大师同一题材的画作相邻而居,它们似乎在交谈着评论彼此,显得意趣盎然"。这些观众的评论提醒博物馆方面要重视临展的作用,在举办临展时要在展

---

① 宋向光:《物与识——当代中国博物馆理论与实践辨析》,科学出版社 2009 年版,第 215 页。

览选题、内容设计、艺术设计等方面不断创新，用崭新的展览理念构建能够打动观众的好展览，扩大博物馆的影响力，实现文化惠民的实践内容。

4. 指引标识的需求

共74条观众点评提及了徐悲鸿纪念馆地址位置问题，有趣的是，该类型评论并未出现在官方纸质留言簿上，可是在大众点评上的出现率占比34%。观众反映目前徐悲鸿纪念馆周边环境影响了参观体验，如"纪念馆周围在施工，入口不是很好找"，"徐悲鸿纪念馆位于新街口豁口南路西，因现在附近在搞地铁工程，大门几乎被遮挡了"，"一星主要扣在目前的交通环境上，其余都还是不错的"。馆外的地铁工程，造成了部分观众初次来馆时感到无所适从。针对外部客观因素造成的影响，博物馆方面要注意灵活应对，可考虑官方加强路线宣传或在条件允许的情况下设置指引标识，减少可能出现的负面评价。

三 聚焦新时代，努力打造服务型博物馆

官方纸质留言簿和大众点评上关于徐悲鸿纪念馆的评论从不同角度展现了观众的需求及博物馆在观众心中的形象。数据统计显示，观众期待的博物馆服务内涵十分丰富，涉及博物馆的研究、展览、社会教育、环境设施、衍生服务等方面。这需要博物馆方面改进管理模式，努力提升综合管理水平，调动馆内多部门共同参与，打造服务型工作团队，以满足新时代观众不断增长的精神文化追求。

从此次统计的反馈文本能看出徐悲鸿纪念馆在历史发展中积攒了部分忠实的观众群体，不过长远来看，博物馆不能止步于此，要稳定原有观众群并重视潜在受众，拓展更多元化的观众群体，为博物馆培育未来的良性观众群。这需要博物馆更深入细致地研究目标观众的类型特征，

真正掌握观众需求，以此为基础，打造服务型博物馆。本次统计因为没有更为明确的个人年龄，知识水平等信息，所以调查有一定的局限性，有待日后进行更深入的研究。

（作者系徐悲鸿纪念馆助理馆员）

推进新时代爱国主义教育落地生根
——关于徐悲鸿纪念馆面向青少年开展爱国主义教育的几点思考

李 瑶

1994年8月,党中央颁布《爱国主义教育实施纲要》,对加强爱国主义教育,继承和发扬爱国主义传统提供了重要遵循,推动爱国主义教育活动不断兴起热潮。进入新时代,中华民族伟大复兴正处于关键时期,必须大力弘扬爱国主义精神,把爱国主义教育贯穿国民教育和精神文明建设全过程。2019年11月,在庆祝中华人民共和国成立70周年之际,中共中央、国务院制定印发了《新时代爱国主义教育实施纲要》,对于引导全体人民弘扬伟大的爱国主义精神,为实现中华民族伟大复兴的中国梦不懈奋斗,具有非常重要的现实意义和深远的历史意义。

一 青少年是爱国主义教育的重中之重

《新时代爱国主义教育实施纲要》(以下简称《纲要》)指出,"新时代爱国主义教育要面向全体人民、聚焦青少年","要把青少年作为爱国主义教育的重中之重"。《纲要》全文强调了对青少年进行爱国主义教育的突出重要性。

青少年是祖国未来的希望，承担着祖国发展与建设的重大责任。青少年的远大理想、坚定信念，是一个国家、一个民族无坚不摧的前进动力。对青少年开展爱国主义教育，激发青少年的自尊心、自信心和自豪感，使他们满怀"少年兴则国兴，少年强则国强"的使命感，让爱国主义精神代代相传、发扬光大，是整个社会的责任。

《纲要》第十八条内容为"组织大中小学生参观纪念馆、展览馆、博物馆、烈士纪念设施，参加军事训练、冬令营夏令营、文化科技卫生'三下乡'、学雷锋志愿服务、创新创业、公益活动等，更好地了解国情民情，强化责任担当。密切与城市社区、农村、企业、部队、社会机构等的联系，丰富拓展爱国主义教育校外实践领域"。习近平总书记也曾指出："要充分利用我国改革发展的伟大成就、重大历史事件纪念活动、爱国主义教育基地、中华民族传统节庆、国家公祭仪式等来增强人民的爱国主义情怀和意识，运用艺术形式和新媒体，以理服人，以文化人，以情感人，生动传播爱国主义精神，唱响爱国主义主旋律。"[①]

博物馆作为社会教育机构，理所当然要利用自身特色教育资源，丰富爱国主义教育内容，在教育灌输和潜移默化中，引导广大青少年树立国家意识、增进爱国情感，为青少年爱国主义教育做出贡献。

二 徐悲鸿纪念馆青少年教育活动一览

徐悲鸿是我国现代影响深远的艺术大师和卓越的美术教育家。徐先生在其《近代美术院缘起》一文中曾说："夫民既呻吟、劳瘁于其有涯之生，必当休息、娱乐，以养其操作之力，故为社会教育者因利而导之。先正其视听，予以慰抚，宣其情意，使之流畅，习于安和，从容中

---

① 《习近平在中共中央政治局第二十九次集体学习时强调：大力弘扬伟大爱国主义精神 为实现中国梦提供精神支柱》，《人民日报》2015年12月31日第1版。

道,而群以治。……考诸邻邦,则一切美术院、博物馆、音乐会、剧场之设不特昭示其国之文明继长增高,即用以教育人民、乐和大众,于是,生趣洋溢,而国昌盛。兹数者虽效率均等,惟美术院示人以色,有目共见,不需修养而民咸集。如法之卢佛尔及卢森堡画院,英之皇家画院及塔特画院,人之趋赴,肩摩踵接。叩其所以,未必人爱美之心大有加于我,盖劳动者之必息,而美术之陶冶情性乃为息之至大者也。"① 从著述中不难看出,徐先生对博物馆等机构的社会教育作用相当重视。

2019年9月17日,经过改扩建之后的徐悲鸿纪念馆新馆正式向社会开放。新馆以其宏大的建筑、丰富的展览、先进的技术、完善的功能,担负着向社会公众传播知识、文化与精神的重要任务,是社会公众获得终身教育的重要场所。

改造升级前的徐悲鸿纪念馆曾与周边不少中小学开展过共建活动,有良好的少年儿童活动基础。此次利用扩建改造工程,在展厅二层专门设置供少年儿童活动的区域,定期组织少年儿童互动体验活动。每次活动内容不同,形式各异,受到了家长和少年儿童朋友们的普遍好评,取得了良好的社会效应。

现将2019年徐悲鸿纪念馆开展的青少年儿童教育活动简单回顾如下:

(一) 完善少年儿童活动区建设,组织丰富多彩的青少年活动

在2018年完成儿童活动区硬件建设的基础上,于2019年设计制作了6项少年儿童互动项目,包括竹编扇制作、冰箱贴制作、小马造型灯制作、鲜叶拓染、木版水印、填色拼图等。

---

① 徐悲鸿:《近代美术院缘起》,选自《为人生而艺术——徐悲鸿自述》,文化艺术出版社2015年版,第136—137页。

9月开馆后,举办了新街口西里一区的儿童专场活动,内容是竹编扇制作。孩子们在讲解员的带领下,学习了有关"马"的知识、徐悲鸿笔下的"马"的特征以及竹编扇的制作技巧,亲手制作了竹编扇,在扇面上粘贴了以徐悲鸿画作《奔马》为元素的绣片。实践活动结束后,孩子和家长们在讲解员的带领下参观了展厅。通过此次实践活动,孩子们初步了解了画家徐悲鸿及其笔下"马"的形象,培养了正确的情感和价值观。

10月至12月,定期举办活动。充分利用徐悲鸿纪念馆官网和微信公众号的系统平台,提前一周面向社会开通活动预约,预约成功的家长带领孩子来馆参加活动。活动的内容有小马造型灯制作、《孔子讲学》冰箱贴制作和《八十七神仙卷》填色拼图等,孩子们在讲解员的带领下学习了宫灯、印章、孔子、《八十七神仙卷》的艺术和流传等传统文化内容,寓教于乐,得到了家长和少年儿童们的认可。

图1 徐悲鸿纪念馆讲解员带领少年儿童开展手工制作活动

(二)加强馆校联动与合作

2019年,徐悲鸿纪念馆与多所中小学校联合开展丰富多彩的课外活动，创新馆校合作模式，最大化发挥博物馆教育功能。

5月8日，徐悲鸿中学高三学生在徐悲鸿纪念馆举办成人冠礼仪式。此次活动恰逢五四运动100周年，不仅激发了新时代中学生的爱国主义热情，同时也对学生们成为有远大理想、勤奋学习、艰苦创业、道德高尚的一代新人起到激励作用。

5月28日，北京雷锋小学东街校区在徐悲鸿纪念馆举办"我和我的祖国"2019年新队员入队仪式。该校二年级全体学生及家长参加了活动。185名学生正式加入中国少年先锋队，成为光荣的少先队员。

徐悲鸿先生在《儿童如神仙》一文中曾指出："儿童画之可贵，以其纯乎天趣。至真无饰，至诚无伪，此纯真之葆，乃上帝赋予人人平等之宝物。其赋予之期间，与人智能之启发进化，成正比例。……儿童如神仙，美哉美哉，其所作为，不可法，亦不能法，尤于绘画。若不佞之平凡无能，对之只有艳羡而已。"① 徐先生对儿童画评价如此之高，说明他喜欢儿童画的率真，毫无矫揉造作，让成年人极其羡慕。徐悲鸿纪念馆作为纪念徐悲鸿先生伟大成就的展馆，在开展少年儿童教育方面，要借鉴徐先生的相关著述理论，重视博物馆的教育作用。

少年儿童是祖国的未来，民族的希望，加强少年儿童教育，是一个系统工程，也是全社会所面临的一项紧迫任务。博物馆丰富的馆藏文物、生动的展览展陈、有趣的互动项目可以对少年儿童进行知识普及，传播多方面的科学知识，让少年儿童树立正确的世界观、人生观、价值观。

接下来，针对青少年群体，如何开展爱国主义教育，如何将徐悲鸿纪念馆的特色资源融入爱国主义教育的过程中，是值得我们思考的重要课题。

---

① 徐悲鸿：《儿童如神仙》，选自《为人生而艺术——徐悲鸿自述》，文化艺术出版社2015年版，第80—81页。

三　将爱国主义融入青少年教育的几点思考

青少年的世界观、人生观、价值观正处在逐渐完善的过程中，对他们的爱国主义教育，应侧重在培养其形成深厚的爱国主义情怀上。"表现在对祖国的悠久历史、锦绣山川和灿烂文化的深厚情感；表现在对祖国前途命运的深切关注；表现在为祖国的独立、自由、文明、昌盛而奋斗；表现在维护各民族的团结和统一。"① 包括国家认同、民族自信、文化传承等多个方面。

结合徐悲鸿纪念馆馆藏作品的特点，笔者将徐悲鸿纪念馆开展爱国主义教育的素材大致分为以下几类：

1. 壮美山河

《纲要》第二十五条指出："寓爱国主义教育于游览观光之中，通过宣传展示、体验感受等多种方式，引导人们领略壮美河山，投身美丽中国建设。"

图2　油画《桂林山水》，徐悲鸿，1934年

---

① 陶富：《浅谈中学历史教学中的爱国主义教育》，《读写算：教育教学研究》2014年第35期。

广阔的中华大地孕育了众多壮美山河与名胜古迹，是寄托国家和民族文化的重要载体。

徐悲鸿笔下有清新秀丽的桂林山水、山峦起伏的黄山、深邃立体的鸡鸣寺、清幽蓊郁的青城山、碧波环抱的焦山等风景。通过这些画作，让青少年直观地欣赏到祖国山河的壮丽，从而激发青少年对祖国山河的热爱之情和强烈的民族自豪感，这就达到了爱国主义教育的目的。

图3 油画《焦山鸟瞰》，徐悲鸿，1934年

2. 传统文化

《纲要》第十二条指出："对祖国悠久历史、深厚文化的理解和接受，是爱国主义情感培育和发展的重要条件。要引导人们了解中华民族的悠久历史和灿烂文化，从历史中汲取营养和智慧，自觉延续文化基因，增强民族自尊心、自信心和自豪感。要坚持古为今用、推陈出新，不忘本来、辩证取舍，深入实施中华优秀传统文化传承发展工程，推动中华文化创造性转化、创新性发展。要坚守正道、弘扬大道，反对文化虚无主义，引导人们树立和坚持正确的历史观、民族观、国家观、文化观，不断增强中华民族的归属感、认同感、尊严感、荣誉感。"

中华优秀传统文化具有强大生命力,是爱国主义教育的一大素材。

徐悲鸿从小接受的教育是中国传统经典,他继承了儒家修身、齐家、治国、平天下的思想,有着中国传统知识分子的忧患意识和社会担当,他喜欢塑造中华传统文化中那些有骨气、有气节的故事和人物。

比如《愚公移山》,这幅画体现了中华民族坚忍不拔、克服困难的毅力与信心,鼓舞着浴血奋战的中国人民。在中国人民抗日战争的艰苦岁月里,他用艺术表现民族奋起抗争的精神,给人以极大的感染力。

图4　国画《愚公移山》,徐悲鸿,1940年

比如《田横五百士》,取材于《史记·田儋列传》,作品表现的是田横与五百壮士离别时的场景,悲壮气概撼人心魄。画中身披红袍的田横拱手抱拳,气宇轩昂,向送别人群致意。画中的男女老幼构成悲愤难当的画面节奏,汇成一种英雄主义气概。表现了"富贵不能淫,威武不能屈,贫贱不能移"的高风亮节。

图5　油画《田横五百士》,徐悲鸿,1928—1930年

又如钟馗，这位专司驱邪镇鬼的中国民间神话传说中的人物，是徐悲鸿反复描绘的题材。作品中的钟馗，有两道浓眉和又粗又硬的长髯，还有大得异乎寻常的双目，就连衣褶都是那么方正硬直，画面强调了人物的刚正不阿，形成一种正义压倒邪恶的强大精神感召力。在中华民族几千年的历史文化传统中，扬善惩恶、尚廉治贪、扶正祛邪，始终是社会的追求和百姓的企盼。对钟馗的刻画，体现了徐悲鸿欲借钟馗之力，惩治世间恶人的愿望，充满了浩然正气。

图 6　国画《钟进士》，徐悲鸿，1929 年

"文化是民族的血脉，也是人民的精神家园和精神基因。正所谓，国家之魂，文以化之、文以铸之。文化是连接个人与祖国的精神纽带，是过去、现在和未来的精神桥梁。"① 新时代爱国主义教育要充分汲取中华传统文化中的有益内容，针对青少年群体的年龄特征和心理特点进行提炼，引领青少年从中华优秀传统文化中感受到民族精神，增强爱国情怀，将爱国主义落实到青少年的日常生活中，帮助他们形成正确的世界观、人生观、价值观。

3. 放眼世界

《纲要》第六条指出："坚持立足中国又面向世界。一个国家、一个民族，只有开放兼容，才能富强兴盛。要把弘扬爱国主义精神与扩大对外开放结合起来，尊重各国历史特点、文化传统，尊重各国人民选择的发展道路，善于从不同文明中寻求智慧、汲取营养，促进人类和平与发展的崇高事业，共同推动人类文明发展进步。"

徐悲鸿是弘扬中华优秀传统文化、坚持艺术创新的杰出代表，他的一生都致力于弘扬并振兴中华优秀文化。

他自幼受到中国书画传统的熏染，打下了深厚的书画功底。青年时期远赴欧洲留学，也绝不仅仅是为了提升个人的绘画技艺，而是更多地思考如何利用西方美术理论和技法来振兴中华民族的绘画艺术。他曾为明清以来中国画逐渐没落的状态而深深忧虑，"中国艺术没落的原因，是因为偏重文人画。王维的诗中有画、画中有诗那样高超的作品，一定是人人醉心的，毫无问题。不过他的末流，成了画树不知何树，画山不辨远近，画石不堪磨刀，画水不成饮料，特别是画人不但不能表情，并且有衣无骨，架头大，身子小。不过画成，必有诗为证，直录之于画幅重要地位，而诗又多是坏诗，或仅古人诗句，完全未体会诗中情景……

---

① 梁超锋：《新时代青少年爱国主义教育"四位一体"协同机制研究》，《学校党建与思想教育》2020 年第 3 期。

在今日文人画上能见到的不是言之有物，而是言之无物和废话。今日文人画，多是八股山水，毫无生气，原非江南平远地带人，强为江南平远之景，惟摹仿芥子园一派滥调，放置奇丽之真美于不顾"。① 他在对西方美术深入研究的同时，始终重视民族艺术的传承，努力探索中西融合的艺术道路。他的素描作品将中国绘画的"线描造型"和西方的"明暗结构"有机结合，展现出中国造型艺术的神韵。在油画和中国画的主题性创作上，他选用的是中国历史与人文经典，讲述的是中国故事和中国精神。"既要将西方写实的方法糅进去，又要不失为中国笔墨技法的特色美感，不管在吸收西方造型的立体感和准确性方面，还是线条的生动非程式化方面，都不是生搬硬套，而是需要在中国笔墨的驾驭下，注入中国画的艺术审美范畴之中。"②

20世纪30年代，徐悲鸿为了让世界各国认识到中国是一个有高度文化的国家，先后在法国、比利时、意大利、德国、苏联等国家举办中国近代画展，宣传中国传统绘画。画展取得巨大成功，在欧洲各国引起了强烈反响。当时的中国，正值"九一八"以后，中国的国际地位一落千丈，徐悲鸿此举可谓一针强心剂，让中国优秀文化在世界舞台上扬眉吐气。

习总书记就弘扬爱国主义精神提出"五个必须"的要求："弘扬爱国主义精神，必须把爱国主义教育作为永恒主题，必须坚持爱国主义和社会主义相统一，必须维护祖国统一和民族团结，必须尊重和传承中华民族历史和文化，必须坚持立足民族又面向世界。"③

当今社会，"面对国内外的复杂形势和严峻挑战，必须正视青少年

---

① 徐悲鸿：《中国艺术的没落与复兴》，选自《为人生而艺术——徐悲鸿自述》，文化艺术出版社2015年版，第144—145页。
② 杨先让：《徐悲鸿：艺术历程与情感世界》，齐鲁书社2010年版，第37页。
③ 《习近平在中共中央政治局第二十九次集体学习时强调：大力弘扬伟大爱国主义精神 为实现中国梦提供精神支柱》，《人民日报》2015年12月31日第1版。

爱国主义的大是大非问题，加强青少年的爱国主义教育，破除社会生活、文化消费、网络空间弥漫的崇洋媚外现象，厚植青少年的爱国主义情怀"。① 时不我待，我们必须加强对青少年的爱国主义教育，坚定"四个自信"，尤其是文化自信，引导广大青少年理直气壮、昂首挺胸地保持对中华文化的自信。正如《纲要》第三十条所指出的那样："涵养积极进取开放包容理性平和的国民心态。加强宣传教育，引导人们正确把握中国与世界的发展大势，正确认识中国与世界的关系，既不妄自尊大也不妄自菲薄，做到自尊自信、理性平和。"

4. 家国情怀

《纲要》第二十八条指出："把爱国主义作为常写常新的主题，加大现实题材创作力度，为时代画像、为时代立传、为时代明德，不断推出讴歌党、讴歌祖国、讴歌人民、讴歌劳动、讴歌英雄的精品力作。"

徐悲鸿是现实主义的艺术巨匠。纵观他一生的创作，都在思想上紧密联系时代的关切和现实的情怀，无论是在何种艰难困苦的条件下，他都注重一方面把握传统，一方面直面现实，从社会生活中汲取素材、捕捉形象，创作了大量反映现实生活、展现中华民族精神追求的作品，充满了悲天悯人的忧患意识和强烈的人文主义情怀。徐悲鸿的艺术成就和杰出贡献受到了党和国家的高度评价，他不仅是一位伟大的艺术家，也是伟大的爱国者。

抗日战争时期的徐悲鸿，处于精力最旺盛的时期，也是艺术上最成熟的时期。他笔下的马、狮子、雄鸡等，大都注入了现实含义，都是他战斗的号角。

例如《风雨鸡鸣》，作品作于 1937 年，正值抗日战争全面爆发之时。画面上风雨交加，一只雄鸡占据着画面的中心，昂首站在高处鸣

---

① 骆郁廷：《新时代爱国主义教育的"破"与"立"》，《思想理论教育导刊》2020 年第 2 期。

叫。风雨隐喻着国家面临的恶劣形势，而雄鸡不惧危险、敢于抗争的面貌正是我们民族精神的象征。画家希望全民抗战像风雨中的雄鸡一样，不惧危难，高唱凯歌。

图7 国画《风雨鸡鸣》，徐悲鸿，1937年

又如国画《会师东京》，这是徐悲鸿鼓舞抗战的一幅力作。"狮"

与"师"谐音，怒吼着的群狮代表了中国和世界反法西斯同盟，它们英姿勃发，双目喷射着愤怒的火焰。众多的狮子会师于日本富士山山巅，预言了包括中国在内的反法西斯各国的胜利必将到来。一轮红日即将从地平线上升起，向世人宣告正义的力量不可战胜，民族斗争胜利的曙光已经到来。

图8 国画《会师东京》，徐悲鸿，1943年

除了创作，他还以自己的大量作品和社会活动争取海内外社会各界赞助，赈灾济民，支持抗战，展现出一位艺术家崇高的爱国情怀。1941年，徐悲鸿在吉隆坡、槟榔屿、怡保三个城市，先后举办为祖国捐输的筹赈画展，他将卖画所得的资金全部捐出用于抗战。

"徐悲鸿最懂得什么是艺术，艺术要做什么，尤其在国家生死存亡之际，一个艺术家的责任是什么。"① 中华人民共和国成立后，徐悲鸿先生在中央美术学院院长岗位上的工作比较繁重，身体一直不太好，病中的他即使在休养时也不忘抗美援朝前线的战士。他曾致信给前线的志愿军战士："自去年七月起，我因积劳而致脑血管受损，整整十一个月，我完全躺在病床上，不能画出你们盼望的八匹马，这是多么难于使我说出口的话。几天以来，我尝试着要起床为你们画一点东西，但每次都无力地躺下。我渴望着病快好，能画成你们盼望的八匹战马，那将是

---

① 杨先让：《徐悲鸿：艺术历程与情感世界》，齐鲁书社2010年版，第128页。

我满心欢喜的事。……你们用生命保卫了祖国的安全,我热爱你们,祖国人民热爱你们;我怀着深深的敬爱与感激之忱怀念着你们,期望着你们凯旋归来时,热烈地拥抱你们。"①

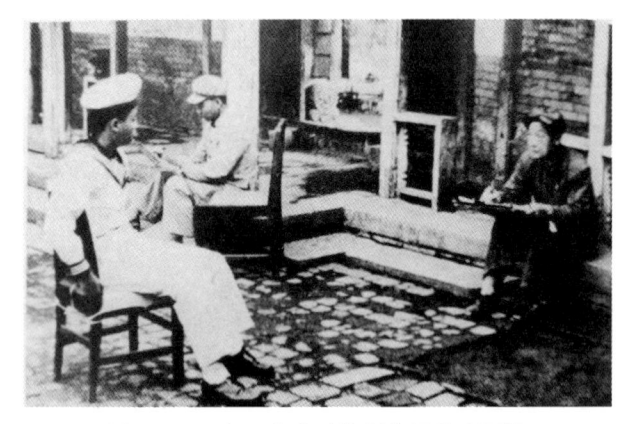

图9 1950年,徐悲鸿为解放军战士画像

今天,我们回顾徐悲鸿的这一段段感人故事,能真切感受到他对祖国、对人民的炽热情怀,他是用一颗真诚的赤子之心去记录、去表达人民的伟大实践和时代的飞速发展,从而创造出反映时代精神、体现中国气派的艺术精品。

从徐悲鸿短暂而光辉的一生中,我们看到了那种与国家民族休戚与共的壮怀,那种以百姓之心为心、以天下为己任的使命感。梁启超先生曾说:"人生于天地之间,各有责任。知责任者,大丈夫之始也;行责任者,大丈夫之终也。"责任和担当,是家国情怀的精髓所在,也是徐悲鸿先生留给我们的宝贵遗产。

习近平总书记指出:"要结合弘扬和践行社会主义核心价值观,在广大青少年中开展深入、持久、生动的爱国主义宣传教育,让爱国主义精神在广大青少年心中牢牢扎根,让广大青少年培养爱国之情、砥砺强

---

① 徐悲鸿:《致志愿军战士(节录)》,选自《为人生而艺术——徐悲鸿自述》,文化艺术出版社2015年版,第216页。

国之志、实践报国之行,让爱国主义精神代代相传、发扬光大。"① 作为徐悲鸿纪念馆的社教工作人员,我们有责任弘扬和继承徐悲鸿先生的爱国主义精神,让更多的青少年观众在这里感受到爱国情怀,让纪念馆成为激发爱国热情、凝聚人民力量、培育民族精神的重要场所。

(作者系徐悲鸿纪念馆馆员)

---

① 《习近平在中共中央政治局第二十九次集体学习时强调:大力弘扬伟大爱国主义精神 为实现中国梦提供精神支柱》,《人民日报》2015年12月31日第1版。

人物类纪念馆学生课程设计
——以詹天佑纪念馆为例

杨 溪

引 言

人物类纪念馆属于一类以人物为主题的纪念场所，在人物类纪念馆，观众可以了解人物生平，追思事迹，寄托仰慕之情，获得一次与众不同的参观体验。针对学生团体设计主题课程是近年来博物馆、纪念馆的发展方向。本文将结合笔者实际工作中的案例，总结人物类纪念馆学生课程设计的思路及要点。

柏安茹等（2017）对《首届"中国博物馆教育项目示范案例"评选优秀案例》一书中收录的案例进行分析，总结出了三种博物馆课程设计模式："参观+任务单""引导+体验""探究+发现"。[①] "参观+任务单""引导+体验"两种模式在詹天佑纪念馆都有一定实践经验。在展厅实地开展的课程中，参观环节一般予以保留；在学校开展的课程则一般以动手实践探究的思路进行设计。

[①] 柏安茹、王楠、马婷婷、齐亚珺：《我国博物馆教育课程设计现状及发展趋势》，《电化教育研究》2017年第4期。

根据课程设计的目的以及结构要求，我们可以把人物纪念馆教育课程的设计流程分为以下三个阶段：一是确定课程主题，二是针对主题调整讲解内容，三是配合设计微讲座和实践活动。

一　人物类纪念馆课程主题设计

根据人物类纪念馆内容特点，可以从不同的角度对学生课程主题进行提炼。从具体思路上说一般可以分为两类，一种是从参与者的需求出发进行设计，另一种是从纪念馆自身传播目标出发进行设计，下面我们分别讨论这两种情况。

（一）从受众需求出发进行课程设计

从需求出发设计课程是在实际操作中最常使用的一种课程设计方法。纪念馆常年开展教育类活动，已经积累了一批针对不同年龄阶段学生的课件、活动方案等，可以视作一种"模块"式的"菜单"，提供给组织课程的机构挑选，根据需求进行重组再设计，形成课程主题，从而能够组合出一个在操作方式和内容上与需求相契合的课程。这种方法的优势是方便操作，劣势是容易造成主题不集中。

举例来说，詹天佑纪念馆近年来在场馆开展的多项学生课程都是使用这种方式设计的。比如根据已有的铁路主题雕版印刷项目加入雕版印刷的历史微讲座和学生动手实操环节，将作为非物质文化遗产的雕版印刷和京张铁路主题相结合设计了主题课程。在实际操作中，我们考虑到活动参与人数较多，参与者等待时间过长，又设计了将人员分为两组，其中一组先体验京张铁路主题真人大富翁游戏项目，之后两组进行交换。

为了解决主题不集中的问题，可以适当将主题的外延扩大，方便将不同类型的活动纳入其中。在我们的课程设计实践中，有时需要将艺术类、科技类、历史类的不同课程模块整合到一个课程中，再进行主题整合，例如选取"京张铁路"作为主题，整合展厅讲解、学习单、微讲座、雕版印刷、3D拼图和青龙桥车站实地参观等环节，从不同层面对这个主题进行多角度的阐释和延伸，并以适当方式进行串联和总结。

（二）从场馆传播需求出发进行课程设计

这里讲到的传播需求是根据国家总体的方针、上级单位的要求以及场馆自身功能定位产生的。詹天佑纪念馆是作为爱国主义教育基地及科普教育基地，既要通过詹天佑精神的传播，激发参观者为社会主义建设贡献力量的热情，又要普及铁路科技知识，让参观者了解铁路工程师的职业特点。选取这些角度可以设计出主题范围或大或小的不同类型课程。

例如从爱国主义教育基地的角度，以詹天佑爱国精神为主题设计的课程"中国人的光荣——爱国工程师詹天佑和京张铁路"。围绕这个主题，不仅可以组织京张铁路、京张高铁等背景知识内容，更重要的是在詹天佑生平讲解中突出"报国"这一主线，展现他人生的爱国底色和报国信念。再如从科普教育基地的角度，以铁路历史科技知识、职业体验为主题设计的课程"小小铁路工程师"，在詹天佑生平中重点提炼铁路工程知识点，从科学方法、科学精神的角度对主题进行阐述。上述两个方向都可再关联到铁路作为中国近代交通工业化的重要标志，与整个中国近代历史的发展脉络相衔接。

这些课程设计思路使课程设计人员需要站在更高的角度以更广阔的视野进行思考，在单一的领域深入发掘，透彻理解，提高课程设计的精细化程度和内容深度。

二 讲解内容的调整和重新组织

在展馆开展课程应充分利用展览资源，讲解作为一种传统的课程环节,仍有重要作用。针对主题设计课程需要对展览讲解内容进行调整,这种调整是对课程主题深化的一个重要组成部分。下文将针对上文提出的两种不同主题,以詹天佑纪念馆内容为例,设想两种不同主题的讲解内容并进行提炼。

(一)以"报国"为主题的讲解

以"报国"主题为例,就是要在展览内容中能够体现爱国精神的部分进行重点阐释。在引言部分突出中国当时的时局是"内外交困",而詹天佑的理想则是"国富民强",以这种反差感作为詹天佑一生报国的总背景。在"赴美留学"部分讲解实物"生死具结书"时点出:这张詹天佑父亲与清政府签订的生死具结书使詹天佑从小将学成报国定位自己的终身志向,于1872年11岁时就只身远赴重洋。他之后在美国刻苦学习,取得优异成绩,目的都是学成报国,在美国的所见所闻也加深了他的这种愿望。詹天佑1881年回国后虽未能从事在美国学习的铁路专业,但在国家安排的各个岗位上仍然兢兢业业,表现出色,体现了他服从大局,以国家利益为重的思想本色。1887年詹天佑投身中国铁路建设之后,在各项工程中始终不忘报国的责任和使命。他在和美国寄宿家庭女主人诺索布夫人的通信中也提到:他仿佛成了中国为首的工程师,他的成败代表了中国工程界在世界上的声望。他主持中国早期多条重要铁路建设,培养人才、制定标准为中国工程事业发展积蓄能量,直至他去世之前,仍然不忘中国交通事业,遗嘱涉及三事,语不及私。通过这些人物生平的时间点,能够穿插出詹天佑"报国"一生的清晰主线。

(二)以"铁路科普"为主题的讲解

以"铁路科普"为主题展开讲解为例,詹天佑在耶鲁留学期间学习了测量学、绘图、材料学、几何学、地质学、工程管理等科目,他尤其擅长数学，这些都是他后来工程师生涯中工作的理论基础和学术基础。在工程实践中，詹天佑多次在国内首先使用现代工程技术，包括在修建滦河大桥时是使用"气压沉箱法"，在修建八达岭山洞时使用"拉克洛"炸药，在京张铁路的运营中引进了"马莱型"蒸汽机车和"姜尼车钩"，说明了他专业过硬，视野开阔，勇于创新。在京张铁路工程中同步记录工程各种数据及拍摄工程进展的照片，出版《京张铁路工程纪略》和《京张路工撮影》，说明他注重工程资料搜集整理。当时工程中使用的测绘工具虽然简陋，但是工程图纸一样能做到细致准确，说明了当时工程师一丝不苟的职业精神。以上种种事例，不仅仅包括工程技术原理知识，更重要的是体现出其背后的理念和精神，这能够与现在校本课程注重知识技能、过程方法、情感态度价值观综合体系培养的教学目标设置相契合。

通过以上举例我们可以发现，针对不同主题提炼讲解内容，即使是同样一个介绍人物生平的展览，也可以设计出完全不同的讲解。从而使课程内容主题更加集中，更有针对性。

三　微讲座和实践活动设计

在设计课程的过程中，不仅有常规的展厅参观讲解，也有微讲座或手工制作、阅读讨论等环节，这些都需要适当的讲解和串接，使各个部分能够成为一个整体。对应上文提及的"引导+体验""探究+发现"类课程。

（一）主题课程中的微讲座和实践环节

在博物馆课程中加入动手实践环节是课程设计的重要趋势。北京市开设有专门的初中开放性实践课程体系，加强课外资源的引入，增加学生在课本知识之外的动手实践。实践课程可以是一类单独的课程类型，也可以成为一个课程系统的环节。

　　本文作者在另一篇文章"浅议博物馆课程中的手工制作活动——以中国铁道博物馆为例"[①] 中专门讨论了博物馆课程中的手工制作活动。认为手工制作活动可以分为艺术类、劳动类和科技类。这里所说的手工制作活动就是一种类型的实践，他的活动成果能够体现为一种相对完整的制作成品。当然，实践类环节不限于手工制作，比如实验类，其活动成果体现为实验数据；再比如讨论和写作等都可以归入广义的实践范畴。这类课程或者活动环节的优势在于能够切实提高学生的参与度，这点是通常的讲解或讲座无法替代的。

　　在具体设计实践中，我们一般会在实践者动手实践之前安排微讲座环节，利用 15—20 分钟左右的时间讲解相关知识点和操作注意事项，之后为 20—30 分钟的动手操作时间，最后 10 分钟为学生作品展示及总结。时间控制是实操类活动的一个关键点。限于实际情况，在参与者的完成度和活动可操作性方面需要进行平衡。时间的限制决定了设计的活动本身操作不能太复杂，成功率需要较高，能够迅速做出成果；如果是实验类则需要迅速看出变化，变化本身产生的数据还需要容易分析等。要做到这些设计要点，需要设计者在正式开展活动之前需进行多次的实验，对操作时间和要点做到心中有数，从而有针对性地对学生进行讲解和辅导。有条件的还可小规模邀请学生进行试讲，获得更直接的反馈信息。

　　实践活动之后的展示和课程总结环节同样非常重要。这个环节中，一方面参与学生可以互相交流参与感想，另一方面活动组织者可以对实操中产生的结果和问题进行点评，与课程主题相呼应，引发参与者后续的思考，将实践环节的作用最大化。这同样需要课程设计人员和组织者根据经验进行预判并提高临场应变的能力。而博物馆教师恰恰很难做到

---

① 杨溪：《浅议博物馆课程中的手工制作活动——以中国铁道博物馆为例》，《科学教育与博物馆》2017 年第 3 期。

对学生表现的准确预设。普遍做法是博物馆教师随着活动的开展和推进，根据学生的表现和反馈，对教育过程进行调整，通过教师和学生的互动实现教育过程的有效组织。①

（二）科普类微讲座和手工活动设计举例及反思

下面举两个詹天佑纪念馆近年来设计开展的微讲座和手工制作实践活动的例子进行分析。这两个活动的参与对象都是小学高年级学生。针对学龄前儿童及初中生的课程在细节的设计上可做相应调整。

1. "有趣的铁路桥梁"主题课程

"有趣的铁路桥梁"创意科技课程结合桥梁知识讲座、科技故事和手工制作三个部分，力求用浅显易懂的语言讲解工程领域科技知识，通过铁路历史上的著名人物詹天佑、茅以升与桥梁的故事，讲解桥梁的建筑方法，同时传播中国本土工程师不畏困难、自力更生、建设国家的感人事迹和爱国精神。实践手工制作部分采用塑料吸管、牙签、胶带等简单材料，制作一个坚固美观的桥梁模型。

本课程是一次科普微讲座与动手实践结合的尝试。铁路桥梁建设属于工程技术领域，是科学原理的实际运用。在设计本次活动的讲座时，特别组织了实际人物故事，融合了人文历史和科学技术内容。在科技手工制作环节，通过学生动手实践，自由发挥创意，将计划中的设计付诸实践，并且从中体会桥梁中每部分结构的连接方式，如何进行支撑，初探使整座桥平衡稳定等关键问题的解决方法。在制作过程中涉及力的传导、三角形的稳定性等多种科学原理。

需要总结的是，虽然采用了让学生自主设计的活动模式，但在实际操作中，学生完全自主，另辟蹊径的设计并不多，这和活动时长有一定

---

① 金淼:《科技博物馆教育课程类活动中的表现性评价》,《自然科学博物馆研究》2020年第5期。

关系，同时也体现了活动设计者对材料运用的理解还不深入，在如何引导学生进行自主设计时尚缺乏经验。

2. "带你揭开火车电力之谜"主题课程

本课程包括电力机车微讲座和纸杯火车科技制作两个部分。在讲座中，老师介绍了电力机车和动车组等基础知识，重点讲解了火车是怎么靠电能运行的。之后的动手实操环节采用了纸杯火车科技手工套材。本套材组装的成品以电池为动力，虽然和实际的电力机车供能的方式不同，但是其原理也有一定的相似性。通过手工实践完成后的讲解，实现了原理层面和实践层面课程主题的统一。

在课程中的实践环节使用手工制作套材也是詹天佑纪念馆近年来开展课程活动的趋势。在课程设计中，也遇到科技专业知识科普化讲解、活动时长控制、课程总结点评等设计难点。同时，在此类活动中如何突出人物类纪念馆特色，如何通过加入人物故事等方式使科普叙事更加生动也是今后设计中的改进思路。

四 结语

通过以上分析，展示了人物类纪念馆学生活动设计的要点和流程。上文提到的从受众需求角度出发设计课程，体现了活动设计者从受众中汲取智慧的理念，应该是课程设计中不可忽视的思路。教育和科学传播应该体现传播者与受众的平等对话，只有这样才能够做出有生命力的传播内容和课程设计，同时将校外教育与校本课程相区别。从传播者的传播需求设计的课程内容，最终也需要体现为通过数轮受众反馈，进行课程效果评估，再重新整合和调整完善之后的成果。这也将是我们课程设计今后努力的方向。

（作者系詹天佑纪念馆副研究馆员）

名人故居接待外国留学生的思考
——以北京李大钊故居"青春相约 友谊之旅"主题活动为例

侯文文

20世纪90年代，博物馆学委员会前主席、瑞士学者马丁·施尔曾说过：博物馆是为社会服务的机构，博物馆收藏实物是为了服务于社会。随着博物馆学研究和博物馆事业的发展日新月异，"以人为本"为宗旨、"人与物相结合"，以"有助于人的发展和愉悦"为重要任务，参与社会，服务社会，逐渐成为当今博物馆学的主流趋势。进而，博物馆的新定义也反映博物馆的社会参与性，强调博物馆是为社会服务的。北京李大钊故居为全国重点文物保护单位，虽为小型名人纪念性博物馆，但一直以发扬李大钊精神、展示中华民族传统文化为己任，以人为本，服务社会。

博物馆的服务是面向整个社会公众的，而观众构成具有极大的广泛性，包括了不同民族、不同肤色、不同国别、不同文化素养的各种各样的人，都是博物馆的接待服务对象。了解观众、熟悉观众、争取观众、组织观众、为观众服务、满足观众的需求，是北京李大钊故居的根本宗旨。对外开放以来，故居接待服务着各类观众群体，例如，学生、政府机构、部队、企事业单位等。但是笔者本文要谈的是：外国留学生团体观众。2007年起，故居开始接待德国汉堡科技大学学生的定期团体参观。服务好和满足国外留学生团体观众的需求就成为故居的重要研究课题。

一 突破原有的服务接待模式，针对外国留学生团体进行调查研究，深入了解特定观众的需求

（一）开馆初期，接待外国留学生团体的现状

2007年5月8日，北京李大钊故居正式对外开放，同年10月10日，故居迎来了第一批德国汉堡科技大学留学生30余人。前期的几次接待参观，是在没有专门外文讲解员的情况下进行的，故居工作人员按照接待中国团体观众的模式，依次从故居的正房堂屋、西耳房、东耳房、东厢房、西厢房和专题展厅为外国留学生进行中文讲解，校方陪同人员随行翻译。参观结束，留学生就此次参观进行现场提问，整个活动时长约为40分钟左右。2009年伊始，故居每年要接待近10批、300人左右的该校留学生的参观。随着大批国外留学生团体走进故居，原有的接待服务模式，已经远远不能满足观众的需求了。

（二）对外国留学生团体进行调查研究，深入了解留学生观众的参观心理、参观兴趣

故居对外开放以来，根据团体观众的分类统计，接待观众所占比例最多的是政府机关、事业单位以及中小学的学生。所以在接待服务中，故居会根据特定观众群的不同、需求不同，在参观顺序、参观形式和讲解词上有一定的变化，以满足不同类型观众的需要。譬如，政府机关和事业单位的党团组织来故居参观时，一般在参观前后，都要集中在李大钊铜像前进行重温入党、入团誓词等活动。这样在参观顺序上就要根据观众的需要进行调整。又如，接待小学生团体观众，在讲解上是不能像对待成年人一样的，要在讲解词上做适当的调整，在讲解方式上也要区

别对待，以便让孩子们看得懂、听得明白，起到爱国主义教育示范基地的作用。

同样，在接待外国留学生上，也要在了解观众、熟悉观众、争取观众、组织观众、满足观众的需求方面上做功课、下功夫。

为了更好地了解观众、熟悉观众，在外国留学生团体参观期间，故居工作人员对留学生观众的参观心理、参观兴趣等方面运用直接调查和间接调查的方式，进行了多次有针对性的调查研究实践。首先，在讲解结束后，通过交谈等口头调查的方式，直接询问观众对于此次参观接待的意见与建议，结果超过80%的留学生希望在参观李大钊故居的同时，想多了解一些北京传统文化。其次，就参观接待时与校方组织者沟通，得到反馈是参观形式可以再活泼一些。再次，在参观过程中，通过直接观察的方法，观察留学生观众在展品前、展室里的表情流露，以及停留的时间。相比较其他展品和展室，结果超过75%的留学生花费更多的时间在故居堂屋、西厢房和院落停留。最后，通过发放调查问卷的形式，回收后的问卷经分析显示，超过78%的留学生希望多增加一些北京历史文化的内容，超过83%的留学生希望能有专门的英文讲解。

二 探索接待外国留学生团体的新方法

（一）依据调查研究结果，从故居实际情况出发，探索接待国外留学生的新方法

根据前期对德国汉堡科技大学学生团体参观的调查研究，经过对数据资料的统计，分析如下：

第一，留学生希望在参观李大钊故居的同时，更多地了解北京的历史文化；

第二，留学生希望在参观过程中融入一些活泼的互动交流；

第三，留学生希望有专门的外文讲解。

考虑到留学生以上的需求，从故居实际情况出发，存在一系列有待解决的问题。首先，涉及外语讲解的问题，故居没有专职的外文讲解员；其次，针对大数量、多批次的外国留学生的参观，如果单次参观人数过多，由一位讲解员接待服务的参观效果会大打折扣。譬如，故居原状陈列展室在接待20人左右时达到参观的最佳效果，超过30人就会出现有些展室容纳不下的实际问题，严重影响到观众的参观体验，从而无法达到故居的宣传教育的作用。

北京李大钊故居作为公益性的社会文化教育机构，从本质上说，它既是为服务社会公众而办，同时，它又必须依靠社会公众来办，而且必须依靠社会的支持才能办好。基于留学生的需求和故居的实际困难，我们希望借助社会公众的力量——志愿者，在接待服务方面做一次大胆尝试。

（二）招募高素质外文讲解志愿者队伍，启动"青春相约 友谊之旅"项目

李大钊故居虽为一座小型博物馆，但其承载着纪念革命先烈、传承红色基因、展示中华民族优秀传统文化的重任。故居的讲解员作为"文化的讲述者"，将历史与文物结合、通过生动优美的语言，赋予展品生命，要将文物背后的故事讲给观众。由于故居工作人员数量少，而且没有专职的外文讲解员。2007年，北京李大钊故居接待了第一批德国汉堡科技大学学生团体之后，该校的团体参观人数一年多过一年，仅2009年，故居就接待了近10批300多人的团体参观。所以每年接待德国汉堡科技大学的留学生团体，就成为故居的固定接待任务。面临大批的德国汉堡科技大学的学生团体的参观，招募一支稳定的高素质的外文讲解志愿者队伍迫在眉睫。

为了确保外文讲解志愿者接待服务质量，故居对外文讲解志愿者的招募有着严格的标准和要求。不仅要求志愿者候选人受过良好的教育，具有较高的文化素养，具备较好的语言表达能力、沟通能力之外，还要求志愿者候选人对志愿服务充满热情、要有奉献精神、要具备较高的外语口语能力和较好的组织协调能力。

同时，面对故居展室不大的实际情况，为了提高观众的参观质量，所以在外文讲解员志愿者招募数量上，也有一定的考量。北京李大钊故居为一座倒座的三合院，北院是原状陈列展室：由正房堂屋、东西耳房和东西厢房组成，南院是一个专题展厅。除了专题展厅，北院的展室面积很小，容纳的观众有限。针对一次接待30人以上的留学生团体，如果把留学生团体分成若干小组，再由不同的志愿者带入不同展室参观，这样就不会造成参观人数过多，超出展室容纳范围的情况。分组后，参观人数控制在5—6人，在接待服务上更有亲近感，会让观众更清楚地听到讲解员对李大钊故居的介绍，参观中更方便互动交流，从而提高观众的参观体验。按照每次平均接待30人的团体观众，和故居展室的数量，招募的志愿者数量一般控制在5—7人比较合适。

除了在志愿者招募流程和讲解培训上严格把关，故居对于外文讲解志愿者的志愿服务时间的稳定性，以及对志愿者的日常管理也非常重视。在2008年招募中，故居以发布招募启事的方式，对志愿者进行招募。志愿者培训上岗后，在几次接待实践中，我们发现了一些实际问题。譬如，志愿者迟到、临时有事、志愿服务时间不能保证的情况。或者，在接待中，志愿者讲解不认真，外文讲解时出现错误等问题。为了解决直接招募个人的弊端，2009年，李大钊故居与北京师范大学白鸽青年志愿者协会建立志愿服务合作项目。白鸽青年志愿者协会为故居输送了高素质的外文讲解志愿者候选人，并与故居在志愿者培训、日常管理、英文讲解的准确性以及志愿服务方式的创新等方面有了深入的探讨和实践。在接待服务的同时，故居也为大学生社会实践提供了服务社会、展示自我的舞台。双方在长期合作中，积累经验，形成默契，为接待服务的稳定性奠定了坚实的基础。

2010年，故居正式启动了"青春相约　友谊之旅"中德青年文化交流项目，并设计了活动旗帜和志愿者胸卡，使项目进一步品牌化。项目一经推出，受到了德国汉堡科技大学学生和大学生外文讲解志愿者的一致好评。经过一年多的实践，接待服务、互动交流方式和活动流程日趋成熟。2011年，李大钊故居服务项目获评"首都大学生城市发展服务计划示范服务站"。

每当有外国留学生团体走进李大钊故居，故居院内都会呈现如下的画面：

"在短短的一小时的活动中，经过了层层选拔和严格培训的大学生讲解志愿者们，青春洋溢，信心饱满。他们分别穿梭于原状陈列的各个展室中，用流利的英文向来自德国汉堡科技大学的青年们讲述着建党伟人李大钊的'铁肩担道义　妙手著文章'的精神风范和文化名人的爱国精神。参观结束，两国青年齐聚专题展厅，大学生们通过幻灯片的形式以通俗易懂的语言让德国青年感受到老北京历史文化的深厚内涵。两国青年有问有答，气氛活跃，激扬了青春，建立了友谊。"

三　组织在京留学生协会会员来李大钊故居参观，让更多的外国留学生团体参与"青春相约　友谊之旅"

发扬李大钊精神，向观众展示中华民族传统文化内涵，以人为本，服务社会，一直以来都是北京李大钊故居的重要责任。在接待德国汉堡科技大学学生团体过程中，故居针对留学生团体观众的特点，积极研究、努力探索、克服困难、勇于创新，不断提升接待留学生团体观众的整体水平。随着"青春相约　友谊之旅"中德青年文化交流项目从青涩走向成熟，一批又一批的德国留学生观众走进北京李大钊故居，从李大钊家居生活的缩影中了解到文化名人李大钊的精神风范，以及李大钊所处的重要历史地位，同时也从项目交流中体会到了中国传统文化的博大精深。"高兴而来，满意而归"，成为留学生观众对项目接待服务水平最好的评价。

李大钊故居在提升接待来馆参观观众数量的同时，也在努力争取没有来馆的潜在的观众、明天的观众。在收获了接待德国汉堡科技大学留学生团体的成功经验后，为了让更多的外国留学生走进李大钊故居，加入"青春相约　友谊之旅"，故居联系了在京的各国留学生协会组织，以图片、新媒体文章推送等方式，向协会负责人展示了接待德国留学生团体的案例，以及项目的活动内容、活动参与方式、活动流程、活动的意义等信息。再根据有意向参观的留学生协会提出的问题和需求，建立观众参观反馈机制，了解到他们的核心需要和次要需求，相应地对活动进行适当调整，增加他们的参观兴趣，让更多的留学生走进李大钊故居，在"青春相约　友谊之旅"活动中可以获得有意义的、愉快的以及舒服的参观体验。

（作者系北京李大钊故居管理处馆员）

发挥"校馆合作"协同育人优势，加强高职院校爱国主义教育的几点思考
——以北交院与北京名人故居纪念馆合作为例

孙 欣

习近平总书记强调："一个博物院就是一所大学校。"①"中国各类博物馆不仅是中国历史的保存者和记录者，也是当代中国人民为实现中华民族伟大复兴的中国梦而奋斗的见证者和参与者。"② 习近平总书记的讲话，揭示了博物馆在教育中的重要性。名人故居类纪念馆作为我国博物馆的一个重要组成部分，具有深厚的文化底蕴以及不可替代的文化魅力。名人故居类纪念馆主要将历史名人和名迹进行整合，并以一种艺术的视觉展现给社会大众，起到了传递名人思想、普及历史文化教育的积极意义，尤其是近现代的故居纪念馆在很大程度上承担着演示社会变革和历史发展的使命，是体现爱国主义教育的重要载体和平台。高职院校通过建立"三全育人"人才培养体系，贯彻落实立德树人根本任务。纪念馆作为向社会公开开放的服务性场所，高职院校可充分利用其教育科研职能，将其纳入"三全育人"体系中，发挥其文化育人作用。可

---

① 《二〇一五年春节前夕赴陕西看望慰问广大干部群众时的讲话（2015年2月13日—16日）》，《人民日报》2015年2月17日。
② 《习近平向国际博物馆高级别论坛致信》，《人民日报》2016年11月11日第1版。

通过和名人故居纪念馆建立"校馆合作"育人模式,利用和整合名人故居纪念馆教育资源,深挖其精髓要义,揭示其时代价值,运用展陈、讲解、藏品、讲座、课程研发甚至建筑环境等多种形式内容,使学生可以跨越时空,直面历史,与名人对话,在直观接触中感受爱国主义教育,以此发挥名人故居纪念馆在思想教育中无可替代的独特作用,通过生动开展爱国主义教育,提高教育形式的感召力、凝聚力和影响力。

我院作为北京市交通类高职院校于2017年在郭沫若纪念馆建立社会实践教育基地,2020年与徐悲鸿纪念馆达成合作意向,多年来,不断创新丰富校馆合作育人形式,积累了一定的工作经验,本文以北京交通运输职业学院为例,梳理名人故居纪念馆教育资源及其价值,介绍目前学院与名人故居纪念馆校馆合作现状并展望未来合作方向。

一 名人故居纪念馆的爱国主义教育资源及其价值

名人纪念馆是党和政府为纪念有卓越贡献的人而建立的纪念地,依据其丰富的奋斗生涯、珍贵的文物资源,通过生动形象的文字、图片、实物、音频、视频资料的展示,真实再现名人的奋斗历程,还原历史,将弘扬社会主义核心价值观落到实处。

北京名人故居、纪念馆已于2000年建立"8+"名人故居联盟,被业内称为博物馆界的"乌兰牧骑"。地理位置多集中在北京市的中心地带东城区和西城区,建筑类型多为老北京四合院特色建筑,便于联系且交通便利。教育资源立足于对故去名人的缅怀纪念,故居、纪念馆内举办有长期性的生平或专题陈列展览,并设有体验式公益教育活动。学院利用和整合名人故居纪念馆教育资源,有利于充分发挥其爱国主义教育功能。集中在北京市的20世纪中华名人故居包括:20世纪伟大女性宋庆龄同志故居、中国共产党主要创始人之一李大钊同志故居、新文化运动先驱鲁迅先生博物馆、百科全书式的文化巨匠郭沫若先生纪念馆、中国现代文学泰斗茅盾同志故居、"人民艺术家"老舍先生故居、中国绘画大师美术教育家徐悲鸿先生纪念馆、京剧表演艺术大师梅兰芳先生纪念馆、中国现代地质科学奠基人之一李四光同志纪念馆、中国近代著名爱国工程师詹天佑同志纪念馆。

这些文化名人以其卓越的聪明才智、坚忍不拔的意志品格和坚定不移的民族精神，在各自擅长的文化领域为中国近现代史写下了浓墨重彩的篇章。例如，宋庆龄先生青年时代追随孙中山，献身革命，在近七十年的革命生涯中始终坚定地和中国人民、中国共产党站在一起；李大钊同志作为中国最早的马克思主义者和共产主义者之一，在其短暂的一生中，致力于在中国传播马克思主义，为中国共产党的建立、巩固与发展，作出了杰出贡献；鲁迅先生提倡独立精神与自由思想，推动了时代的新发展，他以犀利的文笔直陈社会弊病，促使国人挣脱腐朽制度的束缚；李四光同志为了建立中国的地质科学，探明地下宝藏，他到外国留学后，不愿在外国当工程师，而是回到国内，不辞辛苦地到各地考察，进行地质研究；詹天佑同志在国内一无资本、二无技术、三无人才的艰难局面面前，满怀爱国热情，仅利用四年时间完成了京张铁路修建工作。

在抗日战争时期，文化名人奔赴抗日前线，用自己的民族气节勾画出一个个爱国文人的高尚情操。郭沫若先生利用个人在文化界的崇高声望和巨大影响力，以党外人士身份团结文化界进步人士，投身于抗战文艺创作；老舍先生别妻弃子，只身前往武汉，投入文艺界的洪流中；茅盾同志积极从事救亡工作，创办文学期刊，为宣传抗日做出巨大贡献；徐悲鸿先生积极主张抗战，反对妥协投降，他曾风尘仆仆奔走南洋各地，义卖作品，将募捐所得之款全部捐给祖国的抗战事业；梅兰芳先生在最险恶的时刻，蓄须明志，不畏日寇、汉奸的利用和威胁，罢歌罢舞，拒不为敌人演出，保持了崇高的民族气节。他们身上所具有的中华民族桀骜不驯、勇敢坚毅、爱国爱民的精神品质，给中华民族留下了极其宝贵的物质财富和精神财富。

这些名人故居纪念馆都是全国或北京市爱国主义教育基地，是党的意识形态的宣传阵地，是传播中华优秀传统文化的中枢①，它将弘扬爱国主义化口号为行动，加强爱国主义教育，讲好中国故事，讲好中国共产党故事，讲好新时代中国特色社会主义故事。高职院校通过与北京名人故居纪念馆加强校馆合作共建，发挥名人纪念馆以文化人和以文育人的德育功能，对于弘扬中华优秀传统文化、弘扬爱国主义精神、提高党性修养等方面具有重要意义，有利于激发广大青年学生厚植爱国情、砥砺强国志、践行报国行，进一步坚定中国特色社会主义道路自信、理论自信、制度自信、文化自信，凝聚起砥砺新征程、奋斗新时代的强大力量。

二 充分利用已有教育资源，深化"校馆合作"育人品牌

多年来，北京交通运输职业学院通过与名人故居纪念馆组织开展"8＋"名人故居主题展览进校园活动，纪念馆参观学习，主题党日活动，郭沫若纪念馆、徐悲鸿纪念馆志愿服务活动，团员宣誓仪式等多种活动，充分利用和不断丰富爱国主义教育资源，提高教育的实效性、针对性和体验性，起到了良好的教育效果。

（一）以重要纪念日为契机，参观学习名人故居纪念馆

在党的生日到来之际，党支部开展主题党日活动，组织师生参观李大钊故居，重温入党誓词，了解了李大钊在中国共产党创立中为中国革命事业所做的突出贡献。在五四青年节到来之际，团委组织主题团日活动，组织师生参观北大红楼－新文化运动纪念馆，重温新文化运动中革命先行者的峥嵘岁月，并组织新团员宣誓仪式，教育青年学生继承前辈

---

① 王玉茹：《名人纪念馆社会教育路径探索》，《中国博物馆》2019年第3期。

遗志，学习革命先辈忧国忧民、热爱祖国、积极创新、探索科学的五四精神。在郭沫若先生诞辰日，语文教师组织诵读社社团学生参观郭沫若纪念馆，听馆内老师讲述妈妈树的故事，在郭老雕塑旁、银杏树下，一起诵读郭老名篇《银杏》《天上的街市》《炉中煤》，纪念和缅怀先辈，深刻领悟郭沫若先生的文化素养和爱国情怀。

（二）组织"8＋"名人故居主题展览进校园活动

"8＋"名人故居联盟每年一个主题，开展巡展活动。我院与名人纪念馆合作相继组织开展"为了中华文明的发展——名人、名作、名物"主题展览、"平等、多元、包容——文化名人的艺术世界"主题展览进校园活动，为提高学习的实效性和吸引力，学院丰富教育元素、创新教育形式，切实做到让历史文物会"说话"，让名人故居"活"起来。一是学院挑选优秀学生代表担任解说员承担现场解说任务并录制电子解说词，通过指导老师培训，解说员一遍遍地仔细熟悉解说词、展板内容，查阅相关人物资料，解说员间相互录制视频、查找问题，并对照视频去粗取精，解说水平得到提高并得到了听众的充分认可。二是充分利用互联网资源结合展览内容涉及网络问卷小测试并与学院第二课堂成绩单相结合，"以检促学"，提高学生的参与度和学习积极性，巩固学习效果。三是制作弘扬中华传统文化倡议书，要求观众在参观结束前分别在倡议书上签字，表明了自己立志成为中华民族优秀文化的传播者、弘扬者和建设者的坚定信心和决心。通过活动的开展，解说员和观众都能够通过不同方式，更深入地了解名人的生平故事，切实体会到这些文化名人为了中华文明的发展，为了民族的独立解放和社会的民主自由所做出的不可磨灭的贡献。

（三）参与疫情防控期间纪念馆志愿服务

郭沫若纪念馆、徐悲鸿纪念馆积极为学生志愿服务搭建平台。2020

年"十一"和周末正值新冠疫情防控期间,学院优秀志愿者积极参加郭沫若纪念馆、徐悲鸿纪念馆志愿服务工作。志愿者们向参观游客讲解参与须知,帮助完成预约认证,积极倡导文明行为,落实疫情防控要求,同学们克服长途跋涉的劳顿和冬日的严寒,用爱心、细心、耐心引导游客有序参观,"十一"(八天)和周末双休日学生累计参与志愿服务216小时,服务游客9000余人次。我院学生用实际行动弘扬"奉献、友爱、互助、进步"的志愿服务精神,受到游客和纪念馆工作人员的一致好评,纪念馆向同学们颁发感谢信,表达对学生志愿工作的充分认可。疫情结束后,学院与纪念馆将进一步创新方法,适时培养一批优秀学生解说员,参与纪念馆解说工作,强化职业素养提升,持续做好志愿服务工作。

通过多年的探索实践,校馆合作最大的优势在于拓展和延伸了校内学习知识,为学生提供了面对真实对象的学习机会,提高了学生学习的积极性、趣味性和体验性。同时,为学生社会实践和志愿服务提供了珍贵的教育资源,有利于学生厚植爱国主义情怀,提高社会责任感,树立良好的职业素养,提升综合业务能力。

三 积极拓展"校馆合作"育人新渠道,深化爱国主义教育内涵建设

学院将进一步挖掘和收集文化名人的典型案例和先进故事,充分发挥名人家属传帮带作用和激励示范作用,整合资源优势,通过课程建设、研学之旅、主题宣讲、主题公交等形式拓展更多育人渠道,充分发挥课程育人、实践育人、情感育人、环境育人作用,凝练和深化爱国主义教育内涵。激发起青年学生对先辈的敬仰之情,用实际行动继承革命先辈遗志,在新时代新征程中不忘初心,牢记使命,永远奋斗。

（一）研发"第二课堂"体验课，发挥课程育人作用

职业院校应抓住课程育人主战场及课堂育人主渠道，充分利用中华名人在各自领域的优势，与纪念馆共同研发职业院校思政、语文和美育实践课程。例如思政课在讲到大学二年级《毛泽东思想和中国特色社会主义理论体系概论》课程第二章新民主主义革命内容时，可增加实践环节，通过组织学生参观李大钊纪念馆、北大红楼，加强课程知识点的学习和掌握。我校教师和纪念馆教师合作梳理高职课程，探索书本教材与名人故居的实践体验式课程契合点，通过"读名作、绘名篇、扮名角"等形式，打磨思政、语文、美育课程中的实践环节，并将其纳入学院"第二课堂成绩单"，增强课程的生动性、趣味性和吸引力。通过课程录制、微电影、纪录片、微综艺等的录制和拍摄，建立名人故居教师及名人后代专家库和课程资源库，为深入开展爱国主义教育工作提供良好素材。

（二）设计爱国研学之旅，发挥实践育人作用

基于"寻""听""绘""谈"模块开展名人故居研学之旅，特别是以重要纪念日、节日为契机，例如，在 2021 年建党 100 周年之际，系统性整合名人故居的爱国教育资源，特别是深入挖掘中华名人与中国共产党的教育元素，设计参观路线，开展 2 天左右研学之旅夏令营活动，全面诠释中华名人爱国精神、民族精神和奋斗精神，加强学生爱国主义实践教育。

"寻"足迹，"知"名人，重在一个"寻"，是整个研学之旅的预热阶段，乘大巴车听学生解说员介绍名人故居的时代变迁，了解故居所处的地理位置及周边风景环境，初步认识名人名居及中华名人的基本情况。

"听"故事，"学"名人，重在一个"听"，是整个研学之旅理性认知的核心部分，围绕名人故居解说员的讲解，重点了解名人故居的风

格布局，名人生平、名作、名物背后的真实故事，通过聆听实地教学、课程讲座走进名人的内心世界，学习名人的精神品质和家国情怀，了解中华名人为中华民族的独立和解放所做出的不可磨灭的贡献。

"绘"名作，"怀"名人，重在一个"绘"，是整个研学之旅的体验环节，通过到徐悲鸿纪念馆临摹名人名作、绘画上色，了解名人的绘画背景和创作思路，学习中华优秀传统文化，缅怀名人，体会中华名人的爱国情怀和艺术造诣。

"谈"体会，"悟"名人，重在一个"谈"，是整个研学之旅的升华环节，通过指导学生有主题、递进式的谈论学习收获体会，与名人对话、与历史对话、与今天对话、与自己对话，从内心深处感悟"什么是中华名人精神"，努力实现学生的自我反思、自我教育和自我提升。

例如，设计一条名人故居、纪念馆爱国教育研学线路（如表1）：第一天：大巴车—北大红楼—宋庆龄故居—郭沫若纪念馆；第二天：大巴车—李大钊故居—徐悲鸿纪念馆。

表1　　　　　　　名人故居、纪念馆爱国教育研学线路安排

日期		参观地点	内容	特点
第一天	上午 "寻"足迹，"知"名人	大巴车－北大红楼	参观	
		宋庆龄故居	参观＋实地教学：宋庆龄爱国故事	时代小先生讲解
	下午 "听"故事，"学"名人	郭沫若纪念馆	参观＋诵读郭老爱国诗＋讲座	讲座：郭沫若的爱国情怀
第二天	上午 "绘"名作，"怀"名人	李大钊故居	参观＋重温入党誓词	宣誓仪式
		徐悲鸿纪念馆	参观＋体验课	填色《八十七神仙卷》、听徐悲鸿爱国故事
	下午 "谈"体会，"悟"名人	徐悲鸿纪念馆	闭营式：回顾活动，名人故居领导、学院领导讲话，学生发言，交流体会	

（三）讲好名人爱国故事，发挥情感育人作用

与名人纪念馆合作，充分发挥名人后人的感染力和影响力，邀请名人后人进校演讲、开展"名人后代话家风"系列讲座、开设"名人故事会"、组织座谈交流等方式，创新活动形式"触灵魂"，用真挚的情感讲好名人爱国故事，并将成熟的名人故事编辑、整理、出版，丰富教育载体。如邀请郭沫若先生女儿、李四光外孙女、徐悲鸿儿子进入学校开展系列讲座或对名人后人进行访谈，名人后人通过讲述激动人心、跌宕起伏的名人爱国故事，使学生与名人后人零距离，面对面，产生情感共鸣，教育引导学生深刻体会先辈们崇高的家国情怀、救国救民的不懈追求、无私奉献的人生境界。激励青年学子不忘先辈遗志，争做中华优秀传统文化和中华民族精神的学习者、宣传者和贯彻者，切实做到入脑入心见行动。

（四）搭建交通运输移动载体，发挥环境育人作用

以公交、地铁等交通运输工具作为移动载体开展爱国主义教育。发挥交通院校行业优势，与所属交通行业公交集团、北京地铁进行沟通建立重要纪念日期间红色公交、地铁专线，为参观游客提供方便。红色公交专线可尝试以"常规公交＋定制公交"的模式运营，兼有主题教育和线路运输功能，线路立足核心区爱国主义教育资源，设计宋庆龄故居—梅兰芳纪念馆—郭沫若纪念馆等爱国主义教育线路，宋庆龄故居—徐悲鸿纪念馆教育线路等，以公交车站、站牌、红色阵地为载体，开展多样化图文并茂的爱国主义宣传，车上配学生讲解员，学院绘制名人故居地图，重点介绍沿线风景地貌、名人故居和红色故事。地铁主题教育专线则可以以建党100周年为契机，选择车厢以"中国红"为主色调，车厢内布景展现中国人民革命史、中国建设改革史、中国共产党党史等重大历史事件和历史人物、中华名人生平，以及新时代中国特色社会主

义建设的宏伟蓝图等，以图文并茂的形式进行生动展示，车载电视可同步播放《名人故居宣传片》《不忘初心　继续前进》《我和我的祖国》《共筑中国梦》等视听学习素材，营造良好的学习教育氛围。

高职院校坚持将立德树人作为根本任务，将加强和改进大学生思想政治教育放在学校工作的重中之重来抓，通过创新"校馆合作"育人优势，使校馆双方建立互利共赢合作机制，在爱国主义教育方面找到合作契合点，共同研究开发课程，延伸教育阵地，拓展育人空间，共同承担起培根铸魂使命，为培养新时代又红又专的党的建设者和接班人贡献力量。

（作者系北京交通运输职业学院教师）

影像手札

精彩服贸会"8+"大展台

李雪英　杨晓洁

2020年9月4日，中国国际服务贸易交易会在京拉开序幕，宋庆龄故居作为"8+"名人故居纪念馆联盟成员之一，在"文物及博物馆文化创意展区"精彩亮相。

服贸会是全球唯一一个国家级、国际性、综合型的服务贸易平台，自2012年起每年5月在北京举行，2020年受新冠肺炎疫情影响，活动延期到9月上旬。精心筹备、积极参加服贸会，"8+"名人故居纪念馆联盟齐心协力，服务党和国家工作大局。

宋庆龄故居接到任务后高度重视，按照服贸会要求，创新展览方式，以"让文物活起来"为主题，采取线上线下融合的方式，提前上传图文资料、搭建网上"云展台"，3D立体展现故居文创产品，包括《宋庆龄伟大光荣的一生》大画册、宋庆龄珍藏的《建国方略》限量版线装书、"接福"画轴、"人生若只如初见"折扇。在展会现场，宋庆龄故居工作人员向观众发放故居简介，介绍故居情况，解答观众问题，并结合展出的书籍和文创品，讲述背后的历史故事，引来观众驻足欣赏，拍照留念。

观众足不出户也能网上观展，三峡工程博物馆等单位主动联络宋庆龄故居。9月7日，宋庆龄故居管理中心向三峡工程博物馆捐赠孙中山

图1 "8 +"展台剪影

先生《建国方略》影印线装本。宋庆龄陪伴孙中山撰写《建国方略》，因此孙中山每有新著出版，总会首先赠送贤妻，以表敬重感念之情。该书为宋庆龄故居馆藏《建国方略》内部版本，扫描后由线装书局原样再版，手工宣纸制作，真丝浅黄绢封签包角，纯棉函套，白色象牙扣，非常精美，限量出版，值得珍藏。"祖国大地上，铁路进青藏，公路密成网，高峡出平湖，港口连五洋。"习近平总书记曾经在2016年纪念孙中山先生诞辰150周年大会上描绘过《建国方略》一书擘画的蓝图已经实现的壮丽景观。对于三峡工程博物馆来说，孙中山先生在书中阐述的"改善川江航道，开发三峡水力发电"的设想，尤其是孙中山先生亲自手绘的十七张建设蓝图，令人感到弥足珍贵。

图 2　宋庆龄故居馆藏《建国方略》限量发行版

另外，"人生若只如初见"精美折扇受到观众喜爱，它是故居"纳兰文化"内涵的生动展示。清朝康熙年间，宋庆龄故居原为大学士明珠的府邸花园，明珠的长子纳兰性德是当年京师有名的才子，曾经写下"人生若只如初见，何事秋风悲画扇"等传世名篇。折扇择字纳兰书法，源自纳兰词，蕴含"不忘初心"之意，另一面辅以故居馆藏的清宫御制宫灯图，受到"兰迷"和广大诗词爱好者的欢迎。

图3 宋庆龄故居工作人员在展会现场向观众介绍故居情况

展会现场,滚动播出中央电视台科教频道8月份推出的节目《跟着书本去旅行——走进宋庆龄故居》,针对青少年量身定制,让大家一览故居美景,学习伟人精神。作为"8+"名人故居纪念馆联盟成员之一,宋庆龄故居和各家成员一起各出百宝,吸引观众在"8+"展台前排起了小长队,各馆设计扫一扫微信公众号二维码即可领取"8+"特制文创产品活动,举办丰富有趣的互动活动,用多样的形式向观众展示名人的伟大功绩、家国情怀、人生成就与风采魅力,为服贸会增添了浓浓的人文历史气息。

(作者李雪英系宋庆龄故居管理中心副研究员、社教部主任;
杨晓洁系宋庆龄故居管理中心社教部工作人员)

疫情常态化下的坚守与认知

徐 萌

新冠肺炎疫情在春节期间突如其来，基于疫情防控的需求，全国各地的博物馆纷纷闭馆。各博物馆都面临着闭馆期间无法正常开展宣教工作的严峻挑战。在疫情常态化，各博物馆重新开馆后，在这样的疫情防控特殊时期，又该怎样开展博物馆宣教工作呢？可以说新冠肺炎疫情对博物馆产生了巨大的影响，有博物馆人用"关上了门又打开了窗"来比喻。这场危机对于中国的博物馆界，是一个巨大的冲击但也是一个契机。如何开展宣传和教育活动，成为各博物馆在 2020 年新的研究课题。"8 +"名人故居联盟在 2020 年，作为中小型博物馆，我们抱团取暖、群策群力，在冲击中，寻找机会，不断创新。在这一特殊的环境下担负起新时代名人故居纪念馆的历史使命和责任，在互联网时代，关上门的博物馆却打开了一扇新窗——万物皆可"云"。疫情期间，国家文物局就曾发出指导意见，鼓励各地博物馆利用数字资源，通过网上展览、在线教育、网络公开课等方式，不断丰富完善展示及内容，提供优质的数字文化产品和服务。一时间，云看展、云游博物馆持续兴起、不断火热。

2020 年 5 月 18 日国际博物馆日期间，"8 +"联盟的直播活动成为此次"5·18 国际博物馆日"的重要环节和一大亮点。由北京市人民政府新闻办公室、北京市文物局、光明网联合推出了"打造博物馆之城@北京文博"2020年5·18国际博物馆日系列直播活动，带领公众云游身边的名人故居纪念馆，感受北京成为博物馆之城的深厚底蕴和文化内涵。此次直播活动通过一直播App"北京发布"、微博@北京发布、@北京文博、@光明网，带领大家走进名人故居纪念馆。通过讲述名人故居纪念馆的馆藏精品、名人情怀以及故居里的故事，向观众展现名人们身上体现的伟大时代精神和为实现民族伟大复兴的不懈追求。至5月18日当天，最后一期接力直播在郭沫若纪念馆结束，10场接力直播共计3512.6万人实时观看，郭沫若纪念馆播放量达到了437.8万人次，为接力直播活动画上了圆满句号。

1992年我馆被北京市政府命名为北京市爱国主义教育基地。目前与纪念馆建立共建关系的基地学校共有16所，近三十年来，郭沫若纪念馆和各共建学校通过签订馆校共建协议、定期组织学生到馆内参观学习、建立第二课堂等方式合作开展了大量丰富多彩的爱国主义教育活动。

特别是在2020年，我馆加强与基地学校的联系，及时做好与学校的沟通，及时了解学校和学生的教育需求。同我馆共建学校北京交通运输职业学院进一步合作，推进馆校共建工作。举办馆校互动活动，将巡展"平等·多元·包容——文化名人的艺术世界"送到学校，学生在校就能看到各家名人展览。

在与学校老师沟通中，了解到北交院多年来重视开展志愿服务活动，将志愿服务实践纳入第二课堂成绩单，学院多次组织专题研究会，推动志愿服务与品牌建设，并逐步打造"北交院·志愿蓝"志愿服务德育品牌实施体系。今年在疫情常态化我馆正常开放后，北交院的志愿者们利用周末休息时间来到我馆开展志愿服务，志愿者们向观众讲解参观须知，帮助完成预约认证，积极倡导文明行为，落实疫情防控要求，引导观众有序参观，服务观众，学生累计参与志愿服务216小时，服务游客9000余人次。

观众来到纪念馆除了参观展览，了解郭沫若的生平、感受他的精神世界，馆里户外景色也是一大亮点。纪念馆院中各个季节都有绽放的花朵。在纪念馆的院中有十棵银杏树。银杏，是郭沫若最喜欢的一种树，每到秋天一片金黄，更成为纪念馆一道与众不同的风景，我馆还被网友评为北京市庭院最佳银杏观赏地。我馆也是加大院景的宣传力度，参加北京广播电台有关银杏景观的节目录制，会在微信公众号内发送馆内院景，吸引观众来到纪念馆参观，开展相关户外活动。并对户外景观进行维护美化，在院中增加简介，观众通过扫描二维码可阅读馆内相关介绍，提高了观众参观体验。

闭馆不闭展，线上不停歇。2020年1月底，国家文物局联袂中国文物报社、191家文博单位，经过筛选、整合、加工，于2月在国家文物局网站紧急扩增了300余个在线展览。国家文物局官网显示，文化和旅游部统计，春节期间，全国各地1300多家博物馆合计推出2000多项网上展览，社会反响极好，总观看量逾50亿人次。下一步各名人故居纪念馆可开发"云展览"，因为之前大多数博物馆将工作重心主要放在线下展览及服务上，大部分线上展览因时间仓促、数字化资源储备有限，普遍通过"图片+文字"或"图片+音频"的形式进行展览，基本上还是展品的罗列，属于线下展览的翻版，形式单调，内容不够新颖，传播效果有限，观众整体参观体验感差。各名人故居纪念馆可吸取这些经验教训，提高数字化技术方面相关知识的学习，充分挖掘文物资源，拓展办展思路。

相信博物馆可以把握好后疫情时期发展机遇，结合自身实际，精心谋划、拓宽思路，进一步创新博物馆文化传播方式，开展更多形式多样、内容丰富的宣传和教育活动，不断实现自身的提升与变革，真正做到化危机为契机，在变革中得到长远发展。

（作者系郭沫若纪念馆馆员）

"8+"文化,在流动中传递
——"平等·多元·包容——文化名人的艺术世界"巡展小感

江泽炼

2020年,为将"8+"文化传播得更远,我与同事们以"5·18国际博物馆日"为起点,力求将"平等·多元·包容——文化名人的艺术世界"画出尽量多的射线,让它行之更为广远。疫情之下,"平等·多元·包容——文化名人的艺术世界"在我馆庭院展出后,我们开始陆续将它继续推进,完成了三个社区,两个乡村以及一所学校的巡展工作,将"8+"文化带进社区、乡村和学校。

我馆之前的巡展,大多在展厅以固定展板的呈现为主,以移动展板的方式展现展览内容的尝试对我馆而言尚属首次。在与巡展服务公司对包括展板材质、展线设计、展板大小等问题进行沟通后,开始对展览场地进行选定。在领导的指导和同事的牵线下,开始了与周边社区对接工作。万事开头难,可能是此类活动少有在周边社区开展的原因,在与社区街道的对接过程中一开始并不顺畅。由于社区本身场地的限制以及自身的管理模式,双方对于此次展览的设想、展览时间、展览地点等一直没有达成共识。为了让展览能达到更好的宣传效果,在询问了领导的意见后,我又做了多次尝试,试图就意见分歧的内容进行协商,最终确定的展览方案符合我们最初的设想。努力没有白费，这是件多么令人欣喜的事情。

时值南方盛夏，我们开始了一个又一个紧锣密鼓的布展工作。对于馆领导一开始要求的工作人员参与布展工作的决定，我是疑惑的，因为此项工作本已是与巡展服务公司订立的合同条款内容，无须我们亲自到场。但当我们亲自去现场，亲自进行场地规划布置的时候，我的困惑也被一点点解开。

布展过程中，每个人都是汗流浃背。汗水沿着脸颊往下坠，又随着我们的顺手一挥，汗珠掉落地面又被瞬间蒸发。每一站，还没等我们布展完成，往来的街坊便饶有兴致地与我们攀谈起来，争先恐后向我们表达他们对这些名人的敬意。这个时候，我才理解了亲临布展现场的意义。或许，我们身体力行地展现着博物馆人的风采，我们忙碌的布展身影也是这次展览的重要一环。近距离接触观众，才能进一步认识到展览之美、观众之美。

从社区工作人员的反馈情况看，展览在周边社区的受欢迎程度大大超出了我们的预期。街坊们大都自发前来观看，他们很是诧异在家门口就能享用到如此精美的文化大餐。这个展览也为树下纳凉的街坊提供了更多的聊天内容，为他们的茶余饭后注入更多文化的力量。不仅如此，"8＋"展览所到之处还成了街道党员开展活动的好去处，名人的风采为"平等、多元、包容"做了最生动的诠释。

之后，"平等·多元·包容——文化名人的艺术世界"展览又马不停蹄地与我们一起来到清远乡村，为当地村民送上了宝贵的精神食粮。我们的展览与广东美术馆的展览同期开幕。在驻村第一书记与村委的组织号召下，大批村民带着自家小孩前来观展。观展过程中，孩子们对知识渴望的眼神令人动容，这些他们在课本中接触到的"大人物"又一次离他们很近很近。

"文化下乡"作为我国一项基层文化建设项目，在乡镇农村中开展以多元文化形式为载体的精神文明建设,对推动基层群众文化建设、开拓农村群众的精神世界起到至关重要的作用。

随着一系列文化进社区、进乡村、进学校活动的开展,"8+"文化也走进了广大群众的视野,走进了广大孩童们的世界。这种文化熏陶是有形的,在字里行间徐徐铺开。而这种文化熏陶,亦是无形的,是潜移默化且生动久远的。这个展览能在观众今后的回忆中留下些许记忆,我们的努力也就都值得了。

如果说对新的一年有什么期待的话,我想,在"8+"引导下,我们将拥有更多的可能性。

"8+"是个大起点,"平等·多元·包容——文化名人的艺术世界"是个小起点,我们还将画出越来越多的射线。

(作者系广州鲁迅纪念馆助理馆员)

志愿之声

十年如一日　奉献在故居

胡玉英

莫道桑榆晚，为霞尚满天。胡玉英同志1948年出生于北京，曾经在一家国企——五建机械处从事材料账等相关工作，退休后热心公益事业，富有敬业精神和奉献意识。胡玉英自2011年在宋庆龄故居担任志愿者以来，一直秉持"奉献、友爱、互助、进步"的志愿服务精神开展志愿活动。她无论从事哪项工作都能以饱满的工作热情和用心向上的工作态度投身于岗位工作中。在工作中勇于开拓，富有创新意识，取得了显著成绩，是志愿者公益活动的骨干参与者，受到各级组织和社会的好评，也赢得了广大志愿者的普遍赞誉。

她注重自我提升，努力钻研业务知识。在最初来到故居时，胡玉英就为宋庆龄的伟大精神所感动，她告诉自己一定要向宋庆龄学习，励志通过自己的讲解把宋庆龄的精神发扬光大，特别是要让年轻人和中小学生懂得爱祖国爱人民。当时为了熟悉讲稿，尽快上岗为游客服务，她努力克服自己年龄大、记忆力差的问题，不光是用脑背，还用笔不断地写、背，多念、多写、多背。来故居的路途远，就在公交车上背，在地铁上背，讲稿被翻烂了，就换一份新的讲稿接着背。功夫不负有心人，终于能上岗讲解了。在岗位上，她严格要求自己，保持饱满的精神面貌，着装整齐，注意用语，礼貌待人，以和蔼可亲的态度耐心地讲解。

她时刻记着自己是故居的窗口，严格要求自己讲解时一定不要脱离讲稿，不能杜撰，以严肃认真、自然放松的态度去讲解。

她主动因人施讲，深入开展讲解服务。在日常的讲解中，胡玉英会细心地根据受众群体不同，用不同方式去讲解，比如：她接过一个残疾人团，有身残的，有智残的，而且老年人居多，考虑到老年人耳背，就声音大一点讲，而且和智残的还要有交流，看看他们是否能听得明白，做到口齿清楚。同时，在值班那天，她努力克服自己住家远和老伴儿身体不好的多重困难，孩子们下班晚，晚饭就落在老伴身上了，为了减轻他做饭的负担，来故居值班这天他们家就定为"面条日"了。

她始终不忘初心，坚持传播宋庆龄精神。肩负志愿者崇高的责任感以及对讲解的热爱，胡玉英一天最多带过三个团，到家就躺下了。故居的老师经常劝她多注意休息。她总是说："没事，我不累。故居给了自己很高的荣誉（优秀志愿者、十佳志愿者、北京市五星级志愿者）。自己做得还很不够，要加倍努力，把宋庆龄的精神传递给更多的人，激励大家为国家富强、民主、文明、和谐做贡献！我作为宋庆龄故居的志愿者感到骄傲！自豪！"

志愿者不是一个简单的称号，而是一个人身处社会所应承担的职责。作为弘扬宋庆龄精神的志愿者，肩负着特殊的使命。胡玉英在平凡的岗位上，用志愿者的承诺实现了作为一名优秀志愿者的职责和义务，为自我的人生谱写了一首优美的乐曲。

（作者系宋庆龄故居志愿者）

抗疫之际坚守在宋庆龄故居

廖明炜

我是怀着对宋庆龄主席的敬爱仰慕之情来到故居的。因为家庭的关系，在我很小的时候，就常听到长辈们聊起宋庆龄主席的故事。当年那些来到宋庆龄身边的孩子，举着的小手接过她老人家递来的饼干和糖果时，两张笑脸同样的甜美、同样的陶醉。小手捧着糖果，大手抚摸着孩子；一个满心欢喜，一个和蔼可亲，一个稚嫩童真，一个历经沧桑，一个是初绽的花朵，一个是用毕生的心血育花的园丁。那一幕构成了朝阳与晚霞的相映生辉。虽然这些故事在我记忆中只留下了很少的一部分，但就是这样的点点滴滴，却成为我人生路上一颗颗璀璨的明珠。当我成为宋庆龄故居志愿者后，才将这些明珠渐渐地串联起来，了解到"国之瑰宝"真正的含义。

在我这个年龄，又学习了新的知识，产生了新的感悟，体会到奉献的快乐，要感谢宋庆龄故居提供的平台，感谢故居各位志愿者和老师们的帮助。宋庆龄同志是一本书，一本厚厚的史书，在中国近现代史中每一个重要节点上都有她的身影，她的事迹是当前开展"四史"教育最好的教材。习近平总书记指出："要把学习贯彻党的创新理论作为思想武装的重中之重，并同学习党史、新中国史、改革开放史、社会主义发展史结合起来。"在宋庆龄故居的工作，既是志愿服务，也是"四史"

学习。宋庆龄同志"永远和党在一起",是共产主义的伟大战士;她是中华人民共和国成立至今唯一的一位国家名誉主席,是爱国主义精神的生动体现;她晚年在这里工作和生活,坚定不移地支持改革开放;她最关心少年儿童,希望孩子们成长为社会主义现代化建设事业的坚强接班人。

虽然遇到了新冠肺炎疫情,但是人们来这里学习宋庆龄的热情不减。作为一名平凡的志愿者,在举国上下众志成城的抗疫史诗中,我们能够坚守在国家名誉主席宋庆龄同志故居,为防控疫情、服务观众贡献涓滴之力,备感光荣。在故居做一名志愿者,我还深深感到家的温暖和亲情。我享受着在故居的时光,享受着在故居的工作,每天一个真诚的微笑,一句贴心的问候,都好像夏日的清泉、寒冬的暖流。我们都是宋庆龄的孩子,都有一颗赤子之心。

我是故居人,故居是我家。

廖明炜获得宋庆龄故居"优秀志愿者"

(作者系宋庆龄故居志愿者)

踏寻郭老足迹，守护游客平安

辛姝怡

2020年的国庆假期，我有幸成为"郭沫若纪念馆"的一名志愿者，和同学们一起参与了为期一周的志愿活动。

前期的培训中，馆内的工作人员带领我们首先参观了郭沫若先生的故居。纪念馆以少年时代、创造十年、北伐途次、流亡十年、抗日洪流、迎接新中国为时间线，还原郭沫若先生的峥嵘岁月，又分别从文学、历史、古文学、艺术及社会活动方面展示了郭先生的辉煌成就与突出贡献。经过老师的详尽讲解，让我印象最深的地方是东厢房的陈列室，里面陈列了郭沫若先生学生时代的数学作业，字迹娟秀、版面工整，原来郭沫若先生从小就是一位优秀的青年。郭沫若先生热爱自然，屋内有石，院外是银杏，花草点缀其间，景色宜人。在参观过程中，使我更深入地了解了郭沫若先生生平，屋内的摆件、字画、作品、书籍、证书等不同的物品，真实地还原了郭沫若先生的生活场景，也让后人得以从这些物品中感悟郭先生的精神世界。

特别是"五四"前后郭沫若先生弃医从文，大量进行诗歌创作，在"文化的战场"上，用科学民主对抗愚昧落后，传递出独立自主的理性思想和对民族文化的自信坚守。郭沫若先生除了创作诗歌外，还创作了脍炙人口的历史剧并翻译了众多国外优秀的文学作品，作为文化领域的旗手,郭沫若先生以多元、包容的态度,为我国优秀文化的传播积累了宝贵的精神财富,推动文化界百花齐放、百家争鸣。通过参观陈列展厅,我仰慕郭老的文学造诣,更要学习他伟大的民族精神和爱国情怀。抗日战争在即,郭沫若先生以笔作武器,用诗来表达自己对国家前途的担忧和誓死保卫祖国领土的决心。郭沫若先生始终坚持将人民放在首位,坚持唯物史观,积极动员和团结群众,甘愿为人民和国家奉献自己。正如展览结尾引用郭沫若先生的话那样,"我要以松柏的态度来刻画出自己的年龄,能成为合抱的大木给天下的劳人以一片清荫,即使中途遭了电击或者枯死,我也希望它的残骸能够供给贫苦人一把取暖的柴"。

纪念馆内,树木郁郁葱葱,风景独好。培训结束后,我和同学们手拿小国旗和团旗,不约而同地来到了郭沫若先生雕塑前合影。清风徐来,手中的小国旗随风摇曳。漫步纪念馆,除了令人心情愉悦的风景外,我既能感受到郭沫若先生的和蔼可亲,又能看到馆内人员的温和从容。这些都使我内心无比期待,接下来为期一周的志愿服务工作。

在志愿期间,我负责的岗位主要是进馆登记。此项工作需要维持排队进馆的秩序,并且引导参观人员至收费处购票,协助售票工作人员查验参观人员的身份信息。虽然工作比较具体,但是,时常在临近中午时分,参观的人群会有一波小高峰。为了不耽误游客进馆时间,我毅然坚守在自己的岗位,就好像郭沫若老先生一直站在我的身旁,透过他慈祥的目光仿佛在对我说:别急,孩子。要坚持住,苦和累是一种磨炼,它能使人更加坚定……

就这样,我不厌其烦地一遍一遍,重复着引导游客有序进馆参观。尽管一次次错过了午饭时间,可我的内心却非常充实。在志愿工作中,我发现来馆内参观的人群,大多数以学生为主,既有组团而来的大学生,也有跟随父母前来的初、高中生。其中令我印象最深的是两名老师带领五个孩子前来参观,孩子们刚来时,对馆内陌生的环境显得格外好奇,里里外外观察个不停。等他们出来后,每个孩子变得神情庄重,我猜测在老师生动的讲述和身临其境中,使孩子们对这位百科全书般的老人肃然起敬。

  志愿活动结束后,通过查阅资料,我发现郭沫若纪念馆既是北京市爱国主义教育基地,又是北京市青少年教育基地。这让我明白了,为什么纪念馆会有这么多进步青年前来参观。在艰难的抗战岁月里,郭沫若先生毅然投身于抗战的滚滚洪流中,在抗战文化宣传和统一战线方面发挥着积极的作用;在中华人民共和国成立之后,郭沫若先生积极从事社会活动,开展民间外交,努力为国家争取一个和平建设的国际环境。在这不平凡的一生里,郭沫若先生始终与国家同呼吸、共进退。作为新时代的进步青年,我们不仅要能看到郭沫若先生86年的风雨人生路的不易,更要学习郭沫若先生报效祖国的责任担当和深深的爱国之情。同时我们要加强自身本领,科学、理性分析和看待事物,为祖国的美好明天不懈奋斗。

学生在老师的带领下参观郭沫若纪念馆

  经过5天的志愿服务,累计时长41个小时,平均每天的服务人数达400余人次。几个简单的数字，几天来两地间来回的奔波。虽然，此次志愿活动顺利完成了，但是，我的志愿意愿一直在路上，我的志愿行动不会间断、不会停歇。作为一名志愿者，我在郭沫若先生身上学到了无私的奉献精神，服务人民、奉献人民是一名志愿者的初心与使命。在馆内，我负责秩序引导、进馆登记和疫情期间预约认证工作；在馆外，我更有义务将自己在郭沫若先生身上学到的爱国思想和奉献精神，传递下去。

（作者系北京交通运输职业学院学生，指导教师孙欣）

我在郭沫若纪念馆
——与抗"疫"同心　与志愿同行

杨嘉辰

特别的地方，遇见特别的你——郭沫若纪念馆。

志愿服务，是一项面向大众服务，传递志愿者爱心和正能量的活动。我的家乡在内蒙古，与北京相比，教育资源相对落后，也因一些环境因素，很少有让学生外出参与志愿服务的机会。庆幸的是，我来到了北交院，自大一入学以来，就经常能够参与很多校外的志愿服务活动。志愿服务，是一种责任，是一种奉献，在服务他人的过程中，是非常幸福的，用自己力所能及的力量帮助到他人，内心是暖洋洋的。

去年10月份，我很荣幸地成为一名郭沫若纪念馆志愿者，受学院老师委托，在国庆期间作为领队带领8名团学干部前往郭沫若纪念馆参与志愿服务。刚接到这项任务时，我内心是非常激动的，还有些许紧张，因为我深知肩上的重任是何等的沉甸甸。在老师的耐心指导下，我很快适应了这个新角色，紧锣密鼓地忙碌起来。提前安排好大家的服务时间，规划出发时间，预计到达时间，预测路上遇到突发情况的解决方法，在特殊时期还要提醒大家做好疫情防控，提前准备好防控需要的相应物资，到达后也要和大家讲清楚场馆内外的服务注意事项、服装、手势等细节问题等。在服务结束后，还要统计大家的服务完成信息，了解大家的返程安全情况等。虽然事情比较琐碎且繁杂，但我都认真对待，履行好每一项职责，做好服务前、服务中和服务后的各项工作。因为，这不仅仅代表我个人，代表着北交院这个集体，更代表着首都北京的整体形象和风采，所以我不容自己有一丝失误。凡事都做到没有最好，只有更好。

图1 十一期间参加郭沫若纪念馆志愿服务活动

郭沫若志愿服务活动，从2020年10月1日开始到2020年12月6日结束，总计参与人数25人，总计服务时长161小时。

第一天上岗的前一天，党办老师亲自带领我们去郭沫若纪念馆，熟悉场馆的环境和服务时需要注意的细节。到达目的地后，负责场馆的主任老师带领我们参观并讲解。我从中也学到很多，郭沫若先生勤奋学习、刻苦钻研的精神是最值得我学习的地方，更让我钦佩的是，他还是中国现代作家、历史学家和考古学家。在他的身上，我学到了"坚持"。这个词大家并不陌生，我们无论干什么事情最怕的就是"坚持"二字，只要做到坚持，我们离成功的目标就不会太远了。但是同样最难做到的也是"坚持"，因为我们很难做到一直长久地坚持去做一件事，除非你是真正热爱，真正想去做，所以，只有想不想，没有能不能。第二学习到的就是"自愿"和"热爱"，当你真正热爱你做的这份工作时，你做的时候就不是为了完成任务而去做，是在服务他人时不求名利，不求回报，也要做到人人平等，不分贫富高低贵贱。在别人真正需要你的帮助时，用自己的知识和双手去帮助他们。当这种精神传递给他们时，他们会带着这份精神去帮助更多需要帮助的人，贡献自己的一份力量。

第一天上岗，大家表现都非常棒，用最热情周到的服务为祖国母亲献上生日祝福。因为在特殊时期，进入场馆需要控制人流量，所以我们的基本服务岗位有进入场馆预约登记，查看健康宝，测量体温，买票录入身份证信息等。在服务过程中，我们积极配合场馆里的保安叔叔，售票阿姨和负责老师，向游客介绍入馆流程，这些工作流程我们都需要耐心解说，一遍又一遍。学校到场馆的路程要一个半小时，九点开馆，早晨提前半小时到达场馆，到下午四点闭馆结束，大家都是一直站着，非常辛苦。冬天天气更是寒冷，环境相对十月份更加恶劣。有一次恰逢下着雪，我心里着实有点儿心疼，就给大家买了很多暖宝贴，这个举动让党办老师知道后，让我给下一批要去服务的同学发了很多的暖宝贴，当时的我突然感觉心头好暖，打心里感谢学校和老师的关心和照顾。场馆的保安叔叔和售票阿姨，都非常照顾我们，和蔼可亲。从 2020 年 10 月 17 日开始，逐渐让更多的骨干参与进来，效果很好，每次活动后也都有让他们写感受。长达 67 天的志愿服务，没有人抱怨路途辛苦，没有人喊累，这期间我也从中得到了提升，也明白了许多道理，身心都得到了满足。

我们累计服务人数约 8000 人次，这也是郭沫若纪念馆近年来客流量最多的一次，场馆为了感谢我们，为每个人颁发了感谢信，这份荣誉让我更有动力将志愿服务进行到底，用最热情周到的服务服务八方游客，展现志愿风采！

通过参与本次志愿服务,让我受益匪浅。未来,我要把志愿服务真正融入自己的生活中去,可能你有时候穿的不是志愿者服装,别人也更不知道你是一名志愿者,但是,只要你帮助一些需要帮助的人,你就是快乐的。而志愿的意义,不就是为人民服务吗?我们要用自己最周到热情的服务,让更多人感受到温暖和关爱,让这个世界充满爱。作为新时代的青年,我们要尽自己的微薄之力,用一点一滴的努力,为祖国的发展贡献青春的智慧和力量!让志愿星光播撒在祖国的每一个角落!

图 2　在郭沫若纪念馆做岗前培训

(作者系北京交通运输职业学院学生,指导教师郝亚静)

特殊的志愿之旅

刘春燕

为期八天的志愿之旅，起点站与终点站都是它——徐悲鸿纪念馆。我喜欢做志愿工作，并且享受这一过程。每次的志愿工作都不一样，都会带来不一样的体验。

徐悲鸿纪念馆位于西城区新街口大街，从学校到纪念馆的路程不算复杂，乘地铁到新街口再步行一段路程便能到达。在上岗之前，我们做了岗前培训（图1）。受新冠肺炎疫情的影响，进入纪念馆之前我们需要出示健康码、在门口测试体温以及检验是否提前在网上进行预约，一切完成之后我们就可以取票进入。进入纪念馆，首先看到的是徐悲鸿先生的雕塑，沿雕塑后方直走就能进入展厅。跟随工作人员的指引，我们分别对四层展厅内徐悲鸿先生的生平资料，历代收藏及各个时期的代表作品进行了解。途中我们有看到徐悲鸿先生故居，看到了稀有名画《九》《群奔》《愚公移山》等。其中，徐悲鸿先生所画的《愚公移山》给我留下了深刻印象。从《愚公移山》画里可以看到人们坚定的眼神如磐石一般，感受到一个古老民族凿石移山的决心与毅力。后来了解之后才知道原来这幅画是徐悲鸿先生为鼓舞当时抗日的中国人民而画，对振奋抗日人民的士气起到了极大的推动作用。徐悲鸿先生的爱国之情尽显于画笔之下，感染了时代，激励了后人。

图 1　在徐悲鸿纪念馆做岗前培训

初到纪念馆，我选择的是前台服务工作（图 2）。纪念馆展厅里虽然冷寂，但进入展厅观赏的人不少，有杖乡之年的老人，也有天真烂漫的小孩，有提手提包的妇女，也有拿着作业任务的学生。游客的年龄和身份虽然不同，但大多数人会租讲解器。我需要做的就是帮助游客做好讲解器的租用与归还工作。在租讲解器的过程中，根据游客自身需求，我会告诉游客如何使用讲解器，并说明讲解器上每个键代表的功能是什么。此外，我也会解决游客遇到的其他问题。看着不同的人在游览之后怀着对先生的崇敬离开，我想他们已经在悲鸿先生的身上找到了触动自己的地方。我也在一次又一次的租借讲解器的过程中得到了锻炼，与游客的交谈也开始变得从容，不再胆怯。我想悲鸿先生也触动了我。

因为纪念馆的志愿服务岗位采用轮换制的方式，所以后面的几天我与同学做了交换去了纪念馆的入口处做志愿工作。在这里工作不仅考验语言表达能力，还考验遇到突发情况时处理问题的能力。记得有一次，我正在检查游客的预约情况，一位游客走了过来，说自己已经扫了好几遍码手机都显示"找不到服务区，无网络"，我觉得是游客的手机出了问题，就用自己的手机试了一遍，然而结果和游客的一样，正当我不知所措时，工作人员过来了，在了解情况之后，他向两名游客做了解释，

图 2　在徐悲鸿纪念馆做前台服务员

看着他把事情顺利地解决了,我承认我羡慕了。那一份对待游客的耐心、遇到问题时从容不迫的态度都值得我学习。之后,我分别又做了测体温和发门票的工作。

　　在纪念馆,我不只是志愿者,更是学习者。在八天的志愿之旅中,学到了悲鸿先生身上勤奋上进,敢于创新,忠贞爱国的优秀品质;学到了游客身上崇敬伟人,喜爱求知的优良品德;学到了工作人员身上的敬业精神。作为一名在读的大学生,我将会把在志愿活动中学到的优秀精神品质继续发扬,努力学好专业知识技术;未来作为一名交通人,我将把徐悲鸿先生的爱国主义精神继续传扬,以严谨饱满的态度对待工作,不负韶华年。

(作者系北京交通运输职业学院学生,指导教师张海楠)

以志愿之心 扬传承之路

张 敏

2020年，不平凡的一年，我有幸作为北京交通运输职业学院的一名学生参加了国庆期间徐悲鸿纪念馆为期八天的志愿者服务，回想这次经历，我觉得自己受益匪浅，由此纪念下此次志愿者之旅。

徐悲鸿纪念馆位于北京市西城区新街口北大街53号，从我们学校出发乘坐地铁七号线换乘到四号线一个多小时的路程便可抵达，同学们都怀着满满的热情踏上志愿者之路。作为志愿者，我们在来之前已经在网上进行了相关的知识学习和培训。由于新冠肺炎疫情期间，所有防控的步骤都不能落下，我们刚到的时候现场的工作人员首先为我们测量体温然后入内登记，后来我们便换上带有志愿者标识的衣服，开始分配到自己的岗位。有的志愿者负责量体温，有的负责检票，有的负责前台，有的负责解答询问。徐悲鸿纪念馆里展陈了大量徐悲鸿画作、藏品，以及遗物。每一件物品都在诉说着徐悲鸿先生的故事。

第一次做志愿者难免有些激动，换好志愿者的衣服后我便坚守在自己的岗位上，我做的是给参观者量体温。国庆期间大多人都拥有了小长假，所以来参观的人络绎不绝，由此人数变多便需要排队测体温方可进入纪念馆，首先游客先出示网上预约凭证并扫北京健康宝，无异常后，然后进入馆内，排队的人都很自觉，没有插队现象，大家都安安静静地

学生志愿者在志愿服务前进行助力加油

等待,我不禁感到,中国素质在这一刻被体现,我便顺顺利利地完成了第一天的志愿服务,感到很充实。时光不觉已到志愿工作的第八天,也是最后一天,我的岗位是为游客讲解,做徐悲鸿纪念馆志愿者的过程一切都是有条不紊地进行着,令我记忆犹新的是几个学生,由于疫情期间秉持人员不聚集的原则,会有讲解器供参观者使用,但那天他们听过讲解器的内容都觉得不够深入,后来便叫我给他们进行讲解,并且少年们都发表了自己的看法。果然,应了梁启超先生的"少年强,则国强;少年智,则国智"。

不忘初心,方得始终。徐悲鸿先生的初心是六岁开始与父亲读四书五经后学画的坚守,先生的终点是将一生所得捐给国家,而先生永久流传下来的浩然正气,勤俭节约,诲人不倦的优秀品质值得我们所有人学习。作为北京交通运输职业学院的一名学生,我也从这次志愿者活动中学到了很多知识,学习了徐悲鸿先生接纳新事物的态度以及对所做所学专业的认真，在学好专业技能的同时吸取中外各交通领域的发展来弥补自己的不足，从而坚守自己的初心。

感谢此次徐悲鸿纪念馆志愿者的身份与徐悲鸿先生穿越时空的对话，珍惜每一次志愿者身份都是新的独一无二的闪闪发光的人生体验。

（作者系北京交通运输职业学院学生，指导教师靳宁）

志愿阳春,有我相伴

徐欣菁

初识徐悲鸿纪念馆是在十一放假期间,作为北京交通运输职业学院的一名优秀学生志愿者参与徐悲鸿纪念馆的志愿服务。虽然只有短短的八天时间,但是却令我终生难忘……

很庆幸出生在现在这个交通发达的时代,从家到徐悲鸿纪念馆的路程只需两个多小时,于是在上岗之前,我提前来到徐悲鸿纪念馆学习、培训。认真地学习了徐悲鸿纪念馆的发展历程、展陈内容、开放情况等相关内容,并了解岗位职责、人流疏导、消防安全等知识,为上岗服务做好准备。

国庆当天,我很早就抵达纪念馆门口,满怀期待地迎接第一天的工作,随后,我被安排到展厅门口的岗位上,主要负责为前来参观的游客测量体温、检查游客是否佩戴口罩以及为游客提供进馆登记。虽然工作量并不大,但是我认为我的这个岗位却是至关重要的,在新冠肺炎疫情期间,我们每一个人都有做好自身防护佩戴口罩的义务,而我作为一名志愿者,还肩负着提醒别人做好防护的责任,为抗击疫情做出一份贡献。接下来的几天里我还做了展厅的咨询员,作品的讲解员等。咨询员的工作主要是帮助游客能快速找到自己想去的展厅,既节省了大家的时间,也使每一个展厅的人流量得到控制,从而减少人与人之间的接触。

因为疫情原因，大部分的作品内容是用讲解器为游客介绍，而讲解员主要负责当有游客无法通过场馆租赁的讲解器了解某一幅作品时，能从容不迫地说出讲解器以外的、更加详细的作品内容，这项工作比起其他几天对我挑战更大了，为此我查了不少资料，也向馆内的讲解员咨询了很多内容，一次次的重复讲解也让我逐渐变得得心应手，这既锻炼了我的表达能力，也使我自己学习到徐悲鸿先生每一幅作品背后隐藏着的浓厚的爱国情怀。面对着一天好几个小时的工作，说不累那肯定是假的，但与累相比更多的是快乐，每天能为那么多的游客解决他们的问题，他们对我的每一个微笑都是对我服务的肯定，这使我从心底感到高兴，可能是这份喜悦减轻了我的疲劳，始终能以一个饱满的精神状态为游客们服务……

八天时间，从表面上看，我们是占用了休息的时间去做志愿者，但同样让我收获了很多，遇到了形形色色的人，不同的人不同的交流方式，锻炼了自己的沟通能力，也提升了社会经验，在服务大众的同时也在不断地提升自我的个人价值。同样，通过这次活动也让我了解了徐悲鸿先生，徐悲鸿的作品借古喻今，观者能强烈地感受到画家热爱祖国和人民的真挚之情。1931年日军侵华加剧，民族危亡之际，徐悲鸿创作了希望国家重视和招纳人才的国画《九方皋》；1933年创作了油画《傒我后》，表达苦难民众对贤君的渴望之情；1939年创作《珍妮小姐画像》，为支持国内抗战而作；1940年完成了国画《愚公移山》，赞誉中国民众坚忍不拔的毅力和夺取抗日最后胜利的顽强意志……

1949年中华人民共和国成立后，他在担任政务、行政工作的同时，仍笔耕不辍地进行创作，满腔热情地描绘新中国建设中的新人、新事、新面貌。直至1953年徐悲鸿先生因脑出血病逝，但他有一个伟大的愿望，就是将他的1200余件作品，他一生节衣缩食收藏的唐、宋、元、明、清及近代著名书画家的作品1200余件和图书、画册、碑帖等1万余件，全部捐献给国家。虽然创作因他的离开戛然而止，但他的作品仍在强烈地向我们表达着他热爱祖国和人民的真挚之情!

星星之火可以燎原,我想把更多的像徐悲鸿先生这样的爱国人士和他们的爱国情怀介绍给校园里的每一位同学,所以我积极参加了学院举办的中华名人展宣讲活动,在这次活动中我为大家介绍了梁启超先生,梁启超一生致力于中国社会的改造,为了民族强盛和国家繁荣,竭力呐喊,四处奔走,付出了全部的心血。

为学院学生宣讲团在全校范围内开展"8家名人故居巡展宣讲"

有一种生活,只有经历过,才知道其中的艰辛;有一种艰辛,只有体会过,才知道其中的快乐。志愿者就是不求回报地在用爱心去帮助别人,志愿精神就是奉献、友爱、互助和进步。参与志愿服务既体现了青年人助人为乐、团结互助的高尚品德,也彰显了我们青年人的时代风貌。我愿意继续参与志愿服务这一事业,传递社会正能量!

(作者系北京交通运输职业学院学生,指导教师靳宁)

名人逸事

花与狮

——宋庆龄广州脱险纪实

袁琳琳

史海钩沉,历史不应被人遗忘。1922年,刚刚就任非常大总统不久的孙中山先生携夫人宋庆龄回到广东,在这个节骨眼上,发生了一起重要事件,险些改写民国历史。曾经和孙中山先生歃血为盟的粤军将领陈炯明,突然发动叛变,炮轰总统府,妄图篡权夺位,史称:六一六兵变。

1922年,孙中山先生在前线指挥北伐战事,陈炯明率军乘虚而入,"肆意抢掠,恫吓良民,断绝交通,扰乱秩序"。孙中山听闻,立即由前线返驾,携夫人宋庆龄一同住在广东总统府。

孙中山为人宽和厚道,陈炯明由他一手提拔,合作多年,陈素来的地位军力皆由他所给予,故而不愿相信陈有异志。孙中山回到广州以后,立即发出调令,令陈退回原防。然陈诡诈狡猾,虽屡次答应,但仅在名义上退隐惠州,始终不曾真正开调兵队。这时城中陈军已达二万五千名,而我军皆在前线对敌,留驻后方军仅五百名。孙中山忧虑百姓安危,不忍诉之武力,6月8日召开"新闻发布会",想以舆论迫使陈军退回,和平解决此事。然而,他的一番苦心终是付诸东流。

1922年6月15日,紧张情势一触即发。双方心知肚明,晚上即有暴动发生。孙中山早有预料,命令张猛等人到石井兵工厂领军事用品,以备不测。6月15日2时，孙中山得知陈军将至，叫醒熟睡中的宋庆龄，让她立刻撤离。但本人对于陈炯明叛变一事仍心存大义，不顾个人安危，执意留守越秀楼，要与总统府共存亡。

此时情势已十分紧急，可谓箭在弦上。越秀楼仅由卫士队队长姚观顺率领五六十名卫士负责守卫。周人劝说不下，很是心焦，既担忧危急情势，又挂念总统安危。宋庆龄亦前来劝说，夫人深明大义，从国家大义角度劝说孙中山撤离越秀楼，并非妄言的临阵退缩。

夫人言："这个国家需要你，无论如何你都要离开，我在这里，也可以牵制敌人。因为我在，陈炯明叛军以为你也在，就可以牵制敌人了。"宋庆龄身怀有孕，自知目标显眼，不仅会吸引陈军视线，更会拖慢孙中山撤离的速度，贻误时机，执意留守越秀山。孙中山紧紧握住宋庆龄的双手，坚决不同意丢下妻子。宋庆龄眼含泪水，语气坚定，毅然决然道："中国可以没有我，但是不可以没有你！"语罢转身离开。夫人正有身孕，却不顾自己安危，愿留下来牵制敌人，力劝孙中山撤离，此无畏、无惧之凛然风骨令人钦佩。

在夫人再三婉求下，孙中山无奈地忍住泪水，始允先行。他令50名卫队留守府中，护卫宋庆龄，在林直勉、陆志云等人的掩护下，身着白色通帽长袍，假扮成一个大夫寻小道悄悄离开越秀楼，撤到海军基地，便可在战舰上指挥，剿平叛乱。海军基地将会在特定时点发炮示意，越秀楼便知孙中山已安全到达军舰。

孙中山离开半小时以后，2时30分左右，陈炯明叛军抵达，枪声四起，由高临下，左右夹击，高喊着："打死孙文！打死孙文！"整夜炮轰越秀楼，炮声阵阵，硝烟滚滚。宋庆龄果断下令，几十卫士蹲伏在黑夜中，暂不反击，保留实力。同时打开越秀楼的灯，做出孙中山仍留在此处的假象，迷惑敌人。冲天的烽火击碎了静谧深夜，席卷而来的猩红与黑暗犹如翻涌的旋涡，冲击着宋庆龄的内心，越秀山上亮起的茕茕灯光在烽烟的侵蚀下摇摇欲坠。

黎明时，双方开始对射，甚至有炮弹击中澡房。卫士们奋勇抵抗，越秀楼留守人员已折损近三分之一。到了8时左右，军火几近用完，留在这里已没有意义。宋庆龄在周人劝说下撤离，其余卫士留在后方防止敌人追击，为宋庆龄争取时间。宋庆龄成功撤离，越秀楼一班功不可没，这50名卫士无一人幸免，为掩护总统撤离、保卫夫人安危捐躯赴难。事后孙中山曾为其颁发金质奖章，名字亦刻于碑上，即孙先生读书治事处碑后，现已模糊不清。潘景晴曾向政协提出，希望修复碑文，可使先烈姓名长存，照耀后人。这都是后话了。

天大亮，宋庆龄在姚观顺等人的护卫下，仅携带少量的零碎物品撤离。在越秀楼和总统府之间是一条桥梁式的过道，应元路往上，台阶百余步，正是越秀山。过木桥即为总统府，即现今的中山纪念堂。几人为降低暴露风险，伏身在蜿蜒的木桥上匍匐爬行。枪声不绝、流弹飞鸣，一行人仅由两边夹板掩护前行，呼啸的子弹两次掠过宋庆龄的鬓角。夫人刚前脚险之又险地穿过去，火光一闪，叛军便轰然击毁木桥，情况一度惊险危急。

随着夫人转移，战斗地点由越秀楼转移至总统府。8时至下午4时，宋庆龄始终处在炮火连天的地狱中，在混乱的人流与枪林弹雨中奔逃，目中所见无不是乱兵、鲜血与死尸，奇异又恐怖，触目惊心。夫人体力不支，难以为继。或许，她想起了结婚时孙中山赠予的那把毛瑟牌手枪，想起了危急关头的最后一发保全尊严的子弹，这是不是最后的时候呢？宋庆龄犹如怒放在凛冽寒风中的一朵柔弱又坚强的花，甘愿玉碎也不与其同污，怀着苦痛又无畏的心情恳请卫兵将自己击毙。

直至16日下午，叛军炮火稍有停歇，趁此时机宋庆龄等人再次突围。叛军看重钱财，夫人过马路之际，向叛军丢手提包，那些张牙舞爪的叛军一见有"财"，纷纷扔掉枪支，像沾了蜜的蚂蚁，蜂拥着过去争抢，夫人就此躲过一劫，在卫士的搀扶下紧急转移，进入总统府后花园的一座村屋。四周枪声渐寂，宋庆龄乔装成村妇，同伪装成小贩的最后一名仅存的卫士离开村屋，一路奔逃。终在第二天晚上，宋庆龄登舰，与孙中山成功会合，两人相见，犹如一场"死别重逢"，其中种种的辛酸与波折自不必说。

宋庆龄虽化险为夷，但因一路紧张颠沛，孕中胎儿未能保全，失去了人生中第一次也是唯一一次做母亲的机会，为一大憾事。周人了解内情，感夫人大义，谈及落泪。

法国著名作家罗曼·罗兰称赞说："她外表看来是一朵柔美的花，内心里则是一头无畏的狮子。"在历史的长河里，既有轰轰烈烈的残酷战争，也有跌宕起伏的惊险故事，曾作为国母的宋庆龄先生，在危难时刻临危不惧，无私无畏，为之折服。人民创造历史，历史造就英雄，我们牢记的不应当仅是历史，还有伟人的风骨与精神。

（作者系宋庆龄故居管理中心社教部助理馆员）

郭沫若：一名坚定的共产主义战士

张 勇

郭沫若是坚定的马克思主义思想的信仰者、实践者和革命者，他是中国共产党早期的党员之一，他的党龄长达 50 多年，他曾两次入党，也曾以非党员的身份对敌战斗多年，回顾并梳理他在党内外走过的曲折而艰辛的路程，可以感知到一名马克思主义忠诚战士的信仰与坚守。

（一）郭沫若加入中国共产党的曲折历程

1914 年，怀揣着救国理想的青年郭沫若远渡重洋到日本留学，去寻找救国救民的药方。在中华民族遭遇外敌入侵，处于风雨飘摇的危急时刻，郭沫若毅然而然地弃医从文，投笔从戎，走上了抗敌斗争的第一线。在血雨腥风的残酷战争实践中，郭沫若对于马克思主义学说有了更加深刻而全面的认识，从而实现了从无神论理论信徒到马克思主义思想拥趸的伟大转变，进而也完成了对马克思主义思想的理论认知到实践参与的巨大飞跃。于是，他写下了著名的讨蒋檄文《请看今日之蒋介石》，全面客观揭露了蒋介石反革命集团的丑陋嘴脸，在文中他直陈"蒋介石已经不是我们国民革命军的总司令，蒋介石是流氓地痞"，进而在思想和行动上彻底与军阀旧势力划清了界限。

1927 年 8 月，在白色恐怖阴云密布，革命力量遭遇重大打击之际，郭沫若非但没有退却彷徨，反而响应革命的号召，逆势南下毅然决然地奔赴南昌，参加"八一"南昌起义。在起义中，郭沫若亲历了战火的洗礼与考验后，更加坚定了坚守马克思主义思想的信念，并于8月26日经周恩来、李一氓的介绍，光荣地加入了中国共产党，成了早期党组织中的重要一员。

由于敌我力量的悬殊，"八一"南昌起义最终还是失败了。党中央为了保存革命力量，特别是像郭沫若这样具有社会声望的革命者和文化人，将会是中国共产党进行长期革命斗争的坚实基石。党组织决定护送郭沫若等人到国外隐居避难，以躲避国民党反动派的疯狂追捕，在文化战线上构建起坚强的堡垒，以待革命形势扭转后，掀起更加巨大的抗战浪潮。

在流亡日本十年期间，由于诸多客观环境的制约，郭沫若无法从事公开的活动，不得不暂且保留中国共产党党籍以待革命高潮的再次到来。他一方面潜心于学术研究工作，撰写出著名的《中国古代社会研究》《甲骨文字研究》等重要学术论作，为建构马克思主义学术体系进行了初步尝试和理论准备；另一方面，他积极支持和鼓励具有进步倾向的左翼青年创办了《东流》《杂文》等文艺刊物，并发表了《国防文学集谈》《克拉凡左的骑士》等多篇作品，以实际行动表明了投身革命事业的进步思想倾向。

1937年七七事变后，抗日战争全面爆发，身怀抗战救国热忱的郭沫若于当年7月25日，以"投笔请缨"的豪情壮志，"别妇抛雏"的决绝态度秘密归国抗战。归国后，郭沫若以国民政府军事委员会政治部第三厅主任、国民党文化工作委员会主任的公开身份积极投身到艰苦卓绝的抗日救亡的残酷斗争之中。这期间他一直以党外人士的身份参加各类文化抗战活动，但他的另外一个身份却少有人知，那就是中国共产党秘密党员。其实在郭沫若归国抗战后便很快与党组织取得了联系，并恢复了中断已久的组织关系，但面对复杂多变的政治形势，党组织决定他以"K"为代号受周恩来同志的单线领导,并以此身份缴纳党费。皖南事变后,国民党反革命又掀起了第二次反共的高潮,革命形势又一次陷入了低谷,为了打破这种沉闷的政治氛围,从文化战线上争取革命的主动性。1941年10月,周恩来等中共领导人为郭沫若组织了纪念其创作二十五周年等公开的文化活动,借此周恩来在《新华日报》上公开发表了《我要说的话》一文,高度肯定并赞誉郭沫若在文化战线上所取得的卓越成就,认为"抗战需要他的热情、研究和战斗,他的前途还很远大,光明也正照耀着他",并进一步明确了郭沫若是"革命队伍中人",是"新文化运动的主将",是"带着大家一道前进的向导",借此周恩来代表中国共产党明确了郭沫若在战时文化界的领导地位,也更进一步表明了郭沫若与中国共产党的革命事业休戚与共的紧密联系。

1946年6月,国民党撕毁了《双十协定》,悍然发动了全面内战,国内的革命形势急转直下,民主进步人士也遭到了残酷的迫害。在此情况下,郭沫若接受了党中央委派的新任务,那就是到香港去团结广大知识分子,为新中国的成立做好人员上和文化上的储备。从1947年11月16日离开上海到达香港,到1948年11月23日郭沫若北上解放区,在为期一年多的时间里,郭沫若参加各种集会30余次,发表演讲10多次,发表文章84篇。

郭沫若在香港时期所参与组织的社会文化活动,无一不显示出他对共产党员身份的认同感和社会政治意识的归属感。在香港一年有余的时间里,郭沫若不仅公开刊发思想鲜明的文章,而且还频繁参加《华商报》等各种社会团体组织的各类进步文化活动,如:在1948年8月"应《华商报》副刊《茶亭》主编夏衍之约,始作回忆散文《抗战回忆录》,至十一月讫"[①];特别是在1948年5月8日,郭沫若参加了由《华商报》编辑部主办的"目前新形势与新政协"座谈会,并发言认为

---

① 龚济民、方仁念编:《郭沫若年谱》中册,天津人民出版社1992年版,第742页。

五一的号召"对于促进民主团结,促进胜利,具有历史的意义"。这是对中国共产党刚刚发布的"五一口号"的最直接、最有力的回应,"五一口号"核心的内容就是要"各民主党派、各人民团体、各社会贤达迅速召开政治协商会议,讨论并实现召集人民代表大会,成立民主联合政府!"考虑到《华商报》是由中国共产党领导,具有爱国统一战线性质的报纸,它主要是针对"港澳同胞、海外华侨和各国进步人士为主要宣传对象"①,而郭沫若选取了《华商报》作为自己社会活动的舞台,利用陆续发表的《"三无主义"疏证》《谁领导了北伐和抗战?》《抗战回忆录》等作品,进一步传达了中国共产党人团结抗战、实现民主的主张,为人民革命的胜利和新中国的文化建设做了心理铺垫和舆论准备。

1948年11月23日夜,郭沫若从香港乘船北上,到达沈阳后连续出席了一系列中国共产党组织的各种党内外的会议,每次会议时都是作为焦点人物出现,并做主题发言。1949年10月1日,郭沫若陪同毛泽东、周恩来等党和国家领导人登上了天安门城楼,参加了隆重的开国大典。这些事件无不表明,以郭沫若为代表的各界民主文化人士全面参与了新中国的缔造与创立,实现了以"五一口号"为基准的政治夙愿,完成了近现代中华民族独立解放的历史使命。仅仅只有一年多的时间,郭沫若便成了新中国文艺战线上名副其实的领军人物。

中华人民共和国成立前后,郭沫若不辞辛苦地投入火热的新政权与国家的筹建和社会主义建设的伟大事业之中。1949年6月15日,他以无党派民主人士代表的身份参加了新政协筹备会成立大会,并发表讲话,兴奋地高呼"新民主主义的成功万岁!"次日,在政协筹备会第一次全体会议上,当选新政治协商会议筹备委员会常务委员会副主任,同时被选为第五小组(起草宣言)组长。7月,出席中华全国文学艺术工

---

① 程曼丽、乔云霞主编:《新闻传播学词典》,新华出版社2012年版,第84页。

作者代表大会开幕式，为主席团成员，任总主席，致开幕词，并作题为《为建设新中国的人民文艺而奋斗》的总报告。

1949年10月9日，郭沫若当选为全国政治协商会议副主席，10月19日，在中央人民政府委员会第三次会议上被任命为政务院副总理、中国科学院院长、政务院文化教育委员会主任。此外，他还担任了中国科学院哲学社会科学部主任、历史研究所第一所所长、中国人民保卫世界和平委员会主席、中日友好协会名誉会长、中国文联主席等各种不同政治与社会职务，在文化、科技和教育等各个不同的领域内，殚精竭虑，辛劳工作，为新中国社会主义现代化建设各项事业的有序恢复、发展提升做出了突出的贡献。他所做出的工作和取得的成绩，得到了党、国家和人民的高度认可，在中国共产党第九、十、十一届代表大会上，当选为中央委员，在第一至第五届全国人民代表大会上，均被选为常务委员会副委员长，而且还历任政协第一届全国委员会委员，四届常务委员，二、三、五届副主席。

虽然郭沫若身兼数职，在社会上享有崇高的声望，但能够公开地以一名中国共产党党员的身份来工作，却是他多年的夙愿。郭沫若曾在中国科学院院长、副院长、学部主任交心会上作《自我检查》中明确表示"我能否成为一个党员，自己也没有把握。但是，只要我一息尚存，不断努力，即使能够在死后，为党所吸收，追认我为一个共产党员，这在我也是莫大的光荣！"① 为此，中国科学院党组在1958年10月30日致函周恩来和聂荣臻等党和国家领导人，表示："郭沫若同志长期以来，因党籍问题未能公开解决，青年人经常写信质问他，思想上存在苦闷。这次经周恩来、聂荣臻同志介绍沫若同志重新入党，我们意见是不要预备期，作为正式党员。"经过党组织的批准，终于在1958年12月

---

① 林甘泉、蔡震主编：《郭沫若年谱长编》第4卷，中国社会科学出版社2017年版，第1715页。

27日,《人民日报》刊登了郭沫若、李四光和钱学森等三百多名优秀人士"加入中国共产党"的消息,虽然这是郭沫若第二次入党,但是在新的历史阶段能够以更加庄重的形式公开自己中国共产党党员的身份,从而实现了他为之奋斗一生的强烈愿望和光荣梦想。

(二)郭沫若与中国共产党关系的启示录

自1927年郭沫若加入中国共产党后,虽然对外身份不断变化,长期未能以党员示人,但是作为一名坚定的马克思主义者,一名优秀的中国共产党党员,他为中国广大民众谋求解放和幸福的信念一直未曾改变。纵览郭沫若与中国共产党的关系可以给我们诸多启示。

深厚的理论根基奠定了郭沫若信仰马克思主义的心理基石。郭沫若并不是中国共产党的缔造者,也不是为数不多的早期党员,但是他却在中国共产党处于生死存亡的低潮期,毅然决然地加入党的组织,而且终生不渝,究其原因主要在于他对马克思主义信仰是建立在学理性认知的基础上的。1924年郭沫若翻译了日本社会学者河上肇的《社会组织与社会革命》,他的思想就此便逐渐由无神论转变到马克思主义上。《社会组织与社会革命》共分为上、中、下三篇,上篇和中篇主要论述了何为马克思主义、马克思主义如何解析资本主义制度下的社会与个人等问题,下篇则借助于对"苏俄革命"的理论分析,进一步阐释了马克思主义的现实意义和价值。相对于下篇来讲,郭沫若更加服膺于上中篇的理论阐述,他对于"唯物论""资本主义内在矛盾""社会发展规律"等学说更是感同身受。此时正处于人生低谷期的郭沫若,恰好面临着又一次人生重要的抉择,是继续坚持"为文艺而文艺"的浪漫主义价值观,还是投身到现实的社会斗争中,争取自由解放的权力呢?《社会组织与社会革命》的翻译完全符合他此时的生活情境,"这些觉悟便是我生出了'一个维系着生命的梦想'……我一方面仍旧继续着我的学艺生活，而在另一方面从事实践活动"①。正是具备了马克思主义专业理论的指导，郭沫若的社会斗争意识更加具有目的性，同时也强化了他对中国共产党的认同感。

广泛的革命斗争实践增强了郭沫若马克思主义信仰的坚定信心。郭沫若从来就不是一个困守书斋的单纯学者，在中国现代文化名人中郭沫若是参加社会斗争实践最多的革命者，从1926年投笔从戎参加北伐战争开始，郭沫若就真正走向了广阔社会斗争的前台。天生就有叛逆精神的郭沫若，在学生时代就带领同学一起反抗滞后的封建教育体制，"五四文学"时期更是以"凤凰涅槃"的决绝姿态携同文艺青年们四面出击，搅动的文坛天翻地覆，但这些还多是属于"自我"率性而为的表现，多带有鲜明的个人抗争色彩。在接受了马克思主义思想学说后，郭沫若开始自觉地由文学革命向社会革命转变，他积极投身到社会革命斗争的洪流之中。在南昌起义的危急时刻，郭沫若坚定地投入血雨腥风的战斗之中；在海外流亡的落魄之际，郭沫若投身到中国社会性质的思考之内，寻找历史前进的出路；在炮火连天的抗战之时，郭沫若以无畏的斗志鼓舞前线猛士抗争的决心意志；在白色恐怖的危难瞬间，郭沫若用睿智的思维团结带领着先进民主人士汇入新中国的洪流之中。

不同战场的历练造就了郭沫若作为一名共产党员的胆识和勇气。"时穷节乃现，一一垂丹青"的英雄气概和正义凛然是中国共产党人的优秀品格。郭沫若无论身处何种境地，都淋漓尽致地展示了此种精神。自从加入中国共产党投身到革命战争后，郭沫若辗转于各个不同的战场，既有蛰伏期的调整提升，也有隐身期的无畏周旋，还有公开期的多元奋进。郭沫若是在中国共产党低潮期加入的组织，残酷的斗争环境，并不允许他公开自己的中共党员的身份，在不同战场上的存在，反而更加坚定了他对自己道路选择的自信。

---

① 郭沫若：《创造十年续编》，北新书局1946年版，第207页。

回首郭沫若一生所走过的求知探索、抗战救国与新中国建设的艰辛革命之路,他用自己狂热的战斗精神树立了"热爱党,热爱祖国,热爱人民,对党的事业忠心耿耿"的坚定政治信仰,他无愧于一名"中国共产党的优秀党员"的光荣称号。

(作者系中国社会科学院郭沫若纪念馆研究员)

茅盾与郑振铎

陈 杰

茅盾（1896—1981），中国共产党最早的党员之一、伟大的革命作家、文化活动家、社会活动家。曾任文化部部长、中国文联名誉主席、中国作协主席、全国政协副主席等职。

郑振铎（1898—1958），作家、诗人、文学评论家、文学史家、艺术史家、翻译家，也是著名的收藏家、训诂家。曾任文化部副部长兼国家文物局局长。

茅盾与郑振铎的友谊，可以用四个字概括：志同道合。在20世纪二三十年代，茅盾的一些重大文学活动，都是在郑振铎的密切配合下进行的。不少活动也都是经郑振铎倡导提议的，但在行动时他又把茅盾推到了前面，自己甘当副手。这样的朋友，在人的一生中又能遇上几个呢?!

茅盾与郑振铎相识于1920年。郑振铎是主动写信与茅盾"建交"的，他邀请茅盾参加"文学研究会"并作为发起人之一，之后，他又向张元济和高梦旦推荐茅盾担任革新的《小说月报》的主编，并为《小说月报》的新刊组织稿源，使得《小说月报》的革新得以顺利推进。可以说，没有郑振铎无私的支援和帮助，茅盾走上文学之路也许就不会那么一帆风顺。

"文学研究会"打出了"为人生的艺术"的旗帜，郑振铎又进一步提出了一个形象化的口号："血与泪的文学。"在"文学研究会"的活动中，他们共同倡导"为人生的艺术"和"血与泪的文学"，介绍被压迫民族的文学和弱小民族的文学。他们共同抨击封建文学、鸳鸯蝴蝶派的游戏文学。他们共同创办了"文学研究会"的会刊《文学旬刊》，宣传"文学研究会"的主张。他们还共同与"创造社"展开了论战。"五卅"运动时，他们与商务印书馆编译所的同人共同创办了《公理日报》。1925年商务印书馆大罢工时，他们又同为罢工一方的代表。总之，在20世纪20年代，茅盾与郑振铎的友谊和活动，可以说是形影相随，亲密无间。所不同的，一位是共产党员，一位是党的同路人。

其实，假如当时郑振铎提出入党的要求，茅盾一定乐于做介绍人，但文人的自由散漫习性阻碍了郑振铎成为党员。即使这样，他对共产党的信任和崇敬始终是坚定的。也许正是由于这种心理，使得郑振铎在与茅盾的共同战斗中，一直甘于充任副手。如今人们讲起"文学研究会"，总以茅盾为代表人物，这主要因为茅盾是以"文学研究会"的"理论家"的面目出现，写过大量的理论文章；而郑振铎更突出在组织能力上，是"文学研究会"实际上的组织者。

20世纪30年代，郑振铎任燕京大学的教授，住在北平，然而他的文学活动主要仍在上海。茅盾在20世纪30年代主要的活动之一，即创办大型的文学期刊《文学》，就是在郑振铎的倡议和大力支持下办起来的。1933年春节后，郑振铎回上海度假，茅盾和他谈起现在缺少一个像《小说月报》那样的"自己的"文学期刊。郑振铎说："我们把《小说月报》重新办起来如何？"茅盾说："虽然你的老丈人是商务印书馆的元老，但复刊《小说月报》怕也作不了主。我看还是另找一家有进步倾向的书店来出版为好。"又说："杂志要办个大型的，篇幅可以比《小说月报》增加一倍，再改个名称，内容则以创作为主，提倡现实主义，也重视评论和翻译。观点是左倾的，但作者队伍可以广泛。"郑振铎表示赞成，并且提议刊物的名称就叫《文学》，出版的书店由他去联系。

不久，《文学》在郑振铎主持下创刊了。至于主编一角，因茅盾尚在被国民党反动派通缉，自然不能出任，郑振铎又远在北平教书，也无法担任，最后由郑振铎请出了有保护色彩的傅东华，实际的编辑工作则由茅盾来做。由于郑振铎的积极奔走和全力以赴，也因此得到了当时不少进步作家热情、积极的支持，仅仅过了大约半年的时间，即1933年7月，大型期刊《文学》便和读者相见了。其后由于刊物内容（作品、理论文章等）的丰富充实以及作者阵容的坚实，如鲁迅、郁达夫、叶圣陶、陈望道、夏丏尊等均时有作品发表，因而成为当时影响极大的巨型文学刊物，且一直延续至抗日战争爆发，始被迫停刊。

郑振铎是个热心肠的人，交游广，办法多，能力强，且好当和事佬，所以在20世纪30年代茅盾凡是遇到什么棘手之事，首先想到的便是郑振铎，而郑振铎也总能尽心尽力地为朋友两肋插刀。如1933年末国民党反动派向进步文艺界发动了疯狂的文化"围剿"，《文学》面临被查禁的危险时，郑振铎急忙从北平赶到上海，和茅盾共同商讨如何对付国民党反动派查禁的办法，最后终于想到了接连出四期专号的对策。四期专号中的一期《中国文学研究专号》有三百多页，就是由郑振铎在北平编就的。实施了这一招，果然使《文学》摆脱了停刊的厄运。

抗日战争时期茅盾去了内地，郑振铎则留在了上海孤岛。抗日战争胜利后曾有短暂的重逢，不久又再度分开，直至全国解放后才最终在北京团聚。这时，郑振铎又一次当了茅盾的副手——文化部副部长兼国家文物局局长。郑振铎兼任文物局局长期间，对历经战乱的我国文物的保护、整理、搜集和抢救作出了巨大的贡献，如对全国名胜古迹保护法的拟定，从香港抢救流失海外的珍贵文物，以及对定陵的发掘保护等。而在这些工作中，茅盾又反过来成为郑振铎的坚定支持者和帮手。

令人深感惋惜和遗憾的是，郑振铎尚未充分全面地展示他多方面的才能，却在1958年10月18日因飞机失事而罹难，过早地离开了人世。

听到这个噩耗时,茅盾正在国外,当晚就含泪提笔为这位挚友写下了一首挽诗,回国后又续写了一首。诗前各有小序:

其一

十月十九日,余自塔什干飞回莫斯科,始闻飞机失事,郑副部长及其他同志十余人遇难。是夜,余寓乌克兰旅馆之二十七楼,倚窗遥望,灯光闪烁,风雨凄迷;久不成寐,书此八句,以寄悼思。

惊闻星殒值高秋,冻雨飘风未解愁。为有直肠爱臧否,岂无白眼看沉浮。买书贪得常倾箧,下笔浑如不系舟。天吝留年与补过,九原料应恨悠悠。

其二

回国后,十月二十八日得《诗刊》社来信,索稿悼郑,并限为旧体。卅一日追悼会后,续得八句,并前章均以应命;非以为诗焉,盖以为唁也。

紫光一别隔重泉,沪渎论交四十年。风雨鸡鸣求舜日,玄黄龙战出尧天。红先专后尝共砺,绠短汲深愧仔肩。酹酒慰君惟一语,钢花灿烂正无边。

(作者系桐乡市茅盾纪念馆馆员)

诗画两巨擘　文坛一佳话
——从《九州无事乐耕耘》谈徐悲鸿与郭沫若的至交情谊

刘　名

艺坛巨匠徐悲鸿的国画名作《九州无事乐耕耘》是其晚年的代表作，也是徐悲鸿为郭沫若亲自送上的好画，而且全世界仅此一张，足以见证他与郭沫若这位近现代文化名人之间至交情谊的深厚。

此画创作于1951年，长250cm，宽150cm。画面刻画了解放后的新中国，农民在自己的土地上精耕细作的场景。整个画面色彩淡雅，近景是用重墨刻画、树干成"V"形向上生长的一棵老柳树，虽然只截取局部，但其粗壮而沧桑的质感给人以巨大的力量，与细笔淡墨勾勒出随风飘舞的柳枝、用藤黄渲染出勃勃生机的柳叶，形成鲜明的对比，古树新枝，枯木逢春，意喻新中国的勃勃生机。远景是正在"乐耕耘"的三位老农民，三个人依次渐远渐小，正在积极、安宁、乐观地从事着农耕，最前者迈开双腿，躬身扶犁，驱牛犁地，后面的农妇和农夫皆弯腰挥锄锄地。画中拖着新式的双铧犁在犁地的耕牛，笔法精致，造型独特，牛身马腿，尽管瘦骨嶙峋，但却竭尽全力。背景仅以数笔松散的淡墨呈现出土地的模糊形象，西画焦点透视方法的使用，很好地突出了画面的视觉焦点集中在农耕场景上，表现了新中国农民的欢快和安宁，以及勤奋踏实、开拓进取的精神。

图1　徐悲鸿作《九州无事乐耕耘》，国画，1951年

徐悲鸿创作此画时，当时正值抗美援朝战争惨烈进行之际，数十万中国人民志愿军在抗美援朝战场上英勇搏杀。此时，郭沫若先生率团参加了在柏林召开的"第三次保卫世界和平"会议，会上郭沫若揭露和控诉美国在朝鲜和我国东北地区投掷细菌弹的罪行，会后又赴莫斯科参加"加强国际和平"斯大林金奖颁奖仪式，并被授予"加强世界和平斯大林金质奖章"。徐悲鸿闻悉此事，大喜，深感这是郭沫若为祖国和人民赢得的无上荣誉，所以抱病特意为老友创作了这幅巨作。

画面上徐悲鸿题跋："沫若先生为世界和平奔走，席不暇暖，兹届出席第三次和平大会归来，特写欧阳永叔诗意赠之，和固所愿，但农夫农妇皆英勇战士也，1951春悲鸿。"

从画面的题跋我们可以看出，徐悲鸿寄画抒情，《九州无事乐耕耘》，题目取自欧阳修《寄秦州田元均》中的句子"万马不嘶听号令，诸蕃无事乐耕耘"，这是一首边塞诗，徐悲鸿选用了后面一句，只是把"诸蕃"改为了"九州"。这是颇具匠心的，他把土地改革、抗美援朝等时政题材寓于其中，而把"万马不嘶"、军纪严明的"军味"隐去，以达到"若隐若现"的艺术效果。表面上看似一幅反映农耕的美术作品，但它却深刻地诠释了"不战而屈人之兵"的军事思想。

徐悲鸿以此为题创作，并送给郭沫若，有一番巧妙的用意：郭沫

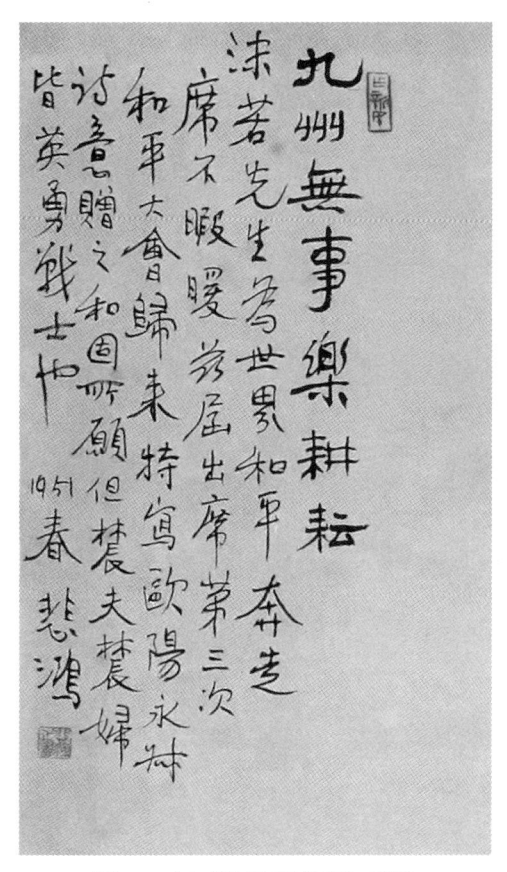

图2 《九州无事乐耕耘》题跋

若、徐悲鸿二人都是"儒臣",都有着一颗为国为民奔走呼号的文人侠客之心,以此砥砺,共同为建设新中国尽自己的微薄之力。此外,画卷中的题识"和固所愿,农夫农妇皆英勇战士也",更加深刻地反映了作品"人民个个都是战士,体现人民战争的思想"的主题,巧妙地注解抗美援朝运动中前线后方一条心。所以,此画有很好的寓意,既表达了对老友郭沫若的敬重和赞佩之情,也抒发了他对中国共产党的信心,和艺术家与文化人内心对于和平渴望的爱国情怀。

徐悲鸿画好画后,便立刻送给了郭沫若。郭沫若当时住在北京西城大院胡同,便一直将它挂在家里,不为外界所知。郭沫若去世多年后,

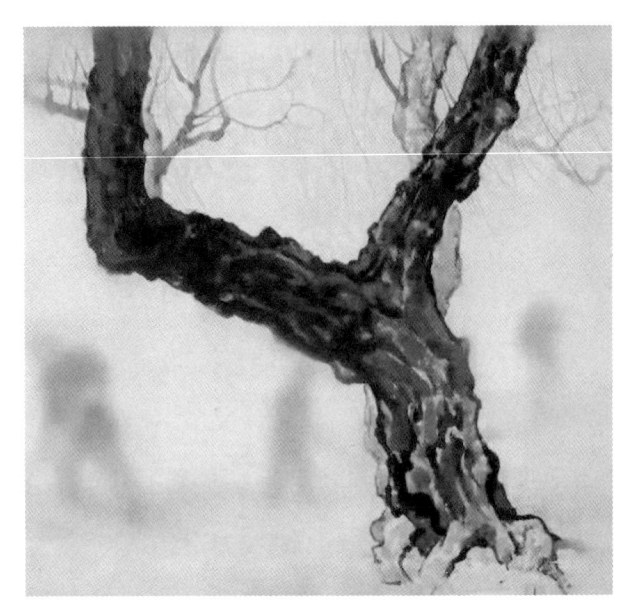

图3 《九州无事乐耕耘》局部

图4 《九州无事乐耕耘》局部

家属仍珍藏着。直到1996年中国嘉德拍卖推出新中国美术专场,这件作品才流入民间收藏。

诗画两巨擘 文坛一佳话

艺术只是一种呈现，我们需要体会艺术背后的山和大海。《九州无事乐耕耘》，这幅画不仅仅是幅名画，更重要的是它承载了一段历史，讲述了一段往事，让人追忆起"诗画两巨擘，文坛一佳话"的徐悲鸿与郭沫若至交情谊。

图 5 《九州无事乐耕耘》局部

图 6 《九州无事乐耕耘》局部

图7 《九州无事乐耕耘》局部

　　1925年秋,在法国贫病交加的徐悲鸿,在好友黄孟圭、黄曼士两兄弟的帮助下前往新加坡卖画筹款,以资他完成在法国的学业。筹款返法之前,徐悲鸿从新加坡回到上海举办个人的第一次画展,好友田汉为徐悲鸿举行"消寒会"(旧俗入冬后,亲朋相聚,宴饮作乐,谓之消寒会)接风款待,并介绍上海文艺界人士郭沫若等与徐悲鸿相见。徐悲鸿与郭沫若一见如故,谈诗论画,针砭时弊,十分投机,大有相见恨晚之感。这是二人友谊的开始。

　　郭沫若(1892年11月16日—1978年6月12日),幼名文豹,原名开贞,字鼎堂,号尚武,是中国新诗的奠基人之一、中国历史剧的开创者之一、古文字学家、考古学家、社会活动家,甲骨学四堂之一,第一届中央研究院院士。1926年参加北伐战争,1927年参加了南昌起义,1928年2月因被国民党政府通缉,流亡日本,著有《中国古代社会研究》《甲骨文字研究》等重要学术著作,1958年9月兼任中国科学技术大学校长。主编作品有《中国史稿》和《甲骨文合集》,全部作品编成

《郭沫若全集》38 卷。1952 年 4 月 9 日郭沫若获得"加强国际和平"斯大林国际奖。

1938 年，徐悲鸿差点和郭沫若做了同事。事情是这样的："七七事变"之后，日本帝国主义加快了侵略中国的步伐，继平津失陷之后，上海、南京也相继沦陷，武汉岌岌可危，全国上下抗日情绪高涨，蒋介石终于意识到民意可用，组织一批有名望的文化人士参与到抗战中来，在武汉成立军委政治部三厅，厅长便是曾任北伐军政治部副主任的郭沫若，而著名剧作家田汉被聘为艺术处处长，在郭沫若和田汉的邀请下，徐悲鸿从重庆来到武汉，准备上任美术科科长，来实现他报效国家的热血梦想。然而不巧的是，要去三厅报到的徐悲鸿却阴差阳错地跑到政治部主任陈诚的接待室，或许是因为徐悲鸿曾在广西支持桂系将领李宗仁、白崇禧等人发起的抗日救亡"反蒋"的"六一运动"，让蒋派嫡系的陈诚心存成见，很难释怀，所以对于徐悲鸿的到来不理不睬，这让乘兴而来的徐悲鸿大为恼火。等三厅厅长郭沫若得信赶到，徐悲鸿已经坐了好几个小时的冷板凳，徐悲鸿本就无意混迹官场，他只是想让他的艺术为抗战服务，实现他"尽其所能，贡献国家，尽国民一分子之义务"的情怀，此番冷遇，让他对国民党官场的官僚作风深恶痛绝，所以不顾郭沫若的劝说和挽留，决然告辞返回重庆。然而徐悲鸿投身抗战的激情并未消退，身在重庆的他对于田汉主持的三厅艺术处给予各种力所能及的帮助和谋划，同时还推荐吴作人、陈晓南等画家去找田汉，组成战地写生团，奔赴台儿庄战地作画。

抗日战争后，徐悲鸿与郭沫若聚首于重庆。徐悲鸿住在远郊，郭沫若住在市区，虽然有段距离，但两人时常往来，一起探讨文艺界的情况，谈论时局，交流艺术创作。

1945 年年初，因常年劳累，加之生活艰难，身患高血压和慢性肾炎的徐悲鸿病倒了，缠绵病榻，不得不时常卧床休息。然而病中的他依然关注着国家的前途和命运，和许多文化名人一样，渴望中国有一个和平民主的未来。

二月的山城依然寒风凛冽,一天郭沫若前来磐溪探望病中的徐悲鸿,并带来周恩来总理的慰问——延安的小米和红枣。同时带来的还有周恩来总理嘱托郭沫若起草的邀请文化界人士对时局进言的稿子——《陪都文化界对时局进言》,希望徐悲鸿能够签名。当时在国民党的统治下,被桎梏束缚的广大民众渴望有一个中国共产党参加的民主联合政府,才能有利于抗战。然而谁都清楚,在白色恐怖笼罩下的国民党心脏地区,在《进言》这样的战斗檄文上签名,公开发表自己的政见,要冒多大风险。

徐悲鸿是个艺术家,要说他有多么高的政治觉悟,可能有些牵强,他没有从政的兴趣,也无追逐名利的想法,他只是凭着血性男儿的良知和知识分子的担当,表达他对社会昌明的向往。何况,周恩来和郭沫若都是他很敬重的老友和至交,他对友情看得很重。

士为知己者死,徐悲鸿欣然落笔,还让妻子廖静文也签了名。并兴高采烈地留郭沫若在家饮酒畅谈,郭沫若当即赋诗"豪情不让千盅酒,一骑能冲万仞关。仿佛有人为击筑,磐溪易水古今寒"。

这封文化界三百多进步人士签名的《进言》,当时在全国文化界形成极大的轰动,令国民党十分恼火,蒋介石便命人重新起草了一份宣言,让文化界的名人重签,并登报申明在郭沫若起草的文化界时局进言签名是上当受骗,并对不愿签字的人士实行威逼利诱、恫吓诋毁甚至实施暗杀等卑劣手段。徐悲鸿多次被诱谈和恐吓,甚至被蒋介石要挟,但他却一点也没有屈服,每次都很坚决地表明"我没有受骗,我对我的签名负责到底,不管是谁的意思,我决不会撤回我的签名"。为了让郭沫若放心,还让廖静文特意进城,告诉郭沫若他是绝对不会动摇的。自此,两人的友谊更加深厚了。

1945年底,徐悲鸿与蒋碧薇遍体鳞伤的婚姻已走到尽头,摆在他们面前的不是离与不离,而是以怎样的条件离。面对蒋碧薇强势严苛且不断漫天加码的条件，谦谦君子的徐悲鸿也曾落泪但对纠缠不清的蒋碧薇却无计可施，廖静文找郭沫若夫妇商量，郭沫若把著名律师沈钧儒介绍给廖静文，且让夫人于立群陪同廖静文一起到沈钧儒的律师事务所，后来在沈钧儒的奔走、磋商、斡旋和做证之下，蒋碧微才在离婚协议上签了字。之后，又是在郭沫若和沈钧儒见证下，徐悲鸿与廖静文在重庆中苏文化协会举行了婚礼。在婚礼现场，郭沫若还特意写了一首诗，祝福这对终成眷属的有情人。"嘉陵江水碧于荼，松竹青青胜似花。别是一番新气象，盘溪风月画人家。"

1946年徐悲鸿在赴北平艺专任职之前，携夫人廖静文在上海专门看望了郭沫若夫妇，老友相见，十分热络。也是这次在郭沫若家见到了周恩来，听说徐悲鸿要去北平，大家都很高兴，周恩来鼓励徐悲鸿要把北平艺专办好，为人民培养一批有能力的美术工作者。

1949年3月，第一届"保卫世界和平大会"在巴黎和布拉格两地同时召开，徐悲鸿被邀请作为新中国的代表参加，代表团团长是郭沫若，团员还有曹禺、艾青、丁玲、田汉、洪深等许多文艺界的著名人士。4月23日，当大会正在进行时，突然宣布中国人民解放军渡过长江攻占国民党首府南京，与会代表起立欢呼与中国代表握手相拥祝贺。郭沫若代表中国向大会致谢，会场沉浸在一片欢呼声中，徐悲鸿当场掏出速写本，把这个激动的场面画在纸上。归国后，徐悲鸿创作了一幅他一生难得的立轴彩墨画《在世界和平大会听到南京解放的消息》，长达360厘米，宽仅70厘米，生动地反映了保卫世界和平大会现场的动人场面，其中许多真实的人物都能在画面上找到。

中华人民共和国成立后，郭沫若也来到了北京，两人的往来就更多了，常常与文艺界的朋友们一起三天两头聚晤，谈艺术论时局，看悲鸿作画，说今后想要做的许多工作等。正如徐悲鸿奔马图所题"百载沉疴终自起，首之瞻处即光明"。内心的喜悦不言而喻。而两家家属的走动更是频繁，郭沫若夫人于立群曾亲手给徐悲鸿女儿缝制花色和式样都很美丽的连衣裙。

1953年9月26日，积劳成疾的徐悲鸿因突发脑出血倒在中央美术学院院长的工作岗位上，时任主管文化的政务院副总理郭沫若闻讯赶到医院，悲痛欲绝的廖静文看到郭老，不禁扑在他的肩头放声大哭："八年前你为我和悲鸿主婚，现在他走了……"郭沫若含着泪，劝慰廖静文节哀，为了孩子，也为了悲鸿。

徐悲鸿曾说，他的作品应该为人民服务。在其逝世后，他的夫人廖静文将徐悲鸿1200余幅呕心沥血之作和1200余幅唐、宋、元、明、清及近代著名书画，以及徐悲鸿生前从国内外收集的一万余件图书、图片、碑拓、画册与美术资料，全部无偿地捐献给国家。为纪念徐悲鸿杰出的艺术成就和对中国美术事业的贡献，1954年，文化部以徐悲鸿北京东受禄街16号的故居为馆址，建立徐悲鸿纪念馆，周恩来总理题写了"悲鸿故居"匾额，郭沫若题写了"徐悲鸿纪念馆"馆名，此外郭沫若还为徐悲鸿题写了八宝山悲鸿的墓碑。徐悲鸿去世后，郭沫若和立群夫人还经常到徐悲鸿纪念馆来看望廖静文和孩子。

即便是在"文化大革命"的浩劫中，郭沫若与夫人仍与廖静文互相来往。当廖静文请他们写字时，他们从未拒绝过。

1970年，"文革"浪潮尚未过去，历经劫难的廖静文，带着一本徐悲鸿留下的册页来到郭沫若家，请郭沫若夫妇在册页上题字。册页的前面是空的，后面也是空的，中间却是徐悲鸿抗战时期画的一匹马。翻看这本册页时，郭沫若不禁联想到1945年2月在磐溪和徐悲鸿相会的情景，仿佛又回到了与徐悲鸿相对举杯的场景，还有他当时即兴所作的诗，感慨万千，于是便在奔马前面的空白处，一笔一笔地录下"豪情不让千盅酒，一骑能冲万仞关，仿佛有人为击筑，磐溪易水古今寒"，并记录下他们肝胆相照的过往与始末，直到1970年廖静文来访，很巧合的是，记述的结尾处正好接上了徐悲鸿的那幅画，于是郭沫若便在这幅画后面写道，感觉好像是当时徐悲鸿特地留下来的这段空白。

"形以隔下，意以隔高"，优秀作品所表达的内涵往往是含蓄的。

时至今日，徐悲鸿的《九州无事乐耕耘》，仍具有强烈的时代气息和现实意义。2011 年，在北京保利国际拍卖会上，此画拍出 2.668 亿元的价位，无论是从学术价值、史料价值还是市场价值来看，都可谓实至名归！而这个价位也刷新了徐悲鸿作品拍卖成交的世纪记录，这幅画也成为人们最为关注的悲鸿画作之一。

绘画是有生命的，我们不难感觉到画家与画笔下水乳交融的情感，那就是绘画中所蕴含的情感与胸襟的温度，以及徐悲鸿与郭沫若这两位诗画文坛两巨擘情义无价的知己情谊。

（作者系徐悲鸿纪念馆副研究馆员）

任伯年与徐悲鸿在绘画上的渊源

佟 刚

任伯年是晚清时期海上画派巨擘,徐悲鸿则是中国近现代冶中西绘画于一炉的美术大师。徐悲鸿出生于 1895 年,那年 56 岁的任伯年正好去世,两人生活的年代不同,作品也风格殊异,但两人的国画创作又确实呈现出令人耐人寻味的共通之处。

徐悲鸿纪念馆保存有徐悲鸿生前精心收藏的几十件任伯年作品,并且,徐悲鸿对任伯年的绘画一直十分推崇备至,那么两位绘画大师的艺术,存在哪些渊源呢?

通过对徐悲鸿和任伯年两人的生平与两人作品的研究,我们可以了解到,徐悲鸿对任伯年的绘画为何如此推崇,也可以看到,徐悲鸿在自己独步古今的绘画创作中,从任伯年的绘画创作中得到了哪些借鉴和传承。

一 徐悲鸿对任伯年的高度评价

徐悲鸿对任伯年的了解,像他自己的绘画生涯一样,一开始是受父亲徐达章的影响,徐悲鸿曾回忆,"忆吾童时有一日,先君入城,归仿伯年《斩树钟馗》一幅,树作小鬼形,盘根错节,盖在城中所见伯年佳作也。是为吾知任伯年名之始"。

徐悲鸿夫人廖静文在回忆录中说:"徐达章的写意花卉很受徐渭和比他略早一些时候的任伯年的影响,清新淡雅。"父亲是徐悲鸿的绘画启蒙者,从少年时开始,任伯年的绘画风格就在徐悲鸿心中留下了深刻的印记,此后,徐悲鸿的画艺大进,但他对任伯年的绘画一直钦敬有加。

1926年,徐悲鸿在欧洲留学期间回到国内,结识了吴仲熊,吴得知徐悲鸿酷爱任伯年的画,便将自己所藏任伯年父女没有装裱的遗作,全部赠送给了徐悲鸿,共数十幅。后来,徐悲鸿更是陆续搜集了任伯年的数十幅精品,以扇面、册页等小件为多。这些任伯年的作品,徐悲鸿一直保存在身边,成为今天徐悲鸿纪念馆的藏品。

也是在1926年,徐悲鸿将任伯年的画作带给他的老师、法国著名画家达仰观赏,达仰对任伯年的画作了如下的评语:

"多么活泼的天机,在这些鲜明的水彩里。多么微妙的和谐,在这些如此致密的彩色中。由于一种如此清新的趣味,一种意到笔随的手法——并且只用最简单的方术——那样从容地表现了如许多的事物,难道不是一位大艺术家的作品么?任伯年真是一位大师。"

对此,徐悲鸿在他后来所写的《任伯年评传》中记叙道:"达仰为近代法国大画家之一,持论最严,其推许如是,正可依为论据也。"

徐悲鸿喜爱的古今画作很多,但他喜爱任伯年的作品尤甚。他见到任伯年的佳作时便会情不自禁地感叹"此真神品也""梦寐数月",在喜获任伯年画作时,更是"欢喜赞叹,便欲跃起",在不能得到任伯年的画时又会叹息"恨不能豪夺,怅怅"。

徐悲鸿在其收藏的任伯年作品上特意写上"特恐张挂过多,尘污混其笔迹耳,有保守之责者不可不加注意也"。体现出他对任伯年画作的珍爱。

1927年,徐悲鸿根据任伯年的照片,还特意为任伯年画了一幅油画肖像。

1933年至1934年，徐悲鸿携任伯年、齐白石、张大千、潘天寿、陈树人等多位画家的作品赴欧，在法国巴黎举办中国美术展览会。原定展期一个月，因反响热烈，展览延期至45天，观众达数万人。之后，又在意大利、德国、苏联等地进行了巡展，成为中国绘画在欧洲影响最大之事。通过展览，徐悲鸿着重向全世界介绍任伯年等人的绘画艺术。

1950年，徐悲鸿的新加坡友人陈之初出版《任伯年画集》，徐悲鸿为画集专门撰写了《任伯年评传》。

《任伯年评传》从任伯年的身世，到任伯年的绘画创作，进行了系统地考证和记叙，分析了任伯年的艺术历程和艺术造诣，徐悲鸿在文中说："伯年于画人像、人物、山水、花鸟、工写、粗写，莫不高妙"、"（伯年）更借卓绝之天秉，复遇渭长兄弟，得画正轨，得发展达此高境界"。

"仇十洲之后中国画家第一人"是徐悲鸿在《任伯年评传》中对任伯年的高度评价。

曾任中国美协副主席的蔡若虹曾回忆，徐悲鸿每当遇有客人来访，常要把自己收藏的任伯年作品张挂出来，与客人共同欣赏一番。

二　任伯年"笔无常法，别出新机"

任伯年作为晚清时期的一代绘画大师，他的绘画题材广泛，技法多样。他的作品，有工笔，也有写意、肖像、人物故事、动物、花鸟，面貌多样，而且同一题材的画又毫无雷同之感，这在任何时候的画家中都是不多见的。尤其是他的人物绘画，无论工细，均能够描写出人物的神态。

任伯年创作了大量的人物故事题材作品，他细致观察和描写自己和身边人的生活，加以艺术地表现，并以此抒发自己的真实情感，这使任伯年的人物绘画具有清新脱俗的艺术感染力。

任伯年早年由父亲任鹤声传授"写真术"，练习画肖像及人物画，十六岁之后来到上海，着力于花鸟及动物画，以没骨法为主，师法恽南田，远绍两宋。那时，他在自己的作品中经常题写："法南田翁""南田翁大意""略师宋人设色""拟宋人设色"等。但他作品的用色，又与恽南田和宋人的恬淡匀净不同，而是色调丰富，更加突出对比，活泼灵动。这期间，任伯年又向同族中的任渭长、任阜长学习，并通过他们上溯陈老莲。这样，任伯年在没骨法之外，也注重以勾勒来塑造形象。他的用笔线条沉稳有力，运笔恣肆而又收放自如。

任伯年在学习古人的同时，更注重观察生活中的各种形象，所以他笔下的花鸟走兽，多是人们在自然界中所习见的动植物，而不是传统绘画中那些程式化的奇花异卉、珍禽异兽。这种造型的能力，显示出任伯年具有一个画家敏锐的观察力、绘画的写生能力及提炼能力，否则其画面呈现不出那样千姿百态、栩栩如生的诸多艺术形象。

图1　任伯年《牧牛图》

任伯年对动物的认真观察，画界流传有很多故事。比如他刚到上海时，一心想提高自己的绘画技能，他有时会去一个叫春风楼的地方喝茶，春风楼的楼下是一个羊圈，他边喝茶边看羊，同时用手在衣服上比画。于是"日久对之，画羊得其神理"。此外还流传着任伯年趴在屋顶上观察猫的故事等传说。我们观赏任伯年的画，看到他画的各种姿势的麻雀、燕子、翠鸟、八哥，看到他笔下的芭蕉、紫藤、绣球、水仙，看到人们熟知的牛、羊、犬、猫，就知道这些关于他细心观察的故事是十分真实的。任伯年的这种观察和写生，也使得他的画与同时代其他画家有很大不同，因为任伯年笔下的各种形象来源于生活，因而是真切生动的，而那时其他大多数画家对花鸟景物的描写，多来自临习画谱和对前人风格的刻意模仿，所以他们画出来的作品与任伯年自然大相径庭。

　　任伯年的画这正像他在自己一幅《斗牛图》中曾题写的那样："丹青来自万物中，指甲可以当笔用，若问此画如何成，看余袍上指划痕。"表明了任伯年对世间万物的用心体悟和他对绘画本源的深刻认识。

　　资料显示，任伯年二十多岁时，曾在上海土山湾画馆学习过西方绘画技巧，我们从任伯年的画面上，也可以明显看出他对传统造型的突破，他所描写的对象有着透视、比例和明暗的关系，他在一些画作中所用的颜色五彩斑斓，则有着水彩的丰富层次和韵味。

　　任伯年的这些绘画表现在当年是非常大的革新，这也使得他的绘画艺术非同凡响，正如与他同时代的大画家虚谷评价的那样"笔无常法，别出新机"。

三　徐悲鸿的美术求索

　　徐悲鸿的绘画创作因时而创，眼光深远。他借西方写实绘画之所长，对中国传统写意绘画进行创新，从而开创了中国大写意绘画的新图式，在题材和技法上，拓展了传统中国绘画的内涵和表现力。

在绘画题材上，徐悲鸿创作了大量反映中国现实和中国古人高尚情操的人物国画作品，比如《愚公移山》《九方皋》《巴人汲水》《会师东京》等。这些作品，借古喻今，以托情比兴的绘画语言，反映民族的生存现实与时代精神，以全新的写意方法，抒发人们的社会理想和对美好生活的憧憬，突破了传统中国画的表现范畴和表现旨趣。

徐悲鸿曾说："中国画自明末以来三百多年，便处在这种毫无生气、陈陈相因的积习中，其间虽然出现过少数优秀的画家，但整个国画界的风气是守旧的，画每一笔都要有来历，都要模仿古人，毫无生气和创造，思想和笔墨都僵化了。"无疑，徐悲鸿认为任伯年就是其中少数优秀画家之一，徐悲鸿早年立志要做的事情，就是要继承中国传统优秀绘画之长，同时汲取西方绘画的优点，改变中国绘画陈陈相因、不表现现实生活的弊端。

徐悲鸿1918年在北京大学画法研究会担任导师时就提出："古法之佳者守之、垂绝者继之、不佳者改之，未足者增之，西方绘画之可采入者融之"，徐悲鸿从中国古代传统人物绘画入手，学习油画的写实技法，对中国传统绘画进行了批判继承。我们回顾一百年来中国绘画的发展历程可以看到，徐悲鸿的选择也是中国绘画的时代选择。20世纪初，面对时代巨变，中国绘画完全从自身传统中寻求变化，以实现变革转型或全盘接受和转向西方现代主义绘画，都不能适应中国绘画发展的时代需要，徐悲鸿写实性中西结合的美术探索和创新可以说是百年来中国美术发展的题中应有之义。

徐悲鸿对中外美术进行细致研究，对古今中外绘画作品形成了自己独到而精深的评判。他对于西方自文艺复兴以来的绘画大师，比如达·芬奇、拉斐尔、米开朗基罗、鲁本斯、德拉克洛瓦及印象派大师等人的作品褒奖有加，对于中国唐宋绘画优秀传统和明清以来的陈洪绶、扬州八怪及任伯年等人的作品也是称颂不已。其中，徐悲鸿对任伯年的绘画更是表达了持久的崇敬之意。

图2 徐悲鸿《村歌》

四 徐悲鸿从任伯年绘画得到的启发和借鉴

　　徐悲鸿对任伯年绘画推崇的原因是多方面的，除了任伯年的画在色彩和笔墨等技艺方面的突出表现以外，更主要的原因是因为任伯年承写实精神，创造独特美感，使中国绘画呈现出蓬勃生机，尤其是在人物画方面。

　　徐悲鸿认为，绘画应该从人物画入手，他也把人物画和肖像画的创作，视为绘画的重要门类。徐悲鸿曾说，描写人物是明末以来中国传统绘画最薄弱的环节，画家往往都是在模仿古人画一些山水和花鸟，一味讲求清高风雅，而不擅长以描绘人物来表现鲜活的现实和人的丰富情感，而晚清时期任伯年的绘画脱颖而出，状物传神，令画坛面貌一新。

　　任伯年的绘画意味隽永。所谓"在神不在貌"，据记载，任伯年早年曾信笔勾画出某个熟人的背影，观者无不称为"神似"，对此伯年自己说，这是由于他长期留意被画者的言行举止，所以即使是画该人的背影，简单的几笔勾勒，就能达到传神的效果。

　　任伯年的人物画根基，一方面来自其父"写真术"的庭训，另一方面，即是来自师承任渭长、任阜长，并上溯陈洪绶。而陈洪绶则师法蓝瑛，承袭戴进、吴伟的浙派传统。这条脉络，可以说是自明代以来中国绘画的主流，陈洪绶、任伯年则是其中的佼佼者。这也就是徐悲鸿所说的"（任伯年）得画正轨"。

晚明时期陈洪绶的绘画题材广泛丰富，他除了山水花鸟画造诣深厚之外，尤精人物，师法北宋李公麟而自能出新意。他笔下的人物造型夸张奇特，往往躯干伟岸，面部丰硕，有唐人风度，他大胆突破前人陈规，成为独具风格的一代宗师。他晚年的作品则表现出一种追求怪诞、嘲讽现实的倾向，流露出他在明亡后对清廷不满的忧郁孤傲情绪。陈洪绶的绘画风格给了任伯年很重要的影响。

任伯年的人物绘画，常常借用古代典籍，表现现实生活中人们的忧思和希冀。从这一点上说，任伯年作品的立意和作品的思想性远远高于其他画家。比如任伯年一画再画的《关河一望萧索》《苏武牧羊》以及《故土难忘》《猴戏图》《五谷丰登》等作品，体现了任伯年热爱国家、体恤平民的人文情怀。任伯年的这些人物画，题材广泛，形象丰富。有的题材他反复多次画过，但每幅画构图都不尽相同，很见创作的用心和功力。任伯年人物绘画具有的这种现实主义的悲悯情怀，也是徐悲鸿感同身受的，所以他和任伯年一样，创作了许多具有爱国爱民情怀的人物故事题材作品，诸如《愚公移山》《九方皋》《巴人汲水》等。

任伯年的作品还有诸多来自现实生活的题材，如《牧童》《儿童斗蟋蟀》《荷塘采菱》《瓜棚纳凉》等，一般坊间常见的仕女画也有不少。而"牧童""乡情"等题材也是徐悲鸿喜欢表现的。任伯年这种乡村题材，兼具写实与浪漫的抒情画风，也对徐悲鸿产生了重要影响。

任伯年常画的人物画，除了上述所说的借古人来抒发自己思想感情的题材，还有很多历史故事题材，如《羲之爱鹅》《赤壁夜游》《米芾拜石》《小红低唱我吹箫》等，此外还有中国民间故事和神话传说，比如《风尘三侠》《紫气东来》《华祝三多》《群仙祝寿》及《钟馗》等。

钟馗是中国人喜闻乐见的形象,有着驱邪镇鬼的特殊含义,任伯年和徐悲鸿都创作过多幅《钟馗》,铲除人世间的不平是他们两人的共同愿望,而两人创作的《钟馗》,从立意、构图到笔墨,更是有许多相似之处。

图3 任伯年《钟馗》

任伯年的画以写意为主,但他在塑造人物和动物时,注重真实描写人物和动物的体态。任伯年平时有用铅笔速写的方法和习惯,所以长期积累下来,他笔下的人物动物能刻画得很真实。他笔下没有晚清文人画那样似是而非的造型,而是注重写实,注重描写生活场景,并表达自己的理念和情感，所以作品饶有生活情趣。这是一种求真务实、开放包容的艺术创作理念，摆脱了晚明和有清一代的程式化画法，而在笔法、墨法和设色上，又保留并发扬了传统绘画中的精华。

图 4　徐悲鸿《钟馗》

徐悲鸿强调"素描是一切造型艺术的基础",他在创作人物主题绘画时会先画大量模特,画动物也经常写生,素描数以千计,通晓人物和动物的生理解剖及运动特点。

任伯年绘画的技法多样,无论细写与粗写,双钩、没骨、点虱、无一不精,尤其设色奇巧。对于任伯年画面的设色,宗白华誉其为"近代稀有的色彩画家"。徐悲鸿也曾在《艺术漫话》中称赞任伯年"吾国近人中最擅色彩者,当以任伯年为第一,其雅丽丰繁,莫或之先"。

可以说,徐悲鸿的国画从题材、立意到笔墨、色彩,都从任伯年那里得到了很多借鉴。

结　语

任伯年没有留下什么画论,但他的作品、题画诗及相关创作经历,充分体现了他卓越的绘画创作理念和技法。徐悲鸿说:"伯年为一代明星而非学究,是抒情诗人而未为诗史,此则为生活职业所限。方古之天才,近于太白而不近于杜甫。"

任伯年的推陈出新,其本质是唐代画家张璪所提出的"外师造化中得心源",以自然为师、以生活为师,并托物言志,抒发自己的思想情感,达到所谓"以形写神"的艺术境地。这其实是中国绘画千年传承的一个优秀传统,只不过被明清以来一些所谓的正统画家们淡忘了。

任伯年作品所展现的多姿多彩的艺术境界,体现了中国绘画在时代变迁时所迸发出的生机活力。同样地,徐悲鸿身处动荡变革的时代,面对中国绘画的发展要求,以过人的才情和努力,传承中国优秀绘画传统,取法西方写实艺术,表现中国人的生活和精神面貌。

无论是人物还是花鸟绘画,在表现现实的主题性上和在表现具体形象的技法上,徐悲鸿都受到任伯年很多影响,但徐悲鸿比任伯年有更多的现代思考,对中国绘画变革的力度更大。任伯年和徐悲鸿虽分属不同的时代,但他们都做到了继承传统,吸收外来而推陈出新,各自倡导了"师法造化"和"致广大、尽精微"的艺术准则。

(作者系徐悲鸿纪念馆副研究馆员)

真正走向文化自觉的艺术大师

刘 祯

提到京剧大师梅兰芳可谓无人不知，无人不晓，如若告知梅兰芳还是一位中国共产党党员，相信很多人会是一脸茫然，甚至愕然。然而，梅兰芳是一位共产党员，虽然他的党龄只有两年多，就于1961年8月溘然逝世，但梅兰芳用一生不仅在台上而且在台下抒写了壮丽、辉煌的人生，他严于律己、追求完美，加入共产党使得梅兰芳人生进入一个新阶段，他的思想实现了一种新飞跃，成为他人生思想信仰的"点睛"之笔，成为"一代完人"。

梅兰芳于1959年加入中国共产党，而其对共产党有较为深入的认识，则从上海解放开始。1949年5月27日上海解放，这一天清晨，梅兰芳就上街了，远处还可以听到隐隐的枪声，在建国东路，他看到许多解放军战士军容整齐，都睡在马路边。回家后，他称赞共产党军队纪律好极了。① 紧接着梅兰芳参加了共产党领导的新政权工作，从上海迁往北京居住。先后担任中国戏曲研究院院长，中国京剧院院长和中国戏曲学院院长等职。入党的愿望与他参加革命同时萌生，在梅兰芳看来，

---

① 福芝芳：《回忆党教育下的梅兰芳同志》，载中国梅兰芳研究学会、梅兰芳纪念馆编《梅兰芳艺术评论集》，中国戏剧出版社1990年版，第573、574页。

真正走向文化自觉的艺术大师

"自从一九四九年全国解放以来,在党的极大关怀和教育之下,使我理清了社会发展的必然规律。通过革命的伟大胜利,祖国的伟大建设和党大公无私地为人民、为整个人类谋福利的伟大措施,我深深地受到了感动,使我真正认识到党的马列主义的真理,也认清了作为一个艺术劳动者所应走的正确的光明的道路"。① 不过,梅兰芳觉得"几年来,虽然我是热爱党的,在主观上也还是努力加强政治锻炼,但是非常不够的,因而我久已渴盼成为一个光荣的共产党员的愿望不好意思向党表示"。② 梅兰芳认为"我希望成为一个共产党员,但现在还不够条件,要进行思想改造,我是从旧社会过来的,思想改造是非常重要的"。③ 他对党有个完整认识的过程,同时因为对入党看得很重、很神圣,所以对自己的要求也格外高。

那么何以于1957年提出入党申请呢?梅兰芳说:"我已经参加了社会主义革命事业,天天正在做着我应当做的工作,如果自己还没有锻炼好,怎能够把现在的和将来的工作都做得好呢?所以热烈希望及早参加党组织,直接受到深入的共产主义教育,使我脱胎换骨,改造得更彻底才可以放心大胆贡献出所有的力量,我今天才申请入党,不算早了,不能再等待了。"④ 他的入党申请书写于1957年12月,入党《自传》写了近万字,详细汇报自己的经历、剧团、社会关系、家庭情况及入党理由等,这个时间点的提出,也有他为革命工作时不我待的一种责任和急迫感。1959年3月16日,中国戏曲研究院党支部研究通过梅兰芳为预备党员,3月23日,中国戏曲研究院党员全体大会决议通过梅兰芳加入中国共产党。于7月1日举行入党宣誓仪式。

梅兰芳入党介绍人是中国戏曲研究院党委书记、副院长张庚和中国

---

① 梅兰芳:《入党志愿书》,原件藏中央档案馆。
② 梅兰芳:《入党志愿书》,原件藏中央档案馆。
③ 福芝芳:《回忆党教育下的梅兰芳同志》,《梅兰芳艺术评论集》,第578、579页。
④ 梅兰芳:《自传》,油印稿,藏梅兰芳纪念馆。

京剧院党委书记、副院长马少波。关于梅兰芳入党介绍人还有个小故事。周恩来总理非常关心梅兰芳入党之事，曾说："梅兰芳同志要入党我很高兴。程砚秋同志入党时，我曾做过他的入党介绍人，你（马少波）去征求梅兰芳同志的意见，如果他有此要求，可以援例而行。"当马少波向梅兰芳转达周总理的关怀时，梅兰芳恳切地说："总理的关怀和信任我很感动。他做砚秋的入党介绍人，我也感到荣幸。但我想文艺界知名人士入党的很多，如果大家都援例要总理做介绍人，总理如何应付得了！我是一个普通共产党员，不应特殊，我希望中国戏曲研究院和中国京剧院的两位党委书记张庚和您（马少波）做我的介绍人，这样有利于党组织对我的具体帮助。"周总理听说后，高兴地说："梅兰芳真是一位好同志。"[①] 这一年，也是建国10周年，梅兰芳在这一年新排了他新中国第一个也是最后一个新戏《穆桂英挂帅》，该戏也成为梅兰芳晚年一部代表作。在入党宣誓仪式上，梅兰芳也讲到该戏的成功，"如果没有党的领导和编导、剧团同仁以及文艺界朋友们的大力帮助，我想把这个戏搞好是不可能的"。[②]

中华人民共和国成立后，梅兰芳以极高的热情投入人民的戏曲事业中，担任戏曲领域许多重要职务，其时他已经50多岁，此前还有抗战八年的息演，然而他却始终活跃在演出的舞台上，到全国各地，为基层服务，为工人、农民和广大解放军指战员服务，到抗美援朝前线，到福建前线，慰问和鼓励那些最可爱的人。他每个档期的演出，不是一天两天，也不是一场两场，而是一个月、两个月，甚至三个月，不是以他为招牌，而是以他为主演。以1956年演出为例，1月在北京，2月在南京，3月在泰州、扬州，5月26日至7月16日在日本东京、福冈、八幡、名古屋、京都、大阪等地，9月在北京，10月上旬在上海，10月

[①] 马少波：《马少波自叙》，《马少波文集》，北京出版社2008年版，第194页。
[②] 引自谢思进、孙利华编著《梅兰芳艺术年谱》，文化艺术出版社2009年版，第338页。

中旬在杭州，11月在南昌，12月在长沙，1957年1月从长沙又直接到武汉，受寒感冒，嗓音发哑，病休后又在武汉演出，包括为武钢建设者做了两场慰问演出，一直到2月25日回到北京。日本回国后的这次浙、赣、湘、鄂演出，前后持续达近四个半月，这时的梅兰芳已经62岁，这需要具有怎样的精神和力量。在各地演出，梅兰芳平易近人，他提的唯一条件是，压低票价，希望让更多的观众能够看到、看得起他的演出，以至于许多售票点艰难地维持着购票秩序。这次演出产生很大影响，包括毛泽东主席见到梅兰芳都询问："你几时回来的，这次走了不少地方吧？"①

　　进入20世纪50年代，梅兰芳完成了由一位杰出爱国的"伶界大王"向有理想、有信仰和高度文化自信的京剧艺术家的历史过渡，这样一种转变和升华，与时代发展及共产党的领导密不可分，梅兰芳的视野格局、他的思想和世界观发生了前所未有的变化，确定他找到方向，知道自己的艺术为谁服务，目标是什么。所以，共产党领导下的梅兰芳最后之十余年，真正从文化和理论两个层面明确了"梅兰芳"的意义，他到大江南北、城市乡村、厂矿部队不遗余力地去演出，是一种认识了艺术真谛和自我价值的回馈与报答，所以他每到一地所迸发的民众"狂欢"和热情，是艺术与观众最本原的交流、融会。

　　而梅兰芳能够臻于此境却非一朝一夕，而是他长期积累的结果。他8岁学戏，11岁登台，却并无天分，靠的是勤奋与锲而不舍。1913年在上海演出，声名鹊起后，继谭鑫培成为新的"伶界大王"，在京剧旦行与程砚秋、尚小云、荀慧生号称"四大名旦"，是时尚的宠儿。人们多关注和了解梅兰芳表演艺术的精湛，而梅兰芳之所以能够不负众望，没有半途而废，而是不断取得新的成就，是与梅兰芳所秉持的家风传统，他注重个人修养、严于律己分不开的。

---

① 福芝芳：《回忆党教育下的梅兰芳同志》，《梅兰芳艺术评论集》，第577页。

梅兰芳祖父梅巧玲（1842—1882年），是清代同治、光绪年间著名旦角演员，为著名的"同光十三绝"之一，30多岁即执掌著名的四喜班，深受梨园同人的爱戴与尊敬，乐善好施，同行遇到困难，他尽其所能予以帮助，"焚券""赎当"的逸事在梨园界广为传颂，有"义伶"的美誉。梅兰芳秉承良好家风，做人和善谦虚，包括他少年得志，成名以后，没有不良嗜好，各界人士以及媒体多称他虚怀若谷。他乐于助人，参加各种社会公益活动，义务戏演出是其中重要的一个内容。这些义务戏演出，无论是救助贫苦同业，或赈济灾荒，或爱国筹款，或慈善救济，梅兰芳都当仁不让，也是最具号召力的演员。1925年五卅惨案发生后，上海全市"三罢"即总罢工、总罢课、总罢市，为对罢工工人进行补助，梅兰芳积极推动梨园公益会发起义务戏，梅兰芳、杨小楼、余叔岩、尚小云、马连良等名角都出场演出，"尽纯粹义务"，他还率领自己承华社全班人马演出义务戏，把所有收入捐献，梅兰芳本人还另行"捐助学界募捐会洋五百元"。① 1932年一·二八事变发生后，各地爱国人士，纷纷解囊，筹集前方将士医药等费，梅兰芳积极参与，"亲演双出，共筹款八千余元"。② 还与承华社同人独立举办义务戏筹款，受到社会各界的肯定。各类义务戏演出梅兰芳都是人们首先考虑争取的对象，他也是积极参与其间，特别是那些慈善和公益性活动，他的名望和号召力无人能及。

但是我们知道，演员演戏可不是一个人的事，还涉及场面、跟包、配角等，义务戏名角免费，其他人呢，这里情况比较复杂，事实上有场面、跟包、配角等支出，所开之价，很多时候比平常加倍还多，暗中自然就把主角应得之数，开在账里了。就是主角不是自动如此，他的办事人，也要这样做，这相当于是行内的潜规则。梅兰芳则不如此，"他既

---

① 《梅兰芳发起义务戏》，《社会日报》1925年6月11日。
② 《梅兰芳演义务戏捐助伤兵医费》，《京报》1932年3月7日。

答应演义务戏,则一文不要,自己跟包人,自己给钱,其余配角,由义务办事人自己接洽,以昭信用"。这是跟随他多年的齐如山所看到的。为此,齐如山对梅兰芳极其佩服:"他之为人不但谦和,且极讲信用而仁慈。"①

齐如山谈到梅兰芳为人的另一方面是"自爱而讲气节"。他讲了一个梅兰芳的故事:"九·一八"事变之后,日本人扶植溥仪在东北成立伪满洲国。在未成立之前,日本人或中国人来找梅兰芳,请他于满洲国成立之日去演几天戏,以示庆祝,戏价从优,安全绝对保障。为梅兰芳所拒绝。如此交涉了几次,这位伪满邀请者说:你们梅家三辈都受过清朝的恩典,"天子亲呼胖巧玲"这样的诗句是众所周知的。如今又成立满洲国新政府,你们自然应该前去庆祝。并且这与你以前演一次堂会戏也没什么分别,有何不可去呢?梅兰芳回答道:这话不应该这样说法,清朝已经让位,溥仪先生不过一个中国国民,倘他以中国国民的资格,庆寿演戏,我当然可以参加。如今他在敌人手下,另成立一国,是与我们的国家,立于敌对的地位,乃我国之仇,我怎么能够给仇人去演戏呢?来者又说,那么从前的恩惠就不算了?梅兰芳回答:这话更不能说。若严格地说,清宫找戏界唱戏一次给一次钱,也就是买卖性质,就说当差,像中堂尚书等或可说受过恩,当小差使的人多了,都算受恩吗?我们还不及当小差使的人,何所谓恩惠呢?该人无言,事遂作罢。②名为请,实则软硬兼施,而梅兰芳是非分明,柔中带刚,不卑不亢,关乎气节大义,寸步不让,他的思想境界于此可见一斑。舞台上梅兰芳多扮演柔媚秀丽的女性,现实中温文尔雅,与人为善,中和有度,而关乎原则大事,他异常清醒,态度鲜明。由此,抗战时期梅兰芳的息演隐居也就不难理解了。

---

① 齐如山:《我所认识的梅兰芳》,《京剧谈往录三编》,北京出版社1990年版,第93页。
② 齐如山:《我所认识的梅兰芳》,《京剧谈往录三编》,北京出版社1990年版,第94页。

中国京剧、中国戏曲"走出去",走出国门,走向世界,在世界产生重大影响,且影响至今的艺术家是梅兰芳。他的访日、访美、访苏演出,每到一国都引起轰动,让所在国观众了解和欣赏到中国传统戏剧,让国际戏剧界看到别样的戏剧艺术,梅兰芳的出访演出,受到多国戏剧界大家的关注和好评,为中国戏曲争得了荣誉。需要指出的是,梅兰芳这几次赴日、赴美、赴苏演出,处于中国社会经历了近代屈辱,国门洞开,清室逊位,社会急剧的动荡和变革中,中国文化也遭遇了前所未有之冲击,在西学东渐思潮下,许多激进者对传统文化进行猛烈批判,人们旧有的思想、信仰、理想、道德、观念发生动摇和改变,处于左右为难之际。所以,梅兰芳的每次出国演出,关注和引起巨大反应的已经远远不仅局限于戏曲界、艺术界本身,而成为一种社会、文化公共和集体性的瞩目、聚焦。梅兰芳每次出国,也不是以经济为目的(虽然经济收入是那个年代包括梅兰芳在内所有京剧人赖以生存的唯一方式),也没有受到国家委派、出资,有时承担着巨大的经济风险,梅兰芳都置之度外,他所做的是他作为一位中国艺术家的文化自觉行为,在那个年代,梅兰芳不以稻粱计,而以社稷文化重者,有这种文化自觉和世界眼光者,可谓先行者。正如他 1930 年 1 月 16 日在赴美前宴会上致答谢词所说:"兰芳此去,或者能使西方的人们,认识我们中国的戏剧的真像,在两国的文化上亦不无裨益。世界人们的眼光已渐渐集中到太平洋,艺术又何尝不如此呢?""假使兰芳这次去,因艺术上的接触,得使两国民族增进些许感情,也就是兰芳报答国家、社会以及诸位的一点微忱。"①

梅兰芳访美演出,先后在西雅图、纽约、芝加哥、华盛顿、旧金山、洛杉矶、檀香山等城市进行了为期近半年的演出,取得出人意料的效果和好评。梅兰芳是从上海乘坐英国加拿大皇后号轮船到达北美的,

---

① 李斐叔:《梅兰芳游美日记》,手稿钞本,藏梅兰芳纪念馆。

实际上最早靠岸的是加拿大温哥华，然后换船进入美国西雅图。在跨越太平洋的船上，也发生了很多故事。其中一件对梅兰芳和所有剧团团员"太觉难堪"的事是，在船上梅兰芳受到礼遇，但甫上船，在放映电影前这样重要的集体场合，本来喧嚣的场面随着音乐响起，"全场的空气也蓦地里由谈笑的声中静默下来，随即看见全场的外人，都离座站起来了，昂首直肚，两手下垂，看那神情，个个毕恭毕敬，真是庄严整肃，气象万千"。原来是演奏美国国歌。船上有美国人、英国人、日本人、中国人，接着又演奏其他国家的国歌，"我们很觉得荣幸，今天居然受到了国际仪节的洗礼了"。但很快他们就开始觉得难堪了，"我们华人乘客很多，人家奏国歌，为什么不奏我们中国国歌呢？不一定要富于爱国心的人才奋（愤）慨，凡是我们中华民族，在这情形之下，恐怕没有一人不为之感叹罢？"在轮船即将靠岸时，这种礼节又再次上演，梅兰芳召集同事开了一个会，他说："细细回想，我们去责备人家吗？我想是不能的。为什么呢？一来因为我们自己的国家，太不图强，自己失掉了国际的高尚地位；二来，国家祸乱叠起，尚未有余暇，顾到这礼节的虚文，今日之局，真是咎由自取。"联系到这次赴美演出，梅兰芳鼓励大家：

> 我们这次出去，也就是正替国家努力的一个机会，就大者言之，好好的去演戏，使他们认识我们中国文化的久远，艺术的伟大；就小者言之，平时的一举一动，都要沉雄高尚，努力自爱，使他们了解我们民族的生活情形，打破他们历来对我的错误观念，随时随地，都要注意他们的长处，拾一些知识带回祖国，以赠送亲戚朋友，作为名贵的礼品。能如此，便是不虚此行，而且尽了一点国民应负的义务，你们为了国歌问题，都很有奋（愤）慨之情，这是很好的现象。在当时，我又何尝不感叹呢？所以我趁这个机会，同诸位谈谈，不必徒事悲伤，应当反求诸己，爱国要切实去做，一

步是一步,这才是正理,我与大家共勉之!①

在他看来,对此也不必过于愤慨,既做了中国人民的一分子,姑先承担起自己所应负的一点责任。古人所说身修而后家齐,家齐而后国治,国治而后方能天下太平。若是人人能够如此,"我们的国歌,自然有在全世界奏演,使全世界人民肃立致敬的那一天"。这是梅兰芳对团员的勉励,也是自勉。孰料他一语成谶,在中国共产党领导下,中国人民又用了不到20年时间,让国旗五星红旗高高飘扬,让国歌义勇军进行曲回荡在天安门广场,奏响在中华人民共和国大地上。

梅兰芳,严于律己,一生不断追求进步,追求完美,是20世纪真正走向文化自觉的艺术大师!

(作者系梅兰芳纪念馆馆长、研究员)

---

① 李斐叔:《梅兰芳游美日记》,手稿钞本,藏梅兰芳纪念馆。

努力向学，蔚为国用
——我的外公李四光

邹宗平

"我入党了，这是我一生中最愉快不过的事情！我活了70岁，到现在，才找到了归宿。这中间，我经历了一条漫长的曲折的道路。"这是李四光1958年入党后写下的一段话，充分表达了他当时的心情。

李四光（1889—1971），湖北黄冈人，字仲揆。科学家、教育家、社会活动家，中国地质科学奠基人之一

探寻救国真理

李四光出生于1889年,甲午海战时,还是一个幼童,但中国的惨败让他下定决心,长大了要去学习造船,为国家造出坚船利炮。15岁,李四光东渡日本学习造船。在日本留学期间,李四光结识了孙中山、宋教仁等革命志士,在他们的影响下,李四光开始认识到仅仅造出坚船利炮并不能改变中国的命运。16岁的李四光毅然加入革命行列,成为同盟会最年轻的创始会员,决心改变中国内忧外患的状况,建设一个国强民富的新国家。宣誓入会后,孙中山送给他八个字"努力向学,蔚为国用",李四光用一生实践了这八个字。

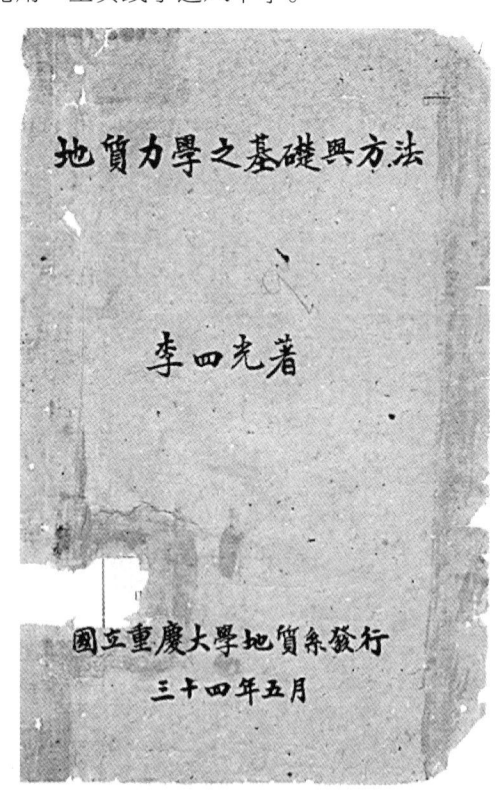

李四光著《地质力学之基础与方法》

在 1911 年的武昌起义中，李四光表现突出。起义成功后，23 岁的李四光被高票推选为湖北省实业司司长。武昌起义的硝烟还没有散去，袁世凯就篡夺了革命果实。新兴的官僚集团和帝国主义沆瀣一气，使得李四光想要发展实业、造福人民、建设新湖北的愿望成了泡影。无数人流血牺牲，好不容易推翻了一个皇帝，结果又来了一个军阀，李四光愤而辞去了实业司司长的职务，远赴欧洲进修，希望学会一套本领，以反抗帝国主义对中国的侵略。

1910 年从日本留学回国后，李四光就发现，当时的中国连一个像样的铁矿都没有，没有铁就炼不出钢，就造不出坚船利炮，所以这次去英国留学，他特别选择了采矿专业。学习了一年采矿之后，他又认识到，当时的中国也是采不出矿来的，因为没有人对中国做过系统的地质考察，中国的地质条件及矿产分布基本上是一张白纸。要想采矿，首先要通过地质勘探充分了解地质构造及矿田的分布，所以一年后，李四光又改学了地质学。1921 年，李四光学成回国，受到蔡元培先生的邀请，到北京大学地质系任教。

初回祖国的李四光，满以为只要稍有理智的人，都会在真理的面前低头。但是，现实的情况并非如此，就连一些学者也竭尽所能趋炎附势，置真理于不顾。李四光感到极端失望，极端愤慨。

在科学研究上，李四光绝不采取人云亦云的方针，坚持走自己的道路。"真理，哪怕只见到一线，我们也不能让它的光辉变得暗淡。"这是他的名言。他相信，只要能够不断掌握新的技术，虚心采纳别人建设性的批评，就可以不断推进他的研究。可是，对于国家前途和命运，李四光这个时候并没有看到一个明确的奋斗方向。用他自己的话来形容，就是"好比一个小虫子隔着玻璃，见了一点光亮，便乱动乱闯，满不估计那一点将信将疑的光亮是从何而来，是真是假；只要找着任何一个拿着武器，一时反蒋的人物，便打主意在他的前后跑来跑去"。眼看着一向同他亲近的朋友，有些也卷入了蒋介石的反动政府，他不免产生了孤独感，对中国的未来感到悲观和不确定。他所能坚持的，是绝不和反动统治同流合污，全身心地投入地质研究中，将学术研究作为躲避外界纷乱局势的防空洞、避风港。

投身新中国地质事业

在专心学术的同时，李四光并没有放弃寻求真理。抗日战争结束之后，他就决心不再回南京去，并托他的一个学生与他辛亥革命时认识的老朋友董必武联系，寻问有无可能到西北地区开展地质工作。董必武带话给李四光，鉴于目前形势，他不能来看望李四光，以免给他带来麻烦。同时告诉李四光，当前国内战争发展很快，希望他保重身体，最好找一妥善住处，暂避战乱，后会有期。

李四光因为 20 世纪 40 年代表中国地质学会到伦敦参加第十八届国际地质大会而暂时留在英国，1949 年年初，根据周恩来的指示，郭沫若给李四光写了一封信，请他早日回国。收到信后，心情激动的李四光立即着手办理回国的手续。就在李四光焦急等待启程的时候，国民党策划了一个阻挠他回国的阴谋。得知这个消息，李四光立即离开英国，绕道意大利，经过六个多月的跋涉，终于在 1950 年 4 月 6 日抵达新中国。

回到新中国，眼前的一切和他两年前离开的时候相比，有了翻天覆地的变化，市场繁荣，秩序良好，物价相对稳定，人们脸上都带着发自内心的微笑和对美好未来的自信。中华人民共和国成立后短短几个月发生的巨大变化，正是李四光早年投身革命努力追求而没有实现的理想。在中国共产党的领导下，理想终于变为现实。在黑暗中摸索前进的痛苦阶段，从此结束了，李四光和千千万万的普通劳动者一样，在这个伟大的变革中，受到了深刻的教育，彻底地认识了中国人民的进步是和党的领导分不开的，在过去是这样，现在是这样，将来也是这样。

李四光刚回国的时候，满心想的是再回到科学研究第一线。他到北京的第二个星期，周恩来总理去看望他，两人畅谈了三个小时。周总理从新中国的迫切需要谈起，希望李四光不仅要协助郭沫若做好中国科学院的工作，还要组织全国地质工作者为国家建设服务。对于周总理的提议，李四光是有顾虑的，因为他60岁之前都在做科学研究，没有太多行政工作的经验，身体又不好，他怕力不从心，辜负了党对他的希望。但是看到周总理那热情、殷切、期待的眼光，想到百废待兴的新中国亟待地质工作者发现、开发矿产资源，为工业发展提供原料，李四光接受了这个任务，开始全国地质机构的重组工作。

1950年，全国地质工作者还不到300人，而且分散在各地的各个机构，大家对于重组的意见并不一致。李四光在了解情况后，决定给每个地质工作者都写一封信，征求他们对改革重组的意见。不论地质工作者是在研究所、矿山还是野外地质队，信都是直接寄给本人。两个多月后，收到大部分回信，综合这些回信的意见，并同有关方面协商，李四光提出成立"一会、两所、一局"的意见。"一会"是中国地质工作计划指导委员会，这是地质部的前身；"两所"是中国科学院地质研究所和中国科学院南京古生物研究所；"一局"是财政经济委员会地质勘探局。这个意见上报周恩来总理，经政务院批准，新中国最早的地质领导机构中国地质工作计划指导委员会成立，李四光被任命为主任委员，1952年又被任命为地质部第一任部长。在组建领导机构、地质科学研究所和矿产勘探队伍的同时，李四光还着手开办地质学校，为国家培养地质科研调查人才。除了北京大学、清华大学等原有的地质系以外，1952年开办了东北地质专科学校（长春地质学院的前身），李四光担任首任校长。后来又陆续成立了北京地质学院、成都地质学院等，培养了大批地质人才。加上国家逐年给地质部门配调的干部职工，到第一个五年计划末，全国地质队伍已发展到20多万人，保证了第一个五年计划地质勘探任务的完成。如今，中国的地质普查已经覆盖了大部分国土，地质科学研究水平也名列世界前茅，这一切都起始于70多年前不到

300 人的地质队伍。

推翻"中国贫油论"

在中国地质工作计划指导委员会以及后来的地质部的领导下，在第一个五年计划期间，地质工作者对 71 种矿产进行了勘探，其中有 64 种探明了储量。

在所有待开发的矿产资源中，石油无疑是非常重要的一种。20 世纪初，国内外的地质学家大多对中国石油资源的远景抱着悲观的看法。1922 年，美国学者发表了一篇题为《中国和西伯利亚的石油资源》的文章，认为中国缺少中新生代海相沉积，在中国发现大油田的可能性不大，于是就有了"中国贫油论"。在第一个五年计划之初，由于帝国主义的封锁，中国的石油供应成了大问题。当时的中央领导十分关心中国究竟有没有丰富的石油资源，如果没有，是否要走人工合成石油的途径。人工合成石油不仅成本高，提炼技术也很复杂，不到万不得已是不会走这条路的。对于中国到底有没有石油，中央领导咨询了国内很多地质学家，都没有得到一个肯定的答复。1953 年是第一个五年计划的头一年，这年年底，毛主席、周总理和其他中央领导征询李四光对石油问题的看法。对于"中国贫油论"，李四光一直持反对的态度。早在 1928 年，他在《燃料的问题》一文中就提出："美孚的失败，并不能证明中国没有油田可采。中国西北方出油的希望最大，然而还有许多地方并非没有希望。热河据说也有油苗，四川的大平原也值得好好的研究，和四川赤盆地质上类似的地域也不少，都值得一番考察。"1939 年，李四光在英国出版的《中国地质学》一书中也特别指出："这个新华夏系的内陆沉降带，我们有证据认为是白垩纪内陆盆地的发展。如果在北部平原下部，钻探到足够的深度，并加以地震勘探，应该可以发现有重要经济价值的沉积物。""有重要经济价值的沉积物"指的就是石油。

李四光从他自己建立的新华夏构造体系出发,分析了中国的地质条件,向毛主席等中央领导陈述了他反对"中国贫油论"的观点。李四光认为,找油要考虑的是有好的生油条件和好的储油条件,不要局限在是否有海相沉积。他深信在中国辽阔的领域内,天然石油资源的蕴藏量应当是丰富的,关键是要抓紧做地质勘探,并且提出应该重点工作的地区。中央领导同志赞成李四光的意见,后来周恩来总理在一次会议上提到了这件事,他说:"石油在我们的工业中是最薄弱的一个环节……首先是勘探的情况不明。地质部长很乐观,对我们说,地下蕴藏量很大,很有希望。我们很拥护他的意见。"

1959年9月,中华人民共和国成立十周年前夕,好消息传来,东北松辽平原的两口油井在两天内先后喷油。大庆油田的发现,基本解决了当时中国的石油自给,彻底推翻了"中国贫油论"。

李四光一生道路曲折、漫长,直到进入古稀之年才找到了"归宿"。在中国共产党的领导下,他把全部智慧和力量都奉献出来,献给党、献给国家、献给人民。1958年,李四光光荣地加入了中国共产党,从此,他更加感受到生活的美好与充实,"像是一个刚出生的婴儿,生命的新起点才开始"。

(作者系李四光外孙女)

跨界科学家的"行路难"
——李四光的音乐情

赵 曼

小提琴是西方管弦乐器,而中国作曲家们以自己独特的东方审美,创作出了一曲曲享誉世界的瑰宝级小提琴名作。为大众所熟知的有1959年创作的小提琴协奏曲《梁祝》,是中国最著名的小提琴作品之一,经久不衰。但是很少有人知道,早在1920年,中国著名的科学家、教育家、伟大的爱国主义者李四光,也曾创作过一首小提琴曲,而且是中国的第一首小提琴曲——《行路难》。

无心插柳却载入中国乐坛史册

1990年,上海音乐学院教授陈聆群开展《萧友梅音乐文集》的出版筹备工作,他从萧友梅的遗物中发现了《行路难》这份乐稿。五线谱眉端工整地写着曲名"行路难",曲谱右上角写着李四光的原名"仲揆"二字,右侧空白处标记着"1920年正月作于巴黎",乐谱简单但结构完整、层次清晰,中间还有转调。曲谱背面写了5行19小节乐曲,注明了创作时间1919年11月20日以及创作地点巴黎,右上角标注了李四光的英文名 J. S. Lee,该部分乐谱应为编曲草稿。

之后经上海音乐学院中国近现代音乐史教授考证，确定《行路难》为中国的第一首小提琴曲，作曲者是李四光，曲谱原件现收藏于上海音乐学院图书馆特藏室内。

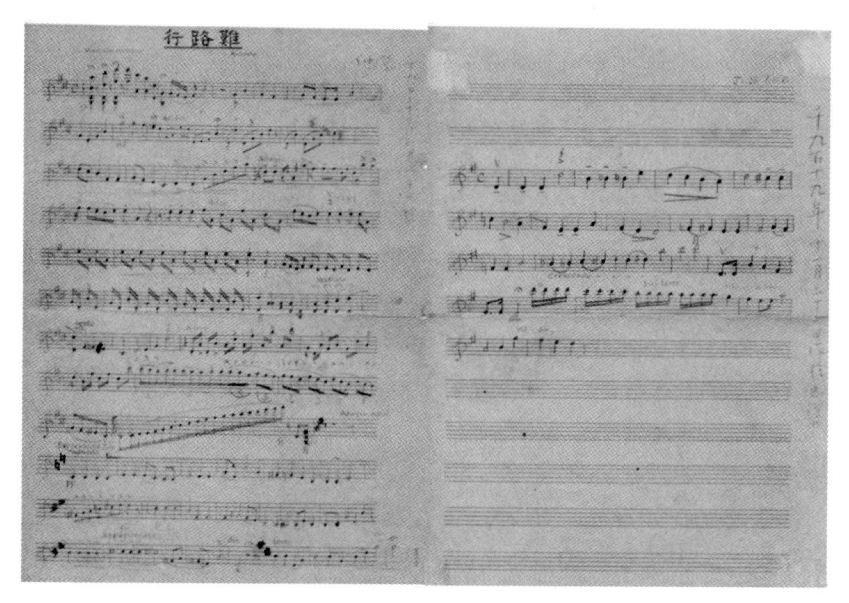

图1　曲谱《行路难》正、反面

这份曲谱是在什么时期、以什么契机交到萧友梅手中的呢？李四光纪念馆研究发现，两位先生应是1920年在欧洲或归国途中相识的，期间李四光将创作的小提琴曲《行路难》交付萧友梅，希望其帮忙批改。1920年李四光在欧洲进行地质考察时，收到了蔡元培聘请他任北京大学教授的邀请，他毅然放弃了国外发展的机会，踏上返回祖国之路，并于1921年1月任教于北京大学，为祖国培养自己的地质科学人才；同一时期，萧友梅也于1920年从欧洲回国，同样有过在北京大学任教的经历。虽然二人都曾任北大教授，但可以排除回国后托付曲谱的可能，因为李四光到北京不久便与夫人许淑彬相识相爱，而夫人对萧友梅并不熟知，可见两位先生在北京的工作生活交集甚少，而且夫人精通乐理，又弹得一手好钢琴，回国后若曲谱仍在，她也可帮忙批改，可夫人对琴谱之事并不知情。① 正是这些原因，《行路难》曲谱一直被萧友梅完好地保存着，这份跨越 70 年的约定，也终于以"中国第一首小提琴曲"的形式走进公众视野。

《行路难》创作背后的故事

《行路难》的创作背景与李四光早期的人生经历密切相关。1889 年 10 月 26 日，李四光出生在湖北农村的一个贫寒家庭，由于帝国主义列强的侵略和清政府的腐败，19 世纪末 20 世纪初，中国沦为半殖民地半封建社会，任人宰割、受尽屈辱。在这样的成长环境中，李四光在孩童时期便立志要为祖国造出坚船利炮来抵抗外敌。通过不懈努力，15 岁便获得公费到日本留学的机会，几年后如愿考上日本大阪高等工业学校，学习梦寐以求的造船专业。16 岁时加入了由孙中山等人创立的同盟会，毕业回国后又参加了辛亥革命，通过新民主主义思想的熏陶，李四光实现了从一个农村孩子到爱国主义战士的转变。

图 2　李四光在英国留学时购买的小提琴

---

① 根据李四光外孙女邹宗平女士口述整理。

辛亥革命失败以后，李四光为了寻求"科学救国"的道路，1913年，他第二次离开祖国，就读英国伯明翰大学。初到伯明翰李四光选择学习采矿专业，因为他深知由于缺乏钢铁，当时的中国根本造不出船舰。但是在学了一年采矿专业后，他发现只会采矿不会找矿也不行，要想把打开国家宝藏的钥匙掌握在自己手里，就一定要从头学起，于是便转学了地质学。在英国求学期间，李四光利用课余时间学会了拉小提琴，有时还会去教授家里即兴演奏一曲，很受教授一家的欣赏。

1918年，而立之年的李四光获得自然科学硕士学位，他准备学成回国开展地质调查工作，完成报效祖国的梦想。可几个月后，第一次世界大战宣告结束，中国作为参战国，在1919年的巴黎和会上受到了不公正待遇，激起中国人民极大的愤慨。满怀爱国热情的李四光，在军阀混战、内忧外患、民不聊生的情况下，回国之路重重受阻而且前路布满荆棘。于是1919年冬，他草写了五线谱背面的五行乐曲，并于1920年正月将曲谱正式创作完成。

《行路难》是在严重民族危机下，李四光成长经历和内心活动的诠释。乐曲的前面部分哀伤悠长，抒发了他对复杂社会局势的愤郁不平和对国家命运的担忧；乐谱中间部分曲调激昂，将整首曲子推向高潮，结尾处又渐回平静，体现了李四光尽管内心苦闷挣扎，却仍倔强地坚持着对光明的渴望与追求，坚守着为祖国奉献自己的勇毅决心，情绪的转变源自少年时期立下的报国初心，以及成长过程中坚定的信念使命。说到"行路难"，不得不提及李白的诗作"行路难，行路难。多歧路，今安在？长风破浪会有时，直挂云帆济沧海"。李四光谱成的曲调与李白诗词所描绘的心境异曲同工，这也许就是小提琴曲名字的由来。

音乐结缘，琴瑟和鸣

1921年，在一次赈灾公益募捐晚会上，李四光的目光为一位正在弹奏钢琴的优雅女士所吸引，此时他还没意识到，原来这位女士就是与他携手共度一生的爱侣——许淑彬。之后，经北大化学系教授丁绪贤夫人介绍，李四光与许淑彬相识。一开始为了拉近二人之间的距离，李四光主动询问："我会拉小提琴，请问你是否愿意为我伴奏"？许淑彬欣然同意，就这样爱情的音符慢慢在二人之间流淌。是音乐让两人相知、相爱，他们的结合也正如双人合奏：一人坚毅厚道、刚中带柔；一人善良好强，柔中寓刚，琴瑟在御，莫不静好，共谱爱的奏鸣。

图3 1923年1月李四光与许淑彬结婚照

追思纪念活动

2019年9月,为了纪念李四光诞辰130周年,李四光纪念馆与上海音乐学院共同主办了"李四光 我国科技界的一面光辉旗帜"上海站巡展。活动从不同角度追溯了李四光的卓越贡献和深厚的音乐素养,并在现场发布了小提琴曲《行路难》的钢琴伴奏版本。

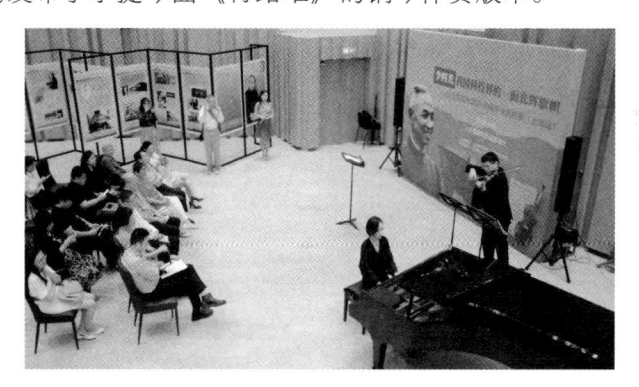

图4 活动现场

(作者系李四光纪念馆馆员)

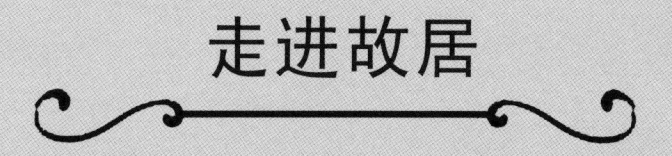

走进故居

宋庆龄故居的前世今生

雒树刚

图 1 宋庆龄同志故居

宋庆龄（1893—1981年），中华人民共和国名誉主席，是举世闻名的爱国主义、民主主义、国际主义、共产主义的伟大战士，是20世纪的伟大女性，是伟大的革命家孙中山的夫人。宋庆龄在北京的故居坐落在风景秀丽的什刹海后海北沿，原是一座王府花园。这是一处雍容典雅、幽静别致的庭院，占地面积2万多平方米，建筑面积约5000平方米。故居门前碧波涟漪，堤岸杨柳轻扬，院内曲径回廊，楼堂亭榭，湖水环绕，山石嶙峋，绿树浓荫，花香四溢。

宋庆龄一直居住在上海。中华人民共和国成立后，党和政府就计划为宋庆龄在北京修建一处住所，但她一再逊谢。1962 年，周恩来总理受党和政府的委托，亲自筹划，决定借此王府花园，精心设计改造葺旧更新，将原来主体建筑以西，接建一座"中西合璧"的二层主楼，作为宋庆龄的住所。1963 年 4 月，宋庆龄迁居于此，1981 年 5 月 29 日在这里逝世，共在这里工作生活了 18 个春秋。

宋庆龄故居由建筑和花园组成，这里留下了许多历史记忆。

纳兰明珠府邸西花园

宋庆龄故居始建于康熙朝，是纳兰明珠府邸的西花园。纳兰明珠（1635—1708 年），康熙三年（1664 年）31 岁时任内务府总管，康熙五年（1666 年）33 岁时授弘文院学士，擢刑部尚书，后任都察院左都御史、兵部尚书。康熙十二年（1673 年）与户部尚书朱思翰、刑部尚书莫洛力清撤三藩平叛有功，深得康熙皇帝的倚重。康熙十六年（1677 年）升任武英殿大学士兼礼部尚书，加太子太傅，与索额图同为宰相。康熙二十三年（1684 年），索额图失宠去职，明珠独为首辅。他因卖官鬻（音同玉）爵，贪赂山积，于康熙二十七年（1688 年）被弹劾罢宰相职，于康熙四十七年（1708 年）卒，享年 74 岁。

纳兰性德（1655—1685 年），字容若，是明珠的长子，22 岁成为康熙身边的三等侍卫，不久后晋升为一等侍卫，多次随康熙南巡北狩。纳兰性德饱读诗书，是清朝著名的词人之一，他随皇上唱和诗词，译制著述，因称圣意，多次受到恩赏。纳兰性德 24 岁时，将词作编选成集，名为《侧帽集》，又著《饮水词》。后人将两部词集增遗补缺，共 349 首，合为《纳兰词》，内容涉及爱情友谊、边塞江南、咏物咏史及杂感等方面。他的词在当朝就享有盛誉。时人云，"家家争唱《饮水词》，纳兰心事几人知？"可见影响力之大。近代大家王国维对纳兰性德的词真切自然的特点极为赞赏，赞曰："纳兰容若以自然之眼观物，以自然之舌言情。此由初入中原未染汉人风气，故能真切如此。北宋以来，一人而已。"纳兰性德在这个王府中长大成人，度过短暂的人生，并在这个府第离开人世。他有许多精彩的诗篇写于这个宅院之中。

比如，在故居花园内，有两株夜合欢，是纳兰性德亲手所栽，是他的心爱之物。所谓"夜合欢"，即白天花开，晚间花即闭拢。纳兰性德30岁时，在这里召集友人，举行了他生前最后一次宴会。席间，他们以庭院中两棵夜合花为题歌咏，纳兰性德写下一首五律《夜合花》：

阶前双夜合，枝叶敷华荣。
疏密共晴雨，卷舒因晦明。
影随筠箔乱，香杂水沉深。
对此能销忿，旋移迎小楹。

第二天纳兰性德便卧床不起，"七日不汗"，发烧不退，溘然长逝，年仅30岁。这两棵夜合欢至今生长在宋庆龄故居中。

纳兰性德19岁时（约1674年）娶两广总督卢兴祖之女为妻，夫妻十分恩爱。可惜好景不长，才过了三年多的时间，卢氏就因难产而去世。纳兰性德为她写下了许多感人至深的悼亡词，著名的一首是《浣溪沙·谁念西风独自凉》：

萧萧黄叶闭疏窗，沉思往事立残阳。被酒莫惊春睡重，赌书消得泼茶香，当时只道是寻常。

妻子卢氏早亡后，纳兰性德精神上受到极大的打击，为了寄托对亡妻深深的哀思，故作下此词。这首词上阕以黄叶、疏窗、残阳的秋景勾画，描绘丧妻后的孤单凄凉；下阕写伫立沉思中忆起的寻常往事，描绘与亡妻往日的美满恩爱，道出了今日的酸苦。全词生动地表达了词人对亡妻的哀思之情。

和珅别院、成亲王府与醇亲王府

明珠去世后，这个宅院被儿孙继承。在乾隆时期，明珠的孙辈成安得罪当时的权臣和珅。相传，和珅多次敲诈勒索成安，但并没有达到目的，于是成安就被和珅强行编织罪行，家产被没收，宅园被和珅据为己有。在乾隆年间，这座古雅的庭院就成了和珅的别院。和珅身居要职之时，所聚敛的财富，约值8亿两至11亿两白银，所拥有的黄金和白银加上其他古玩、珍宝，超过了清朝政府15年财政收入的总和。乾隆帝死后15天，嘉庆帝赐和珅自尽，没收了他的财产，并将这座宅院赐给成亲王永瑆，按照王府的规制加以重修改建，是为成亲王府。但成亲王位并非世袭罔替，光绪年间，王府由内务府收回，光绪十四年（1888年）成亲王府成为醇亲王府。

醇亲王府一共有两代醇亲王

第一代醇亲王是奕譞（音同宣）（1840—1891），道光帝第七子，咸丰帝异母弟，光绪帝生父，宣统皇帝溥仪的爷爷，其大福晋为慈禧太后胞妹。道光三十年（1850年）封为醇郡王。咸丰帝死后，奕譞与恭亲王配合慈禧太后发动辛酉政变，所以慈禧太后开始重用奕譞。同治三年（1864年），奕譞加亲王衔。同治十一年（1872年）晋封亲王。光绪登基，他又被加封亲王世袭罔替。光绪十年（1884年），恭亲王奕䜣所带领的军机处被慈禧全班斥退，史称"甲申易枢"，奕譞开始接掌政权，是军机处的实际控制者。光绪十一年（1885年），总理海军衙门，任内挪用海军经费修建颐和园。光绪十六年（1890年），醇亲王奕譞薨于藩邸，时年51岁。

在宋庆龄故居中有醇亲王奕譞亲栽的100多年的西府海棠，甚为有名。每年 4 月 10 日前后开花，宋庆龄曾用其果实制作海棠酱。

第二代醇亲王载沣的一生

醇亲王奕譞死后，他的第五子载沣（1883—1951 年）袭封醇亲王爵位，成为第二代醇亲王，继续住在醇亲王府。载沣是光绪皇帝的弟弟，他的长子溥仪为清朝末代皇帝。因义和团运动中德国公使克林德在北京被杀，他于 18 岁这年（1901 年）被委派充任头等专使大臣赴德国道歉谢罪。光绪三十四年（1908 年）任军机大臣。1908 年 11 月 14 日和 15 日，光绪皇帝和慈禧太后在 20 小时内先后死去，溥仪即位称帝，载沣任监国摄政王，次年代理陆海军大元帅。因此，在清朝的最后三年（1909—1911 年）中，他是中国实际的统治者。

载沣掌控政权后，做了两件大事。

一是罢黜袁世凯。载沣对袁世凯的敌视源自两个方面，一方面，袁世凯曾在 1898 年戊戌变法时出卖过他的哥哥光绪皇帝；另一方面，当时袁世凯位高权重，当时全国有战斗力的军队几乎都掌握在汉族将领手中，袁世凯掌管着北洋新军，形成尾大不掉之势，大大威胁着他三岁的儿子溥仪做皇帝。基于这两点，载沣决定除掉袁世凯。载沣以袁世凯有"足疾"为由，解除袁世凯的一切官职，让他回籍养病，直到辛亥革命爆发，袁世凯才东山再起。

二是预备立宪。面对越来越高涨的国内革命形势，清统治集团内部立宪组阁的呼声越来越高。有鉴于此，载沣于宣统元年（1909 年）二月，下诏重申预备立宪，令各省"切实筹办宪政"，务必在当年成立谘议局，这种致力立宪的姿态，使一部分立宪派对载沣及宪政产生了极大的幻想，纷纷表现出极大的热情，投身于各省的宪政运动中。宣统三年（1911 年）四月，载沣以监国摄政王的名义任命庆亲王奕劻为第一届内阁总理大臣，组织责任内阁，而将原有的军机处及旧内阁均予裁撤，以显示实行宪政的决心。但在新内阁名单人选中，皇族和旗人占了大半，这个内阁被人们指斥为"皇族内阁"，彻底揭开了"宪政"的虚伪面目。

辛亥革命爆发后，载沣没有对革命进行武力反抗，选择了皇帝"逊位"，和平地交出政权，从此退出了历史舞台。清帝逊位后，载沣生活很低调。他从不参与复辟活动，只求维持对皇室的优待条件和保持现状。1917年，在"张勋复辟"中，载沣表现得极不热诚，从头至尾都未参与。1924年，溥仪被赶出紫禁城，到醇亲王府住了一段时间后，住到日本人处，后又到天津日租界张园，然后潜往东北。对于溥仪去东北，载沣认为"凶多吉少"，持反对态度。溥仪到东北建立伪满洲国后，曾多次要他全家搬去，日方代表也屡次来劝说他迁往长春，而载沣拒绝日本人劝降之要求，并怒斥其子溥仪投靠日本。他认为全家去东北是愚蠢的，一旦陷入圈套，必将落得任人宰割的下场。民国二十三年（1934年），他赴东北满洲国，月余后即返回北平，居住在醇王府内。

据记载，在1925年正月的一个上午，孙中山突然造访醇亲王府。孙中山说载沣在辛亥革命中辞去摄政王，是有政治远见的行为；载沣能把国家和民族利益摆在首位，而把家族利益放在一边，是难能可贵的。孙中山对载沣在皇帝"逊位"后不参加复辟活动，予以充分肯定。宾主尽欢，孙中山还送给载沣一张亲笔题字的照片。在分手之时，两人本约好下一次载沣回访孙中山。但不幸的是，一个多月以后，传来了孙中山逝世的消息。载沣将那张珍贵的合影照片摆在书房里，围上素色白花，焚香秉烛，虔诚地祷念早逝的一代伟人。

中华人民共和国成立后，1950年载沣思考了很长时间，最终下决心把王府出售。载沣把醇亲王府售给"国立高级工业学校"，价钱为90万斤小米。载沣和居住在府中的儿女们商定，将售房款的一半留给他自己另购住房，另一半由八个子女平分，让他们到外面买房或是租房住。1951年初，载沣因多年老病感受风寒，病故。

宋庆龄去世后，党和政府对故居进行了全面修整，保留和恢复了宋庆龄生前工作、生活原貌，以其原状进行陈列，在全国范围内收集文物、资料，筹办了"宋庆龄同志生平展"。宋庆龄同志故居，是全国重点文物保护单位和全国青少年教育基地。自 1982 年 5 月对外开放以来，每年接待海内外观众几十万人次，举办国内外交流活动百余场，正在成为收藏孙中山和宋庆龄文物的博物宝库、研究宋庆龄生平事迹和伟大思想的权威机构、弘扬宋庆龄精神的坚强阵地、增进中外人文交流的重要平台。

（作者系全国政协文化文史和学习委员会副主任）

2020年"8+"文化名人故居纪念馆大事记

4月,"8+"名人故居纪念馆联盟组织举办"清明时节 缅怀名人 走进故居"系列活动。其中郭沫若纪念馆组织"清明时节缅怀名人,走近郭沫若故居"网上读郭老诗、赏纪念馆花活动及献花活动;老舍纪念馆举办《老舍笔下的清明节》线上展览;桐乡茅盾纪念馆组织拍摄并播出《寻翰墨足迹 敬一代文豪》专题宣传片、敬献鲜花及拜谒陵园等活动。

5月13日至5月18日,"8+"名人故居纪念馆联盟在京的9家成员单位进行"打造博物馆之城@北京文博"直播活动。红线女旧居同样在5月18日当天进行了直播。累计观看人次超3000万。同时,8+各单位还在微信公众号、微博公众号、官方网站上推出了宣传视频、线上专题巡展等。

5月18日,由北京市文物局、北京博物馆学会、中共北京市西城区委宣传部主办,"8+"名人故居纪念馆联盟承办的"平等·多元·包容——文化名人的艺术世界"巡展启动仪式在郭沫若纪念馆举办。

5月18日至6月18日,由北京市文物局、北京博物馆学会、中共北京市西城区委宣传部主办,"8+"名人故居纪念馆联盟承办的"平等·多元·包容——文化名人的艺术世界"巡展在桐乡市茅盾纪念馆、桐乡市文化馆展出。

5月18日至5月24日，由北京市文物局、北京博物馆学会、中共北京市西城区委宣传部主办，"8+"名人故居纪念馆联盟承办的"平等·多元·包容——文化名人的艺术世界"巡展在广州鲁迅纪念馆展出。

5月18日至5月21日，由北京市文物局、北京博物馆学会、中共北京市西城区委宣传部主办，"8+"名人故居纪念馆联盟承办的"平等·多元·包容——文化名人的艺术世界"巡展在天津李叔同故居纪念馆展出。

6月15日至12月31日，由北京市文物局、北京博物馆学会、中共北京市西城区委宣传部主办，"8+"名人故居纪念馆联盟承办的"平等·多元·包容——文化名人的艺术世界"巡展在广州市白云实验学校展出。

7月3日至8月17日，由北京市文物局、北京博物馆学会、中共北京市西城区委宣传部主办，"8+"名人故居纪念馆联盟承办的"平等·多元·包容——文化名人的艺术世界"巡展在广州市龙腾社区、广州市东方里·芳草街社区、广州市秉政社区、广东省清远市三坑镇安庆村、广东省清远市三坑镇文化广场等地轮流展出。

7月14日，北京市文物局市场处组织召开第十五届北京文博会"8+"名人故居专题工作会，"8+"名人故居纪念馆联盟16家单位的代表线上参会。

7月，《穿越时空的对话——2019年北京"8+"名人故居纪念馆活动纪实》由中国社会科学出版社出版。

8月至12月，由北京市文物局、北京博物馆学会、中共北京市西城区委宣传部主办，"8+"名人故居纪念馆联盟承办的"平等·多元·包容——文化名人的艺术世界"巡展在广州市珠光街暑期青少年社区、广州市白云区方圆实验小学、广州市技师学院、广东省清远市太平镇中心小学、广东省清远市太平镇文化站、广东省清远市太平镇南浦小学、广东省清远市太平镇中南村、广州大剧院等地轮流展出。

9月5日至9月10日，"8＋"名人故居纪念馆联盟参加2020年中国国际服务贸易交易会文博板块，现场轮流展示"8＋"名人故居纪念馆联盟及各馆自创文创66种，发放宣传折页、笔记本、书签徽章、光盘、游戏棋、拼图、明信片、图书、冰箱贴、扇子等文创近8000件。此次展会还为各馆开辟了专题时间，在京各馆因地制宜地开展了现场直播、微讲座、互动拓片等宣传活动，京外参与单位则由老舍纪念馆、郭沫若纪念馆等协助进行展出宣传。同时设计制作了新款"8＋"手提袋、"8＋"年历等文创品。

10月至12月，由北京市文物局、北京博物馆学会、中共北京市西城区委宣传部主办，"8＋"名人故居纪念馆联盟承办的"平等·多元·包容——文化名人的艺术世界"巡展在北京交通运输职业学院大兴校区、北京市沙子口社区、北京交通运输职业学院通州校区及海淀校区、北京市新府学外语学校等地轮流展出。

12月10日至12月11日，"8＋"名人故居纪念馆联盟在中国社会科学院古代史研究所、徐悲鸿纪念馆举办名人故居纪念馆可持续发展研讨会暨2020年度"8＋"联盟工作会。

（何婷整理）

后　记

　　本册书稿编辑完成之际，恰逢中国共产党建党百年的华诞。以宋庆龄、李大钊、鲁迅、郭沫若、茅盾、老舍、徐悲鸿、梅兰芳等为代表的各个领域义化名人，他们都经历了中国近现代社会制度和文化的转型和变革。这些文化名人在革命实践斗争中，与中国共产党产生了紧密的关联，他们或是党的创建者、或是党的紧密朋友、或是久经考验的优秀共产主义战士，总之他们都与中国共产党有着休戚与共的关系，见证了中国共产党产生、发展和走向辉煌的伟大历程和重要事件。

　　因此本年度的"8+"名人故居纪念馆活动文集，我们就期望通过梳理这些文化名人与中国共产党之间的紧密关系，寻找中国共产党历史的足迹，可以还原中国共产党建党宗旨和奋斗目标，为中国共产党的百年华诞庆典献礼。

　　2020年严峻的疫情，并没有停止"8+"文化名人纪念馆的展览展示活动。我们尝试着更新和丰富展览内容，创新和开拓展览形式等有效手段，做到了闭馆不闭展，让观众享受到更加便捷、更加多元、更加立体的文化名人展，也践行了2021年"平等·多元·包容"博物馆展览的主题。面对新的形势、新的任务，在本年度的文集中，我们博物馆人用自己的智慧继续思考着博物馆未来发展之途，这里既有面对疫情对博物馆展览方式的探究，也有对名人故居纪念馆具体业务的阐述。博物馆人、志愿者也纷纷抒写了对于名人故居纪念馆的热爱之情。

让我们博物馆同人继续在习近平新时代中国特色社会主义理论伟大旗帜的指引之下，为实现"两个一百年"的远景目标和宏伟蓝图奉献自己的力量。

编　者

2021年6月于北京